Unser schönes Deutschland

präsentiert von
Anke Engelke und Bastian Pastewka

Anke Engelke und Bastian Pastewka als

Volksmusikpaar Anneliese und Wolfgang Funzfichler,

eine zum Schreien glaubwürdige Parodie!

Ihre Auftritte in ›Fröhliche Weihnachten‹, zweifach

ausgezeichnet mit dem Deutschen Comedypreis,

sowie bei der Gala zum Deutschen Fernsehpreis und

bei ›Wetten, dass..?‹ sind längst TV-Kult.

Dies ist ihr erstes und bislang bestes Buch.

»... ein Parforce-Ritt über die Äcker des Gala-Unwesens,

weite Felder fürwahr. Rasante Rollenwechsel, brüllende Komik,

detailliert ersonnene und sorgfältigst zelebrierte Katastrophen ...

Das hat Klasse jenseits der reinen Blödelei.«

Aus der Begründung der Jury für den Grimme-Preis

Chris Geletneky, geboren 1972.

Nach einem erfolgreich abgebrochenen Studium der Theater-,

Film- und Fernsehwissenschaft in Leipzig und Berlin zieht er nach

Köln, um hier als Comedy-Autor zu arbeiten. Er wird Headwriter

und Creative Producer u.a. von ›Freitag Nacht News‹, ›Ladykracher‹,

›Pastewka‹ und ›Fröhliche Weihnachten‹ – obwohl er gar nicht weiß,

was ein »Creative Producer« genau macht. Sein erster eigener

Roman ist bis jetzt weder veröffentlicht, noch geschrieben, wird

aber seiner Meinung nach ein größerer Erfolg als die Bücher von

Mark Werner. Chris Geletneky lebt, schreibt und grillt in Köln.

Mark Werner, geboren 1969,

studierte Germanistik und Geschichte. Gegen Ende des Studiums

hat er die Idee, einmal einen richtigen Beruf auszuüben, wird dann

aber Autor und schreibt als Headwriter Drehbücher für TV-Erfolge

wie ›Ritas Welt‹, ›Nikola‹, ›Alles Atze‹ und ›Mein Leben & Ich‹.

Im Gegensatz zu Chris Geletneky hat er schon zwei Romane

veröffentlicht: ›Hölle, all inclusive‹ (auch als Hörbuch, Sprecher:

Michael Kessler) und ›Knautschzone‹. Mark Werner lebt, arbeitet

und kärchert im Bergischen Land bei Köln.

Beide sind sich einig, dass dies ihre letzte Zusammenarbeit

war, es sei denn, Mark Werner schreibt den ersten Roman von

Chris Geletneky.

Chris Geletneky
Mark Werner

Unser
schönes
Deutschland
Das Land, die Menschen, die Lieder

präsentiert von
Anke Engelke & Bastian Pastewka

SCHERZ

Mehr zu Wolfgang und Anneliese und
ihrer großen Deutschlandreise auf
www.wolfgang-und-anneliese.de

Erschienen bei Scherz, einem Unternehmen
der S. Fischer Verlag GmbH, Frankfurt am Main

© S. Fischer Verlag GmbH, Frankfurt am Main 2011

Satz: grape.media.design
Gesamtherstellung: aprinta druck, Wemding
Printed in Germany
ISBN 978-3-651-00016-2

Fotos:
Andreas Berl
babiradpicture/Roman Babirad
Boris Breuer
Brainpool/Guido Engels
Brainpool/Jörg Carstensen
ddp images/Jörg Koch
face to face/Pool53
fotolia
Getty Images
grape.media.design.
Istockphoto
Voller Ernst
www.rhein-feuerwerk.de

Illustrationen:
Sandra Milli, grape.media.design.

Der Inhalt

Seite 6 __ Vorwort der Funzfichlers

Seite 10 __ Zwei Leben – eine Legende: Die Funzfichlers

Seite 22 __ Die Reiseroute

Seite 24 __ **Tour 1** Romantik-Route

Seite 56 __ **Tour 2** Badische Weinroute

Seite 80 __ **Tour 3** Nibelungen-Route

Seite 102 __ **Tour 4** Moselwein- und Riesling-Route

Seite 130 __ **Tour 5** Eifel-Route

Seite 174 __ **Tour 6** Rhein-Berg-Märchen-Route

Seite 214 __ **Tour 7** Grüne-Küsten-Route

Seite 246 __ **Tour 8** Seen-Alleen-Bäume-Route

Seite 284 __ **Tour 9** Klassiker-Route

Seite 318 __ Epilog

Anneliese schreibt

Grüß Gott, liebe Leser,

Deutschland – das Land, in dem wir leben, lieben, singen, tanzen und Freude haben. Und in dem wir irgendwann auch sterben werden. Zumindest hoffe ich, dass ich in meiner Heimat das Zeitliche segnen werde. Und dass ich *nach* Wolfgang abtreten darf, um wenigstens noch ein paar schöne Jahre zu haben. Aber das gehört vielleicht nicht hierher.

In diesem Buch wollen wir versuchen, Ihnen unsere Heimat ein Stückchen näher zu bringen. Wann immer Wolfgang und ich durch die Lande reisen, um unsere Lieder zu singen, Sportplätze, Gemeindesäle und Autobahnabschnitte einzuweihen oder unsere fröhlichen TV-Sendungen zu meistern, stellen wir jedes Mal fest, wie wenig die Menschen über ihr eigenes Heimatland wissen. Selbstredend – der Hamburger kennt sein Hamburg, der Dortmunder sein Dortmund und ein Passauer den Straßenstrich hinter der tschechischen Grenze, aber was weiß der Münchner von Bremen? Was der Quedlinburger von Köln? Und was der Alt-Kölner von Neukölln? So gut wie nichts.

Dabei gibt es so viel zu entdecken: Wunderschöne Hoch- und Mittelgebirge, verwunschene Seenlandschaften, National- und Kulturparks, prachtvolle Kirchen, Burgen und Schlösser und natürlich verträumte Dörfer und pulsierende Städte. Und die Überraschung ist: All das gibt es zum Teil auch hier bei uns in Deutschland!
Denn mal ehrlich: Was sind die Gärten der Alhambra schon gegen das beeindruckende *Spreewald-Biosphären-Reservat*? Was sind die Pyramiden von Gizeh gegen unsere imposante Lange Anna auf Helgoland? Und was ist das Taj Mahal schon gegen den berühmten Silbersee in Bitterfeld?
Es ist doch ein Hohn, dass fast jeder Deutsche die Hauptstadt von Mallorca in- und auswendig kennt, aber nur jeder Zehnte schon einmal die schöne Tradition des geselligen Treibens rund um den 1. Mai in Berlin-Kreuzberg miterlebt. Und das ist immerhin unsere Bundeshauptstadt.

Die traurige Wahrheit ist: Wir Deutschen kennen das Ausland inzwischen besser als unsere eigene Heimat. Dieses Buch ist ein Aufruf. Und der Aufruf lautet: Schauen S' sich um, reisen S' mit offenen Augen und Ohren und lernen S' Ihre Heimat kennen – den malerischen Süden, den herzlichen Westen wie auch den rauen Norden!
Und natürlich auch den Osten.

Wir laden Sie ein, liebe Leser, auf einer Rundfahrt mit dem Wolfgang und mir *Unser schönes Deutschland* kennenzulernen. Und wenn Sie danach immer noch ins Ausland reisen wollen, dann hat Wolfgang etwas verkehrt gemacht. Es wär nicht das erste Mal.

Ihre Anneliese!

Wolfgang schreibt

Deutschland –

schon das Wort zergeht auf der Zunge wie ein gut gegrillter Prager Saft-schinken auf dem Oktoberfest. (Aber nur der am Stand vom »Hammel-Schorsch«, beim »Plötzen-Peter« gegenüber wird der Schinken mit Rattenfleisch gestreckt – Obacht!)

Aber Deutschland, liebe Schlagerfreunde, das ist … nicht nur Bier und Schweinebraten, Deutschland, das steht auch für die schöne Natur, gutes Bier und, äh … gutes Bier. Sicherlich, schon für 200 Euro kann ich mich in einen Partyzug nach Ungarn setzen und mit einem Haufen fescher Maderl und billigem Alkohol den Plattensee auf links drehen. Doch erstens höre

ich gerade, dass das unmoralisch, peinlich und pubertär ist – was ich sowieso schreiben wollte –, und zweitens: Wer sich in Deutschland gut auskennt, der kann auch hier eine Menge Spaß haben. Wenn's ihr versteht, was ich mein ...

Ich persönlich werd keinen Haufen Geld mehr zum Fenster rausschmeißen, um in irgendwelche bratpfannenheiße Länder zu reisen, wo sich keiner die Mühe macht, meine Sprache zu sprechen. Und wo ich dann an langweiligen weißen Inselstränden liege, wo es mittags am Strandkiosk nicht mal eine anständige Mass oder wenigstens ein Leberkäsbrötchen gibt. Sobald ich die Sonntagszeitung einmal durchhab, starre ich nur noch auf die Wasseroberfläche; und die ist flacher als Annelieses Hintern. Na, vielen Dank, da bleib ich doch lieber daheim!

Und habt's ihr schon mal von jemandem gehört, der für seinen Urlaub an der Mosel eine Malaria-Prophylaxe braucht? Eben, ich auch nicht. Deswegen können mir die ganzen exotischen Reiseziele auch gestohlen bleiben. Sicherlich, jedes Jahr im November flieg ich mit meinen alten Freunden nach Thailand – aber auch das ist nur deswegen schön, weil unsere Frauen da nicht mitfliegen. Wir könnten auch fünf Kilometer ins Nachbardorf fahren, bloß würden da die alten Besen ja spätestens nach zwei Stunden auf der Matte stehen und rumjammern, dass das Gartentor quietscht, es im Haus »so komisch nach Gas riecht« oder Gott weiß, was sonst noch. Drum fahren wir da hin, wo sie uns nicht erreichen können. Und das brauch ich dem geneigten männlichen Leser ja nicht lange zu erklären: Unter diesen Umständen wird jeder Urlaubsort zum Traumziel.

Kurzum: Warum in die Ferne schweifen, wenn man auch daheim 'nen gescheit'n Fetznrausch haben kann. Steigt's also ein in unser Gute-Laune-Mobil, und bereist mit mir und der Anneliese ein unentdecktes Land: Deutschland.
Ich bin selbst ganz gespannt!

Prost!

Euer Wolfgang

Wolfgang Funzfichler

Wolfgang Funzfichler wird am 11. September 1951 als jüngstes von 13 Kindern des Ehepaars Alois und Veronika Keck aus Sulzbach-Rosenberg in der Oberpfalz geboren. Den Umstand, dass er der einzige Sohn unter 12 Schwestern ist, sehen viele als Grund für sein in späteren Jahren oft zwiespältiges Verhältnis zu Frauen.

Wolfgangs Vater, Alois Keck, ein gelernter Finanzbuchhalter, der seinen Beruf jedoch nie ausübte, ist ein in Sulzbach-Rosenberg bekannter Spieler, Frauenheld und Deserteur. Sehr zum Ärger seines Vaters Oberst Gustav Keck, eines Veteranen des Ersten Weltkriegs, der bei der Schlacht an der Somme beide Beine verloren hatte, aber ohne Unterkörper von Frankreich bis Sulzbach-Rosenberg zurückkriechen konnte. Für diese übermenschliche körperliche und mentale Leistung (während der er leider auch durch die viele Reibung beide Arme verlor) wurde Gustav Keck nach dem Krieg mit bedeutenden militärischen Ehren bedacht. Umso größer ist Gustav Kecks Enttäuschung über das Verhalten seines Sohnes Alois, Wolfgangs Vater.

Anfang der 1930er Jahre lebt Alois Keck an der Ostsee und hat eine Affäre mit drei verheirateten Frauen gleichzeitig. Als die SS wenige Jahre später den Überfall auf den Sender Gleiwitz fingiert und Hitler dies zum Anlass nimmt, Polen zu überfallen, wird Alois von der Wehrmacht eingezogen, bevor er in sein geliebtes Sulzbach flüchten kann.

Jedoch gelingt es Alois, sich von der Truppe zu entfernen, noch bevor die Deutschen ihr erstes Einsatzziel in Polen erreichen. Zunächst gilt er als vermisst, dann als »gefallen« – doch seine Täuschung fliegt auf: Ein Jahr später taucht im Rathaus Sulzbach eine junge Frau aus Polen auf und behauptet, von einem Gefreiten mit dem Spitznamen »Kecki« Drillinge bekommen zu haben. Der deutsche Soldat habe ihr versprochen, Adolf Hitler umgehend zu töten, wenn sie ihn verstecken und nur eine Nacht mit ihm verbringen würde. Da der Gefreite jedoch am nächsten Morgen verschwunden war und auch nie wiederkehrte (und offensichtlich auch Hitler nicht umbrachte), fordert die junge Frau nun entsprechende Unterhaltszahlungen ein. Auch in den folgenden Jahren erscheinen in nahezu allen europäischen Ländern vergleichbare Berichte junger

Frauen, die offenbar Bekanntschaft mit dem »Kecki, dem charmanten Gefreiten aus Sulzbach-Rosenberg« gemacht hatten. Schätzungen zufolge soll Alois Keck mindestens 47 Kinder in 14 verschiedenen Ländern gezeugt haben.

Hitler persönlich soll im Dezember '41, als er schließlich Wind von der Sache bekam, einen SS-Sondertrupp auf Alois Keck angesetzt haben: Er wollte ein Exempel an dem Mann statuieren, der ihn als Erster verraten hatte. Doch Alois Keck wird nie gefasst. Als Keck nach Kriegsende in seine Heimatstadt Sulzbach-Rosenberg zurückkehrt, feiert man ihn als Held. Die Menschen in der Oberpfalz lieben ihren Alois, der seine Flucht durch Europa und die Gründe dafür in seinen Berichten immer wieder ein wenig anders erzählen kann (siehe: »Ein Held kehrt heim – wie Alois Keck den Krieg beendete«, *Sulzbach-Rosenheimer Allgemeine* vom 4. September 1945). Besonders die Damen liegen Keck nun mehr zu Füßen denn je.

Am 7. September 1945 heiratet er Veronika Steinmoser, die 19-jährige Tochter des Sulzbacher Oberbürgermeisters, und neun Monate später empfängt sie ihre ersten Drillinge – Mädchen. Es folgen drei weitere Drillingsgeburten, erneut alles Mädchen. Da Alois Keck sich aber nichts sehnlicher wünscht als einen männlichen Stammhalter, versuchen sie es weiter, bis endlich am 11. September 1951 der kleine Wolfgang das Licht der Welt erblickt.

Alois Keck (Bildmitte) während des Polenfeldzugs - hier mit einigen Vorgesetzten seiner Panzerkompanie bei einer Kampfpause in der Städtischen Badeanstalt Krzociczek

Der kleine Wolfgang wenige Stunden nach der Geburt auf dem Arm eines Onkels.

Wolfgangs Mama zeigt Passanten stolz die ersten zwei Würfe Keck-Schwestern

Wolfgang badet mit zwei seiner
Schwestern im Gösselsee.

Der 4-jährige Wolfgang sammelt
erste Punkte in Flensburg.

Wolfgang ist alles andere als ein Senkrechtstarter. Erst mit drei Jahren spricht er seine ersten Worte (»A Ruh is!« und »Will mehr Braten!«), ein Jahr später beginnt er endlich zu laufen. Bis heute ist Wolfgang Keck der einzige Schüler, der die erste Klasse der Sulzbacher Grundschule zweimal wiederholen musste, doch danach ist beim »Kecki« (alle männlichen Kecks wurden und werden »Kecki« gerufen) offenbar endlich der Groschen gefallen. Seinem späteren Biographen Paul Auster berichtet Wolfgang, er habe die ersten Klassen nur deswegen wiederholt, um in der Schule nicht auch noch die Gesellschaft seiner zahlreichen Schwestern ertragen zu müssen.

Als Wolfgang sieben Jahre alt ist, macht der vergötterte Vater einen Ausflug mit ihm. Erzählungen zufolge nimmt Alois seinen Sohn im Biergarten eines Gasthofs in Ruppenricht mit den Worten zur Seite: »Mein Sohn, siehst du die ganzen jungen, schönen Frauen hier? Was meinst? Wenn der liebe Gott gewollt hätte, dass der Papa nur die Mama gern hat, hätte er dann noch so viele andere schöne Frauen auf die Erde geschickt?«
Klein-Wolfgang soll mit den Schultern gezuckt haben, doch Alois Keck streicht seinem Sohn liebevoll durchs Haar und verkündet: »Der Papa hat eine Aufgabe vom lieben Gott und deswegen muss er jetzt leider weg. Ab sofort bist du der Herr im Haus! Meinst, des schaffst?«
Klein-Wolfgang schüttelt den Kopf. Alois Keck gibt seinem Sohn einen letzten Kuss und verschwindet. Es ist das letzte Mal, dass Wolfgang seinen Vater sieht. Fortan ist Wolfgang der einzige Mann im Haus – eine Aufgabe, der er nicht immer gewachsen ist.
Um möglichst oft von zu Hause weg zu sein, legt sich Wolfgang zahlreiche Hobbys zu: Er lernt, Gitarre, Akkordeon und sogar Harfe zu spielen. Außerdem angelt er leidenschaftlich gerne, weil er die Ruhe dabei genießt. Besonders oft fischt er im Gössel-See, in dem aufgrund unterirdischer Schwefelquellen keine Fische leben. Zur gleichen Zeit entdeckt Wolfgang seine Liebe zu Bier und Obstbränden: Er beginnt, heimlich in der Scheune seines Onkels, des Windisch-Heiner, Bier zu brauen und eigenen Schnaps zu brennen. Das obergärige »Keck-Bräu« und der dazugehörige »Keckler« (ein über 90%iger Obstler) erfreuen sich in Sulzbach schnell großer Beliebtheit und lassen die Erblindungsrate in der damaligen Kreisstadt förmlich explodieren. Wolfgang verdient mit dem Verkauf der hochprozentigen Freudenspender sein erstes eigenes Geld – eine wichtige Erfahrung für den damals Elfjährigen.

Als Wolfgangs strengreligiöse Mutter von den Aktivitäten ihres Sohnes erfährt, verbietet sie ihm den Umgang mit Alkohol und steckt Wolfgang für den Rest seiner Schulzeit in das Kloster St. Hieronymus, dessen Mönche für ihren streng asketischen Lebensstil bekannt sind. Nur drei Monate nach Wolfgangs Eintritt in den Orden beginnt das Kloster plötzlich ebenfalls damit, selbstgebrautes Bier und selbstgebrannten Schnaps zu verkaufen. Als sechs Monate später ein päpstlicher Nuntius das Kloster inspiziert, herrschen dort »babylonische Zustände«: Die Mönche scheinen inzwischen Geschmack an weltlichen Genüssen gefunden zu haben. »Gegen das Kloster St. Hieronymus ist Sodom ein Ort der sakralen Besinnung«, schreibt der aufgebrachte Gesandte des Heiligen Stuhls nach seinem Besuch. »Und augenscheinlich ist der Novize Keck an diesem Umstand nicht ganz unschuldig.«

Papst Paul VI. persönlich untersagt Wolfgang daraufhin eine Laufbahn als Kirchendiener, woraufhin dieser in seine alte Schule zurückkehrt. Hier macht Wolfgang mit 18 Jahren den erweiterten Hauptschulabschluss. Seine Mutter überredet ihn zu einer Schreinerlehre bei ihrem Schwager, dem Urspichler-Sepp.

Inhaltlich und farblich eine Revolution: Wolfgang und Anneliese beim ersten Fröhlichen Frühling 1977.

Zähneknirschend willigt Wolfgang ein. Doch nachdem er dem Urspichler-Sepp gleich an seinem ersten Arbeitstag versehentlich den Daumen und zwei Finger der rechten Hand abgetrennt hat, darf Wolfgang die Lehre vorzeitig beenden. Da die meisten seiner Schwestern mittlerweile volljährig und verheiratet sind, ist die Familie finanziell abgesichert, und so kann Wolfgang sich zunehmend der Musik widmen. Mit seiner ersten Kapelle, den »O'zapft Buam«, tritt er immer häufiger auf Volksfesten in Sulzbach und Umgebung auf.

Beim sog. *Sulzbacher Saustechen* – einem Wettbewerb, bei dem die Teilnehmer mit einem speerartigen Wurfgeschoss die Mitte eines Kreises treffen müssen (noch wenige Jahre zuvor warf man in das Auge einer festgebundenen Sau), begegnet er zum ersten Mal einer jungen Frau aus Rosenberg, der anderen Seite der Stadt. Ihr Name: Anneliese Funzfichler.

Wolfgang ist sofort fasziniert von Annelieses fröhlicher Art, ihrem forschen Wesen und ihren beeindruckenden Vorderzähnen. Und das, obwohl sie aus Rosenberg und nicht aus Sulzbach stammt. Vielleicht sogar gerade deswegen. (Die Stadt Sulzbach und die Gemeinde Rosenberg schlossen sich 1934 zur Gemeinde Sulzbach-Rosenberg zusammen, pflegen jedoch bis heute eine nie begründete, aber tiefverwurzelte Feindschaft, die besonders auf den zahlreichen Stadtfesten in Form von ebenso zahlreichen blutigen Schlägereien zutage tritt.)

Wolfgang verliebt sich vom Fleck weg in die ungewöhnliche junge Frau und macht ihr noch am selben Abend stark angetrunken einen Heiratsantrag. Diesen zieht er jedoch Augenblicke später wieder zurück, als Anneliese gegen ihn beim Saustechen gewinnt. Wolfgang schwört noch heute, dass Anneliese »mehrfach klar übergetreten« hat. Es entbrennt eine zwei Tage dauernde Schlägerei zwischen Sulzbachern und Rosenbergern, das gerade wieder aufgebaute Rathaus brennt abermals ab, und Wolfgang und Anneliese haben den ersten handfesten Ehestreit, bevor sie überhaupt verheiratet sind.

Ein Jahr lang sprechen die beiden kein Wort miteinander, auch wenn sie mehrere Abende in der Woche gemeinsam in Gesellschaft verbringen. Haben seine Freunde Wolfgang bis dato für einen sturen Hund gehalten – in Anneliese hat er seine Meisterin gefunden.

Anneliese Funzfichler

Anneliese Funzfichler ist die einzige Tochter des Kirchenorganisten und Komponisten Urs Funzfichler und dessen Frau Roswitha, geb. Grollberger. Roswitha war in Rosenberg nur als »die runde Rosi« bekannt und steht noch heute mit dem Rekord als schwerste Frau der Oberpfalz im *Guinness Buch der Rekorde.*

Seltsamerweise wog Roswitha Funzfichler bis zu ihrer Hochzeit nur 53 Kilo und galt als eine der schönsten Frauen Bayerns (auch Alois Keck soll mehrfach um ihre Gunst geworben und – so die Gerüchte – sie auch mehrfach bekommen haben). Umso erstaunlicher, dass sie mit dem Tag ihrer Hochzeit rasant an Gewicht zulegte. Freunde berichten, dass sie an einem einzigen Abend so viel zugenommen habe, dass die Lederschnüre ihres Dirndls mit einem lauten Knall gerissen seien, was ihr den neuen Spitznamen »Knallrosi« einbrachte.

Ihr Mann, Urs Funzfichler, erträgt die äußerliche Veränderung seiner Frau tapfer: Er findet Trost im Alkohol und einem zunehmend manischen Stil beim Orgelspiel während der Sonntagsmesse. Viele der älteren Gläubigen waren davon überzeugt, der »Gehörnte persönlich« sei in Urs Funzfichler gefahren. In der Tat werden die Kompositionen der Kirchenlieder von Urs Funzfichler immer unzugänglicher. Der Musikhistoriker Prof. Hinrich-Andreas Grimm-Franck schreibt Jahrzehnte später in seinem Standardwerk *Vom Wesen der deutschen Musik*: »Wer glaubt, Free Jazz oder Zwölftonmusik seien als musikalische Form gewöhnungsbedürftig, der sollte sich einmal ein beliebiges Kirchenlied von Urs Funzfichler aus den späten 40er-Jahren anhören. Gegen Funzfichlers Oratorium ›Herr, warum strafst du deinen Diener‹ klingt jede Stockhausen-Komposition wie der ›Bi-Ba-Butzemann‹.«

Aufgrund ihrer Körpermaße bemerkt Roswitha Funzfichler nicht, dass sie im Frühjahr 1950 schwanger wird. Die Spekulationen über die biologischen Einzelheiten der Zeugung werden noch über Jahre hinweg ein beliebter Zeitvertreib in den Wirtshäusern von Sulzbach-Rosenberg und Umgebung sein.

Am Heiligen Abend 1950 wird Anneliese Funzfichler während der Christmette zur Überraschung ihrer Mutter und der anwesenden Gemeindemitglieder geboren. Einige Gläubige sehen in der Geburt des Kindes die erneute Ankunft des

Heilands, bis sich herausstellt, dass es sich um ein Mädchen handelt. Anneliese wird vor Ort getauft, und ihr Vater Urs spielt vor Glück zum ersten Mal seit vielen Jahren eine erträgliche Version des Chorals »Es kommt ein Schiff geladen«.

Roswitha ist das Geschehen so peinlich, dass sie sich für mehrere Wochen in ihr Zimmer verkriecht und beschließt, nichts mehr zu essen. Unerklärlicherweise wird sie in dieser Zeit noch dicker, so dass in Sulzbach-Rosenberg das Gerücht umgeht, die Funzfichlers seien verflucht und die »Knallrosi« eine Hexe. Dazu sei angemerkt, dass vierteljährliche Hexenverbrennungen in Sulzbach-Rosenberg noch bis in die späten 1980er Jahre an der Tagesordnung waren. 1987 untersagt sie der damalige Oberbürgermeister dann offiziell, wofür er von den aufgebrachten Sulzbach-Rosenbergern umgehend aus dem Amt und mit brennenden Forken aus der Stadt gejagt wird.

Die Familie Funzfichler steht jedoch weiter fest zusammen. Irgendwann findet sich auch Roswitha mit ihrem Übergewicht ab und widmet sich fortan nur noch der Erziehung ihrer einzigen Tochter.

Anneliese entwickelt sich prächtig: Mit sechs Monaten kann sie laufen, mit acht Monaten beginnt sie zu sprechen, und bevor sie mit drei Jahren in den Kindergarten kommt, kann sie bereits lesen und schreiben. Anneliese ist die erste Schülerin in Sulzbach-Rosenberg, die gleich zwei Klassen überspringt und sofort in die dritte Klasse eingeschult wird. Dort ist sie in sämtlichen Fächern überragend. Nur mit dem Sportunterricht hat die kleine Anneliese ihre Schwierigkeiten.

Schon Urgroßvater Funzfichler – 2. v.l. – hatte Musik im Blut. Hier zu sechst im Männerchor *Insania Quintett*.

Endgültig schwört sie allen körperlichen Betätigungen ab, nachdem ihr in der neunten Klasse beim Reckturnen vor der versammelten Schülerschaft das Hemd herunterrutscht und man sie fortan die »Mückenstich-Lisl« nennt. In diesem Ereignis sehen viele später den Grund für Annelieses zahlreiche Brust-OPs bei dem umstrittenen kapverdischen Schönheitschirurgen Dr. Yallayalla. Wahrscheinlich war auch Wolfgang Keck an besagtem Tag in der Turnhalle anwesend, dafür spricht jedenfalls eine Aktennotiz des Direktors Hermann Schrammlbacher: »Etliche Schüler schienen angetrunken zu sein. Offenkundig hat ein Schüler selbstgebrautes Bier verteilt. Habe da so einen Verdacht …«

1966 macht Anneliese Funzfichler als jüngste Schülerin Bayerns ihr Abitur. Die Eltern unterstützen Annlieses Vorhaben, an der Universität Nürnberg Medizin zu studieren, aber kurz bevor sich die Tochter immatrikulieren will, nimmt sie am Sulzbacher Saustechen teil und lernt dort einen jungen Mann kennen, der wie schon sein Vater und Großvater von allen nur »der Kecki« genannt wird.
Trotz ihres fast einjährigen Streits nach Annelieses Triumph beim Saustechen schafft es Wolfgang, Anneliese das Medizinstudium auszureden. Zitat Wolfgang Keck: »Studieren is was für Deppen!« Doch Wolfgang ist nicht der einzige Grund,

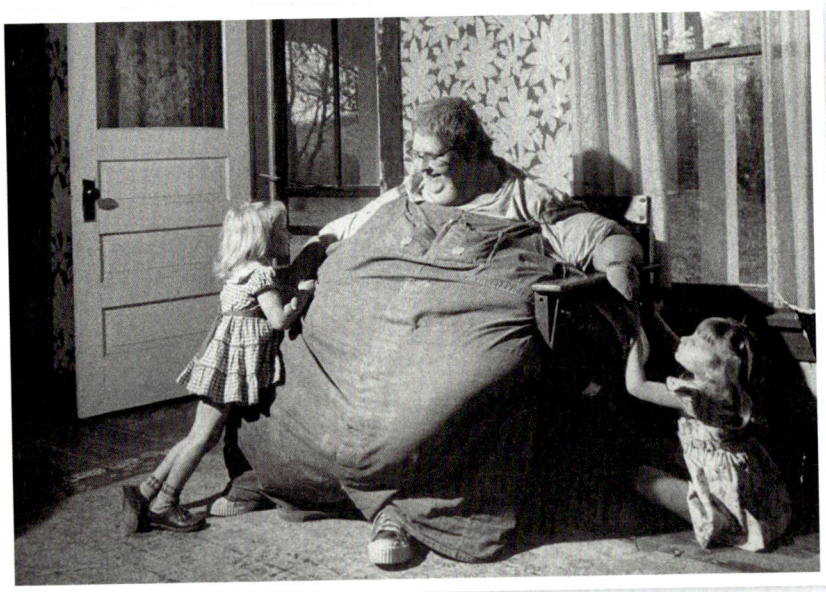

Die Knallrosi beim Spielen mit der kleinen Anneliese (links) und zwei Nachbarskindern. Das dritte Kind befindet sich zum Zeitpunkt der Aufnahme unter der Knallrosi, konnte aber gerettet werden.

weshalb Anneliese nie ein Studium beginnt: Kurz nach dem Saustechen erleidet Annelieses geliebter Vater Urs beim Orgelpfeifen-Putzen einen Herzinfarkt, als er vom Küster erfährt, dass Wolfgang Keck um die Hand seiner Tochter angehalten hat.

Anneliese bleibt in Rosenberg, um ihren Vater zu pflegen. Im Oktober 1968 erliegt Urs Funzfichler einem weiteren Infarkt – kurz nachdem Wolfgang ihn bei einem Besuch gefragt haben soll, ob er ihm nicht seinen nagelneuen *Opel Rekord* verkaufen würde, den er ja sowieso nicht mehr fahren könne.

Noch heute spekulieren die Rosenberger, ob der zweite Infarkt mit diesem Vorschlag zu tun gehabt hat oder nicht. Der von Wolfgang zu Hilfe gerufene Arzt kann jedenfalls nur noch den Tod des alten Funzfichler feststellen. Für Anneliese und ihre Mutter bricht eine Welt zusammen. Rätselhafterweise verliert Roswitha Funzfichler vom Todestag ihres Mannes an rapide an Gewicht.
Ein halbes Jahr später versöhnen sich Wolfgang und Anneliese. Die inzwischen wieder gertenschlanke »Knallrosi« gibt zähneknirschend ihre Zustimmung zu einer »Bindung, die Gott sicher so nicht gewollt hätte«.

Anneliese 1968 bei ihrer praktischen Führerscheinprüfung, die sie mit Bravour besteht.

Wolfgang und Anneliese ziehen zusammen. Bald schon entdecken sie die gemeinsame Leidenschaft für schwere Bratensoßen, Katalogbestellungen und für die Musik. Oft begleitet Wolfgang seine Anneliese mit der Harfe, während sie unter der Dusche singt. Aus diesen freien Improvisationen wird später unter anderem die berühmte »Bärenpolka« entstehen. Schon bald treten die beiden auch öffentlich auf: Anlässlich der dritten Scheidung seiner siebtältesten Schwester Irmgard spielen Wolfgang & Anneliese ein umjubeltes ca. 40-minütiges Konzert, das immerhin schon zur Hälfte aus Eigenkompositionen besteht und stilecht in einer großen Schlägerei endet, als der Ex-Schwager im Publikum gesichtet wird. Beflügelt vom öffentlichen Zuspruch, kauft Wolfgang beim »Antennen-Gustl«, dem örtlichen Elektrofachgeschäft, ein Tonbandgerät, mit dem er die ersten Lieder von »Wolfgang & Anneliese« auf Magnetspur bannt. Diese legendären frühen Aufnahmen werden über 30 Jahre später im Londoner Auktionshaus *Christie's* als *The Antennen-Gustl Bootlegs* von einem unbekannten Bieter aus dem Ausland für weit über fünf englische Pfund ersteigert. Schnell wird aus dem Hobby ein Beruf: Bereits 1969 erscheint ihre erste LP *Die große Schlachtplatte der Volksmusik* und schafft es auf Anhieb in die volkstümliche Hitparade des Bayerischen Rundfunks, wo sie immerhin zwei Wochen lang auf Platz 14 steht.

Der Tiefpunkt ihrer Karriere: Wolfgang und Anneliese müssen 2009 aus Geldnot den Deutschen Fernsehpreis moderieren.

Im Sommer jenes Jahres lädt Wolfgang seine Freunde und Bekannten zum jährlichen Ochsengrillen ein. Dort werden die beiden zum ersten Mal als Duo »Wolfgang & Anneliese« auftreten. Der gemeinsame Bekanntenkreis ist allerdings größer als gedacht. Was als kleine Grillparty geplant war, wird letztlich zum größten Open-Air-Volksmusikfestival, das Deutschland in den 60er Jahren gesehen hat: »Schluckstock – drei Tage mit Fleisch, Bier & Musi« wird in die Geschichte Bayerns eingehen und Wolfgang & Anneliese den Weg für ihre unvergleichliche Fernsehkarriere ebnen. Denn ihr erster Auftritt stößt auf überraschend großes Medieninteresse: Alle zwei Radiowellen des Bayerischen Rundfunks berichten zur Hauptsendezeit über das Großereignis, und Wolfgang & Anneliese sind von einem Tag auf den anderen *das* Gesprächsthema in Deutschland. Sie gelten fortan als neue Lichtgestalten der Volksmusik: Ihr nächstes Album *Der Leberkäse, die Musi und du* landet direkt auf Platz 1 der deutschen Volksmusik-Hitparade und bleibt dort für sensationelle 73 Wochen. In dieser Zeit lernen Wolfgang & Anneliese den Fernsehproduzenten Jürgen Fantasy kennen, der mit bürgerlichem Namen Jochen Fantasy heißt und die beiden unter seine professionellen Fittiche nehmen soll.

Fantasy hat zuvor noch in der Schweinezucht gearbeitet, erkennt aber rechtzeitig das Potential des neuen Mediums Fernsehen und macht sich beim Bayerischen Rundfunk rasch einen Namen. 1971 produziert Fantasy die erste TV-Show, die den etwas sperrigen Titel *Wolfgangs & Annelieses große Volksmusik-Gaudi – ein Abend mit guter Laune, Musik und extrem viel obergärigem Bier* trägt und dennoch zu einem großen Erfolg wird: 12.000.000 Zuschauer sehen die Show allein in Bayern, in Gesamt-Deutschland sind es sogar 12.000.530.

Der kometenhafte Aufstieg von Wolfgang & Anneliese ist von nun an nicht mehr aufzuhalten. Und all das, was im Leben des wohl beliebtesten deutschen Volksmusikpärchens noch folgen sollte, ist ins kollektive Bewusstsein unserer Nation eingegangen.

Danke, liebe Funzfichlers!

Euer Hias

Die Reiseroute

Süden

Tour 1 — **Start in Sulzbach-Rosenberg, Romantik-Route**
(Rothenburg o.d. Tauber, Tauberbischofsheim, Gramschatz)

Tour 2 — **Badische Weinroute**
(Karlsruhe, Neustadt a.d. Weinstraße, Worms)

Tour 3 — **Nibelungen-Route**
(Heidelberg, Grasellenbach, Michelstadt)

Tour 4 — **Moselwein- und Riesling-Route**
(Mainz, Eltville, Koblenz, Brodenbach)

Mitte

Tour 5 — **Eifel-Route**
(Daun, Gerolstein, Bad Neuenahr, Königswinter, Köln)

Tour 6 — **Rhein-Berg-Märchen-Route**
(Lindlar, Bad Pyrmont, Steinhuder Meer)

Norden/Nordosten

Tour 7 — **Grüne-Küsten-Route**
(Coppenbrügge, Emden, Travemünde)

Tour 8 — **Seen-Alleen-Bäume-Route**
(Kap Arkona, Neustrelitz, Werder (Havel), Spreewald, Wittenberg)

Osten/Südosten

Tour 9 — **Klassiker-Route**
(Thale, Erfurt, Jena, Erzgebirge, Bayreuth)

Nord

W — O

S

Opa Hinnerk

Travemünde

Hamburg

Tour 7

Coppenbrügge

Tour 6

Köln

Tour 4

Mainz

Tour 3

Tour 5

Heidelberg

Tour 2

Außer Wald
nix zu sehen

Tour 8

Berlin

Thale

Wittenberg

Tour 9

Das kann tödlich sein!

Bayreuth

Sulzbach-Rosenberg

Saustechen

Tour 1

München

Tour 1
Romantik-Route

Über Rothenburg o.d. Tauber,
Tauberbischofsheim, Gramschatz

Nord

W — O

S

Wolfgang beim Kletter

Gramschatz

Würzburg

Tauberbischofsheim

Anneliese beim
Haarklempner

Baden-Württemberg

Romantische
Straße

Rothenburg o.d. Tauber

Ein Rekord bleibt
niemals liegen,
er macht höchstens
einen Boxenstopp.

26

Tour 1
Romantik-Route

Bayreuth

Bayern

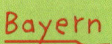

START

Sulzbach-Rosenberg

Tschechien 0 km

Nürnberg

Das berühmte Saustechen

München 78 km

Anneliese schreibt

Die Reise beginnt … in Sulzbach-Rosenberg

Unsere große Deutschlandreise muss leider etwas später als geplant beginnen, denn das einzige, was der Wolfgang entgegen meinen strikten Anweisungen gepackt hat, sind zwei Kisten Weißbier und ein riesiger Leberkäse, die er im Kofferraum unter einer Pferdedecke versteckt hat. Und jetzt sitzt Herr Graf schon gemütlich im Wagen, während ich für ihn den Koffer packe. Und glauben S' ja nicht, dass er mir antwortet, wenn ich aus dem Fenster rufe, ob er wenigstens seine Korrektursohlen eingepackt hat. Na ja, er muss schließlich schief gehen, meine Füße sind ja normal. Was Kleidung und Haushalt betrifft, benimmt der Wolfgang sich immer noch wie ein Kind. Und sonst eigentlich auch. Jeder, der schon einmal einen Witz von ihm gehört hat, weiß, wovon ich spreche: Wenn da nicht mindestens eine dicke Frau, ein Gynäkologe oder ein Pups drin vorkommt, erzählt er ihn erst gar nicht.

So a Schmarrn. Mit den Zutaten Nonne, Gurke und Pferd komm ich auch prima zurecht – Beweis folgt!

Wolfgang, untersteh dich!

Gegen Mittag hab ich für den Herrn Pascha dann alles zusammengepackt und wir können endlich losfahren. Ich flehe Wolfgang ein letztes Mal an, es sich zu überlegen und NICHT mit dem alten *Opel Rekord* meines Vaters (Gott hab ihn selig, meinen herzensguten Papa) zu fahren, denn durch den haben wir schon Anfang der 70er Jahre nahezu jeden ADAC-Mitarbeiter Bayerns persönlich kennengelernt. Aber statt mir zu antworten, rollt er mit den Augen, dreht irgendeine grausige Jammer-Musik auf volle Lautstärke und drückt aufs Gas. Ich sag nur: Augen auf bei der Partnerwahl…

Wolfgang schreibt

Morgens, halb elf in Deutschland, genauer gesagt: in unserer schönen Heimat Sulzbach-Rosenberg. Gut gelaunt, den Schnauz gebürstet und mit einem kühlen Weißbier in der Hand sitzt euer verrückter Wolfgang hinterm Steuer des knallroten *Opel Rekord* von Vater Funzfichler (Gott hab ihn selig, den armen Irren) und wartet auf seine schlechtere Hälfte, die oben in unserem Schlafzimmer (also: in ihrem) steht und so laut vor sich hinkeift, dass man's wahrscheinlich noch in Amberg hat hören können. Also mache ich das, was ich immer mache, wenn die Anneliese ihre berühmten fünf Minuten hat (die sie ungefähr alle fünf Minuten hat, hehehe): die Ohren auf Durchzug stellen und ein weiteres Weißbier öffnen. Zur Erklärung für alle jugendlichen Leser: Ich bin selbstredend strikt gegen Alkohol am Steuer, aber ich habe ein ärztliches Attest, das beweist, dass mein Blutalkohol-Spiegel nach einem Weißbier niedriger ist, als wenn ich einen Löffel Hustensaft nehmen würde.

Nach dem dritten Weißbier (den Alkohol der ersten beiden habe ich inzwischen ja wieder abgebaut) stolziert Madame Funzfichler um 13:34 Uhr endlich aus der Haustür. Zum hundertsten Mal fragt sie mich, ob es denn wirklich eine gute Idee ist, mit dem alten *Rekord* zu fahren. Klar, mein Luxusweib würde sich natürlich lieber in eine dieser seelenlosen modernen Karossen setzen, die schon anfangen zu blinken und zu piepen, bevor man

auch nur einen Meter gefahren ist. So weit ist es nämlich schon gekommen in Deutschland, dass uns nicht nur unsere Frauen, sondern auch schon unsere Autos bevormunden: Regensensor hier, Einparkhilfe da, Lichtautomatik, Navigationssysteme, Anschnallhilfe – nicht mal selber Gas geben darf man, das übernimmt der gottverfluchte Tempomat. Weil alles vollgestopft ist mit Elektronik und Computern. Keine zwei Kisten Bier passen mehr in so einen Scheißkarren. Und deswegen setz ich da auch keinen Fuß rein. Ein Wolfgang Funzfichler lässt sich von einem Automobil nicht sagen, *wo* er hinfährt - und schon gar nicht, *wie* er da hinfährt.

Und genau deswegen fahren wir auch mit dem guten alten *Rekord*: der mag zwar seine Macken haben (weil er Charakter hat), aber er hält die Gosch'n und unterwirft sich seinem Halter, so wie die Natur sich das ursprünglich mal gedacht hat. Und darum liebe ich diesen Wagen. Die Anneliese kann das natürlich nicht verstehen. Frauen sind einfach unfähig, eine emotionale Bindung zu alten Autos, Motorrädern oder Western in Technicolor aufzubauen. Aber mir ständig vorwerfen, ich könnte keine Gefühle zeigen …

Die Schlaftabletten wirken prima!

Also lege ich schnell die Kassette meines unterschätzten Solo-Albums »Endlich nur Wolfgang« von 1983 ein, stelle die Automatik auf D wie »Drauflosbrettern« und lasse die sechs Zylinder des alten *Rekord* ihren Dienst antreten. Endlich rollen wir durch unser wunderschönes Heimatstädtchen, vorbei am Familiensitz der Kecks in der Berliner Straße mit den barbusigen Engeln von 1765 im Giebel (die haben Schwager Anton und ich erst vor drei Jahren nach dem Vorbild unserer Nachbarin, der Moosach Christl, restaurieren lassen), an der Metzgerei Luber vorüber und dann ab auf die Landstraße. Ein, zwei Hasen dachten, sie wären von links nach rechts schneller als der Wolfgang pfeilgradaus, aber, hehe, da ham's falsch gedacht - morgen gibt's beim Luber Hasenbraten! Mei, zum Glück haben da schon die Schlaftabletten gewirkt, die ich der Anneliese in ihren Caro-Kaffee gemischt habe.

Und ich hab mich schon gewundert, warum ich so schnell müde wurde. Sag mal, spinnst du eigentlich? Wenn man das falsch dosiert, kann das tödlich sein!

Ich weiß — nächstes Mal nehm ich mehr! Hehehe.

Vor der Nase eine Landstraße, unterm Hintern den guten alten Rekord und auf dem Beifahrersitz die schlafende Anneliese - was braucht ein Wolfgang mehr auf der Welt? Richtig: Keine schlafende Anneliese auf dem Beifahrersitz! Haha, Spaß muss sein.

Ich wünschte, der bekloppte alte Funzfichler könnte jetzt von seiner Gewitterwolke aus sehen, wie ich es mir hinter dem Steuer gemütlich mache. Der Mann konnte mich nämlich vom ersten Augenblick an nicht leiden. Und weil er wusste, dass ich in den Wagen mindestens so verknallt war wie in seine Tochter, hat dieser sadistische Orgel-Quäler in seinem Testament verfügt, dass der Rekord nur an uns vererbt wird, wenn der Name Funzfichler erhalten bleibt. Das muss man sich mal vorstellen: Erpressung vom Jenseits aus, das ist doch … eine Schande ist das! Ich könnt heut noch die Wände rauf kraxeln, so sehr regt mich das auf. So a Sack, a gschaftlhubriger war der …

Sauber, Papa!

Unterhosen vor Rothenburg

Na, geh, lass mer die alten Wunden sich selber lecken. Jedenfalls wisst's ihr nun, wie der verrückte Wolfgang, der Kecki, zum mindestens so verrückten Wolfgang Funzfichler geworden ist. Und eins sag ich euch hier und jetzt: Den *Opel Rekord* werd ich bis an mein Lebensende fahren. Und jedes Mal, wenn ich hupe, soll's dem alten Funzfichler im Jenseits durch Mark und Bein gehen!

So, liebe Leser, kurz vor Rothenburg, mitten in Mittelfranken, da finden Sie das beschauliche Städtchen Ansbach. Tun S' da mal den Blinker raus, denn hier lohnt sich ein Stopp! In unserem Fall brauchten wir gar keinen Blinker setzen, denn die verdammte Karre ist kurz hinter dem Ortseingang schon das erste Mal liegen geblieben.

Aber wo wir schon im schönen Ansbach sind, schauen wir uns doch direkt ein bisschen um – denn hier lässt sich einiges entdecken. Deswegen gibt es an dieser Stelle auch den ersten *Geheimfunz*! (Das ist ein Funzfichler-Reisetipp, der unter uns bleiben muss. Sonst wird aus so einem *Geheimfunz* nämlich schnell ein *Allgemeinfunz*, der weit weniger Spaß macht, weil alle anderen schon vor einem da waren, verstehen S', was ich mein?)

Geheimfunz

Kaspar Hausers Unterhose –

Im Museum des fränkischen Städtchens Ansbach gibt es ein ganz besonderes Ausstellungsstück zu bestaunen. Die meisten werden die Geschichte vom Kaspar Hauser schon einmal gehört haben: Als 16-Jähriger tauchte er in Nürnberg auf, konnte nicht sprechen und außer seinem Namen nichts schreiben, benahm sich überhaupt »pudelnärrisch«, wie Zeitzeugen berichteten.

(Wenn ihr mich fragt — der Bursche hatte einfach ein paar Obergärige zu viel intus. Dann kann ich auch nicht mehr sprechen und benehme mich „pudelnärrisch"!)

Später erzählte Kaspar Hauser, er sei sein Leben lang bei Wasser und Brot in einem kleinen Raum gefangen gehalten worden. Etliche Zeitgenossen hielten ihn für den 1812 geborenen Erbprinzen von Baden, den man gegen einen sterbenden Säugling ausgetauscht habe, um einer Nebenlinie des badischen Fürstenhauses die Thronfolge zu ermöglichen. Andere hielten ihn für einen Hochstapler.

Heute weiß man aus genetischen Untersuchungen, dass zumindest die Erbprinz-Legende nicht haltbar ist.

Kaspar wuchs bei einem Pflegevater auf, lernte rasch sprechen, lesen und schreiben. Sein Schicksal wurde in ganz Europa bekannt, nachdem 1829 ein Mordanschlag auf ihn verübt worden war. Auch hier gab und gibt es zweifelnde Stimmen, ob Hauser sich die Verletzungen nicht selbst beigebracht habe.

1833 kam Kaspar Hauser erneut schwerverletzt nach Hause. Angeblich von einem Treffen mit einem Unbekannten, der ihm seine Herkunft verraten wollte, ihn dann aber niedergestochen habe. Am Tatort im Ansbacher Hofgarten fand man einen geheimnisvollen Zettel in Spiegelschrift. Diesen Zettel kann man zusammen mit Kaspar Hausers Unterhose (inklusive Blutfleck!) im Ansbacher Museum besichtigen. Wer also wissen will, was draufsteht auf dem Zettel *(oder einfach nur seine Unterhose wechseln möchte)*, der sollte den Weg ins Markgrafen-Museum finden.

Wo?
**Markgrafen-Museum
Kaspar-Hauser-Platz 1
91522 Ansbach**

»Rothenburg ob der Tauber« – wer beim Klang dieses Namens nicht in romantische Wallungen gerät, dem kann wohl selbst die Frau Pilcher nicht mehr helfen. Also mein Herz pumperte jedenfalls schon wie wild, als der Wolfgang mir auf der Straßenkarte zeigte, wo wir als Nächstes hinfahren. Ich hab dann zwar gemerkt, dass er nur von der schwarzen Rußwolke aus dem Auspuff ablenken wollte, aber in diesem Fall war meine Vorfreude einfach größer als mein Ärger.

Steht Holland für löchrigen Käse und mit Drogen zugedröhnte Jugendliche, so ist Rothenburg der Inbegriff einer mittelalterlichen Stadt. Herrliche alte Häuser, wo man geht und steht. Am malerischen Plönlein mit dem Siebersturm, da können S' gleich Ihre eigene Postkarte fotografieren, so schön ist das! Mein Tipp: auf Erinnerungsfotos immer mal alleine ins Bild stellen, dann braucht man nach der Scheidung nicht umständlich den Kopf vom Partner rausschneiden. Rothenburg ob der Tauber liegt auf der sogenannten »Romantischen Straße«.

Wahrscheinlich standen hier früher nur Brauereien und Freudenhäuser – daher der Name!

Der Franke

– im Rest von Deutschland zwiespältig gesehener Menschenschlag. Nicht-Franken verstehen den klassisch-fränkischen Humor nur selten. Brauchtumsforscher haben inzwischen auch herausgefunden, warum: Es gibt ihn nicht.

Der fränkische Witz zeichnet sich dadurch aus, dass er nicht erzählt wird; er wird von Generation zu Generation in der gedanklichen Überlieferung weitergegeben. Umgekehrt ist dem Franken etwa typisch norddeutscher oder gar rheinischer Humor völlig fremd. Was auch daran liegt, dass der Franke sich selten mit Nicht-Franken abgibt, ja, allem Nicht-Fränkischen mit großem Misstrauen bis hin zur Abneigung begegnet.

Wer nun den Eindruck hat, der gemeine Franke sei ein düsterer und eigenbrötlerischer Geselle, dem sei gesagt: Der gemeine Franke ist ein düsterer und eigenbrötlerischer Geselle. Doch wie in jeder Region unseres schönen Deutschlands gibt es auch hier Ausnahmen: Im Frankenland wird wie überall viel Bier getrunken. Und genauso viel Wein. Etliche Franken besitzen sogar die Fähigkeit, beides parallel zu trinken. Nicht wenige sogar im Übermaß. Diese Franken lachen häufiger als der Durchschnittsfranke.

Der (selten) sprechende Franke ist am gerollten R und am phonetischen Austausch des Buchstabens T durch das D sowie des Buchstabens K durch das G zu erkennen. Sprechen Sie mal den Satz: »Der Tommy trinkt gerne teures Gebräu im Frankenkrug.« Schon klingen Sie wie ein echter Franke.

Der Franke isst zudem gerne und oft »Würsterl«. Von den kleineren grundsätzlich mehr als von den größeren, denn er ist ein gerechter Mensch. Der Sinn des fränkischen Bürgers strebt stets nach Gleichmaß und Sauberkeit. Besonders beim Nachbarn.

Ignorieren Sie einfach Wolfgangs Kommentare. Die Romantische Straße heißt so, weil die Landschaft – egal, in welche Richtung Sie schauen – einfach unglaublich romantisch ist.

Es sei denn, Sie schauen in die Landschaft von Annelieses Gesicht! Muhuhohahaha, geh, Anneliese, sei g'scheit – war doch nur a Spaß!

Wussten Sie, dass entlang der Romantischen Straße zwischen Füssen und Würzburg allenthalben und von alters her Wein gekeltert und Bier gebraut wird? Nein? Ich wusste es auch nicht. Der Wolfgang schon. Kein Wunder, dass er hier eine Woche mehr Zeit einplanen wollte.

Naaa! Bloß wegen der romantischen Landschaft, Anneliese, ist doch klar.

Aber bevor wir weiter auf der Romantischen Straße fahren, nehmen wir uns Zeit und schauen uns die Innenstadt von Rothenburg einmal genauer an. In gewisser Weise auch erzwungenermaßen, denn unser *Opel Rekord* macht plötzlich furchterregendere Geräusche als ein betrunkener Wolfgang im Tiefschlaf, und dann bleibt die blöde Karre einfach liegen. So müssen wir schon am ersten Tag unserer Reise eine Werkstatt aufsuchen.

Nein, Anneliese, das ist keine Panne, sondern ein Boxenstopp!

A lso, zunächst muss ich ganz kurz erklären, dass wir natürlich *nicht* mit dem *Opel* liegen geblieben sind. Ein *Rekord* bleibt niemals liegen, er macht höchstens einen Boxenstopp, und zwar einen wohlverdienten. Und der Hintern von Anneliese war eh schon so breit gesessen, da hat ihr der kleine Stadtspaziergang ganz gut getan.

Das sagt ausgerechnet derjenige, dessen Hintern nicht mehr in einen normalen Sitz der Economy Class passt!

Weil die die heutzutage für irgendwelche magersüchtigen Supermodels entwerfen und nicht für ein gestandenes Mannsbild. Außerdem geh ich aus Prinzip nicht mehr in die Economy Class, seit es da keine kostenlosen Erdnüsse mehr gibt!

Rothenburg ob der Tauber – was für eine Stadt, was für Menschen und vor allem: Was für Schneeballen. Kennt's ihr die? Mit Puderzucker bestreutes Schmalzgebäck (aus Teig mit hineingeschlagenem Zwetschgenwasser – wichtig!). Aaah, da könnt ich mich reinlegen! So, gibt's sonst noch was zu Rothenburg zu sagen? Lasst's mich überlegen … Nein.

Es wird immer schwieriger, bei Anneliese den richtigen Winkel zu finden. Meistens hilft nur volles Gegenlicht …

… oder den einzig wahren Ausschnitt wählen!

Über Rothenburg allein könnte man ganze Bücher schreiben. Wer sein Wamperl hier nicht nur von Café zu Café und Wirtshaus zu Wirtshaus schieben und dabei Kellnerinnen mit ausladenden Dekolletés hinterher schauen möchte, der kann in Rothenburg wunderbar die Seele baumeln lassen.

Oder was immer ihr sonst noch baumeln lassen könnt, he he ...

Viele der Straßen Rothenburgs haben noch das alte Kopfsteinpflaster, über das auch heute noch so manches Pferdegespann lautstark an den stattlichen Patrizierhäusern vorbei rollt (Achtung, Hobbykutscher, seit 2010 Kutschenverbot in der Altstadt!). Und wer Lust auf Grusel hat, sollte unbedingt das Mittelalterliche Kriminalmuseum in der Burggasse besuchen.

Oder sich mal die Anneliese direkt nach dem Aufstehen anschauen! Hehehe.

Im Kriminalmuseum kann man die furchteinflößendsten Foltergeräte des Mittelalters bestaunen, und man erfährt, wie man früher mit Kriminellen und Ehebrechern umgegangen ist. Ich hoff, der Wolfgang hat gut aufgepasst.

Hab ich! Das furchteinflößendste Folterinstrument war die alte Gewitterziege, die mit ihren Enkeln vor uns hergeschlichen ist. Ich glaub', die kam auch aus dem Mittelalter. Übrigens, Anneliese, hast' die Halsgeige für zänkische Ehefrauen gesehen? Die hab ich einfach mal bestellt!

Aber Rothenburg hat noch mehr zu bieten. Zum Pflichtprogramm gehörte für mich natürlich ein Besuch des Heilig-Blut-Altars im Westchor der Jakobskirche. Den müssen Sie sich einfach anschauen! Und wenn S' Glück haben, dann ist zufällig die Elfriede vom Tourismus-Büro da und erklärt Ihnen alles genauso toll wie uns.

Sehenswürdigkeit

Der Heilig-Blut-Altar
befindet sich auf der Westempore der Jakobskirche in Rothenburg ob der Tauber. Geschnitzt von Tilman Riemenschneider (Würzburg) zwischen 1500 und 1505 für die Heilig-Blut-Reliquie. Bei der Reliquie soll es sich um einen beim Abendmahl verschütteten Tropfen Wein handeln, der durch die Wandlung zum Blut Christi wurde.

(Unsichere Quellen vermelden allerdings, dass eine Untersuchungskommission des Atheistischen Hilfswerks Heilbronn (AHH) herausgefunden hat, bei dem Tropfen handele es sich lediglich um einen in Essig verwandelten Riesling.)

Entgegen meiner Vermutung war der Besuch des Heilig-Blut-Altars keine Zeitverschwendung. Denn der ebenso ausführliche wie uninteressante Vortrag der älteren Dame vom Tourismus-Büro hat mich inspiriert. Und zwar zu einer Cocktail-Kreation, wie sie Rothenburg noch nicht gesehen und erst recht nicht getrunken hat: die »Blutige Elfriede«.

Rezept für

Blutige Elfriede

Wir brauchen:

- 3cl Heidelbeersaft
- 2cl Orangenlikör
- 1cl Grenadinesirup
- 3cl Wodka
- 2cl Campari
- 1cl Limettensaft
- 0,5cl Tabasco

Zubereitung

den Schüttelbecher mit Eis befüllen

- Wodka (nehmt's bloß kein gutes Zeug, sondern das vom Discounter – das knallt mehr!), Campari (auch hier auf den Donnerfaktor achten, gell), Orangenlikör, Heidelbeersaft, je einen Spritzer Limettensaft und Grenadinesirup sowie einen Spritzer Tabasco in den Schüttelbecher geben.

- das ganze Zeugs dann in ein Cocktailglas geben (am besten eins, das aus dem Kühlschrank kommt)

- falls die Frau ein Zitronenscheibchen ans Glas will, redet's ihr das einfach wieder aus – das legt sich nach dem zweiten Glas

Drei davon hintereinander und ich schwör's euch, das gibt einen Rausch, da wird sich jeder von diesen Kristall-Mett-Hippies die Finger nach lecken! So, jetzt hat euer verrückter Wolfgang *noch* einen Tipp für euch: Wenn ihr schon mal in Rothenburg seid, dann macht's einen Abstecher, der sich wirklich lohnt …

Geheimfunz

Das Bodenlose Loch –
eine Karstquelle in der Gemeinde Diebach auf der Frankenhöhe, südwestlich von Unteroestheim.
In dem rund zwanzig 20 Meter breiten Teich befindet sich ein ca. acht Meter breiter Quelltopf, aus dem pro Sekunde zwischen 60 und 80 Liter Wasser sprudeln, das über den Oestheimer Bach in die Tauber fließt. Das Loch ist also eigentlich eine ungefähr 6 Meter tiefe Quelle. Den Besuchern aber, die am Rand stehen und durch die Wasserpflanzen hindurch direkt hineinschauen, läuft ein Schauer über den Rücken: Das Loch erscheint tatsächlich bodenlos!

(Wolfgang, wehe, jetzt kommt was Zweideutiges! Du hältst den Schnabel!)

In den anliegenden Ortschaften gibt es jedenfalls Vermutungen, dass das Bodenlose Loch bis nach Australien reicht. Auch ist von Meerjungfrauen die Rede, die nach einer Oestheimer Tanzveranstaltung nicht rechtzeitig zurück im Loch waren und seither verschwunden sind. Besucher werden ermahnt, bloß nicht zur Weihnachtsnacht am Loch vorbeizufahren. Das habe einmal ein Bäuerlein getan und sei mitsamt Wagen und Pferden im Bodenlosen Loch versunken.

Wo?
Hinter Unteroestheim
Auf der Heilingerwiese
91583 Diebach-Oestheim

Wolfgang schreibt

Toupiert in Tauberbischofsheim

S o schön Rothenburg ob der Tauber auch ist – irgendwann hat man sich satt gesehen und möchte weiterziehen. Im Prinzip wie in jeder normalen Ehe – wenn es da nur auch so einfach wäre.

Sei froh, dass es in einer Ehe nicht so einfach ist.
Sonst hättest du am Tag nach unserer Hochzeit wieder alleine
vorm Fernseher gesessen!

Anneliese schreibt

Auch wenn wir Rothenburg verlassen, so bleiben wir doch noch eine Weile auf der Romantischen Straße, die uns vorbei an saftigen Wiesen und üppigen Weinbergen in die Kreisstadt des Main-Tauber-Kreises führt, nach Tauberbischofsheim, dem Fecht-Mekka Deutschlands – wobei ich darauf hinweisen möchte, dass ich mit dieser Umschreibung auf keinen Fall die Gefühle unserer fanatisch-religiösen Mitbürger verletzen möchte.

Sauber, Anneliese, schreib doch gleich noch unsere Privatadresse hin!

Wolfgang schreibt

Ich nutze das gute Wetter und mache das Verdeck unseres guten alten *Rekord* auf. Anneliese zetert natürlich direkt rum, das würde ihre (sogenannte) Frisur durcheinanderbringen usw., aber wenn wir schon ein Cabrio fahren, dann lass ich mir natürlich nicht verbieten, das Verdeck zurückzumachen. Und natürlich war es die richtige Entscheidung. Die Fahrt ist herrlich, und wir können das phantastische Wetter mit jeder Pore genießen.

Anneliese schreibt

Zehn Minuten nachdem Wolfgang gegen meine ausdrückliche Warnung das Verdeck zurückgemacht hat, fängt es an, aus Kübeln zu regnen. Als Wolfgang das Verdeck wieder schließen möchte, funktioniert die Automatik nicht mehr. Kein Wunder, denn diese Automatik hat einer seiner Schwager vor zwei Jahren nachträglich eingebaut ...

*Mei, jetzt kommt wieder die Leier: „Wennst solche Sachen wenigstens vom Fachmann machen lassen würdest ..."
Anneliese! Der Reinhold, der ist a Fachmann!*

Wolfgang! Er hat einen Gardinenladen.

Ein Autoverdeck ist ja auch eine Art Gardine. Bloß waagerecht. Und mit Motor.

Es dauert geschlagene zwanzig Minuten, bis Wolfgang die nachträglich schlecht eingebaute »Gardine« per Hand wieder verschlossen hat. Wir werden nass bis auf die Knochen, und meine Frisur ist ruiniert. Ich bestehe darauf, dass wir uns zuerst ein Hotel suchen und er erst dann die alte Rostschleuder in die Werkstatt fahren darf. Ich will ein heißes Bad nehmen und danach zum Friseur.

Kurz vor Tauberbischofsheim fängt es ein bisschen an zu nieseln – für Anneliese natürlich trotzdem direkt das Startzeichen, an mir, dem Wagen und dem Wetter herumzumeckern. Alles aus Angst um das, was sie für eine Frisur hält. Aber da ich ein friedliebender Mensch bin, schließe ich das Verdeck wieder, und wir rollen sicher und geborgen in Tauberbischofsheim ein. Ich glaube, ich bin es sogar, der vorschlägt, dass wir uns zunächst ein Hotel suchen und dann erst den Wagen in die Werkstatt bringen, damit Anneliese in der Zeit zum Haarklempner gehen kann, um sich wieder ihr Vogelnest auf den Kopf modellieren zu lassen.
Ich habe ja eine Theorie, warum Frauen so gerne zum Friseur gehen und so empfindlich sind, wenn es um ihre Haare geht. Und hier ist meine Theorie: Die Weiber spinnen einfach!
Nicht schlecht, oder? Manchmal ist es so einfach …

Wir haben zwei wunderschöne Einzelzimmer im Badischen Hof gebucht. Das war gar nicht so einfach, denn 1979 hatten wir hier mal Hausverbot. Damals ist der Wolfgang nach der After-Show-Party unserer Quiz-

Osteuropäische Kleiderdiebe machen auch vor Touristen in Tauberbischofsheim nicht halt.

Im Badischen Hof: Wolfgang freut sich über das umfangreiche Pay-TV-Angebot.

sendung *8 gegen Wolfgang* nachts um vier in die Hotellobby gewankt und war derart betrunken, dass er die Rezeption mit dem Pissoir verwechselt hat – bis heute einer der peinlichsten Momente meines Lebens.

> Zu meiner Verteidigung muss ich an dieser Stelle anmerken, dass ich zu der Zeit eine ganz arge Bindehautentzündung hatte und nur verschwommen sehen konnte.

Nach einem ausgiebigen Bad in einer historischen Badewanne und einem erholsamen Besuch beim Friseur bin ich startklar, um mir Tauberbischofsheim anzuschauen. Da ich Wolfgang nicht finden kann, mache ich mich alleine auf den Weg durch die Stadt, die heutzutage besonders als Zentrum der deutschen Fechtkunst bekannt ist.

Während Anneliese also beim Locken-Doktor ist, erkunde ich Tauberbischofsheim auf eigene Faust. Allzu lange kann ich leider nicht laufen, weil Anneliese meine Korrektursohlen vergessen hat, ohne die ich völlig aufgeschmissen bin!

> Natürlich. ICH hab sie vergessen. Ich wusste es.
> Und ich erst, Anneliese.

Wusstet ihr, dass Tauberbischofsheim die Stadt der Fechter ist? Und der hübschen Fechterinnen natürlich. Wer erinnert sich nicht gerne an unsere große Florettheldin Anja Fichtel – was für ein Körper! Waren das nicht herrliche Aufnahmen seinerzeit im *Playboy*? Also, natürlich rein kameratechnisch gesehen, he he. Ich muss dringend mal wieder mein Print-Archiv durchstöbern. Ab hier dürfen nur noch die Männer weiterlesen! Meine *Playboy*-Sammlung hab ich in der Garage hinter der Reparaturanleitung des *Rekord* versteckt. Da schaut die Anneliese nie nach. Und wo habt's ihr eure erotische Literatur deponiert? Schreibt's mir eure Verstecke unter: *wolfgangsgeheimemailadressefuerschweinkram04@wolfgang-und-anneliese.de*
Ich bin gespannt. Für das originellste Versteck gibt's natürlich einen Preis: Die Plätze 1 bis 3 bekommen von mir original Schwarzweiß-Kopien der *Playboy*-Bilder von Anja Fichtel. Also, wer jetzt nicht mitmacht, dem kann ich auch nicht helfen!

ch schlendere über den wunderschönen Marktplatz mit seinen vielen kleinen Geschäften, den urigen Fachwerkhäuschen und dem neugotischen, knallroten Rathaus! Und dann stehe ich auch schon vor einem der Wahrzeichen Tauberbischofsheims, dem sogenannten »Türmersturm«.

Sehenswürdigkeit

Der Türmersturm

ist das Wahrzeichen Tauberbischofsheims am Kurmainzischen Schloss. Der Turm stammt aus dem 13. und 15. Jahrhundert, ist 28 Meter hoch und auf 119 Stufen besteigbar.

Vor dem Turm befindet sich ein Brunnen aus Mühlsteinen, der an die vielen Mühlen des in der Nähe fließenden Mühlkanals erinnern soll.

(Vorschlag, liebe Tauberbischofsheimer: Tauft's den Brunnen doch „Brunnensbrunnen" – und schon gibt's das nächste Wahrzeichen mit deppertem Namen.)

Tauberbischofsheim war eine der ersten deutschen Städte mit Frauenparkplätzen.

D a ich in Tauberbischofsheim weiß Gott keine nennenswerten Sehenswürdigkeiten entdecken kann (wenn man von den »Sehenswürdigkeiten« an der Rezeption vom *Badischen Hof* einmal absieht), beschließe ich, mich in eines der vielen Cafés zurückzuziehen und bei ein, zwei, drei Gläsern Riesling den Abend einzuleiten.

Natürlich dauert es nicht lange, bis ich erkannt werde – schließlich haben wir am Anfang unserer Karriere oft auf Straßenfesten in der Umgebung gespielt und dabei immer engen Kontakt zu unserem Publikum gesucht. Aber nachdem ich die meisten Schulden zurückgezahlt und mich bei dem Mann entschuldigt habe, der 1979 von mir angeblich einen freundschaftlichen Klaps bekommen hat (nachdem er mich mit Paul Kuhn verwechselt hatte!), lässt man mich in Ruhe meinen Wein trinken. Abends treffe ich dann Anneliese zum Essen.

Anneliese schreibt

Am Abend erzähle ich Wolfgang von meinen Eindrücken aus Tauberbischofsheim. Ich muss wirklich sagen, heute ist es eine Freude, mit meinem Wolfgang unterwegs zu sein. Zum ersten Mal seit Jahren führe ich mit ihm ein intimes Gespräch über all die Eindrücke, die mich auf der Reise oft regelrecht überwältigen.

Bei einem romantischen Essen muss Mann auch mal zuhören können ...

Ich erzähle ihm von meinen Gedanken, Sehnsüchten und Träumen, aber auch von Ängsten, Sorgen und Nöten. Und ob man es glaubt oder nicht: Wolfgang schaut mich das ganze Gespräch über mit großen Augen an und hört mir gebannt zu.

Es tut so gut, nicht wie sonst jeden Abend stumpf beim Fernsehen nebeneinander zu sitzen, sondern sich endlich mal wieder auszutauschen. Allein dafür hat sich diese Reise schon gelohnt.

Abends beim Essen quasselt die Anneliese ohne Punkt und Komma. Ich weiß aber gar nicht, worüber. Ich hab nicht so genau hingehört, weil ich die ganze Zeit an wichtigere Dinge denken musste. Ich begreif einfach ums Verrecken nicht, warum die Hydraulik vom Verdeck nach dem Regen nicht mehr funktioniert hat. Ich hoff, die Jungs von der Werkstatt werden's mir morgen erklären. Mei, so eine Reise ist ja schön und gut, aber es fehlt mir schon, abends gemütlich vor dem Fernseher zu sitzen und einfach mal nichts zu sagen. So was können Frauen nicht verstehen.

Du Arsch.

Anneliese, reiß dich zusammen!
Das Buch hat keine Altersbeschränkung.

Wolfgang schreibt

Im Schleichgang nach Gramschatz

Am nächsten Morgen hole ich den *Rekord* aus der Werkstatt ab. Da war offenbar ein Dichtungsring an der Hydraulikstange porös, deswegen ist Öl ausgetreten, und dann hatte der Motor vom Verdeck keinen Druck mehr. Daran lag's also – hatte so was Ähnliches fast vermutet!

Anneliese schreibt

Nachdem wir den Wagen aus der Werkstatt abgeholt haben (irgendwas mit Ringen), geht es auf zu neuen Ufern. Wir verlassen Tauberbischofsheim und fahren durch Gerchsheim und Kist durch das wunderschöne Taubertal, das auch Tauberbischofsheim seinen Namen gab. Oder umgekehrt, das müsst ich jetzt auch noch mal nachlesen.

Kurz vor Gerchsheim sieht Wolfgang an einem Laternenpfahl ein Plakat vom Schlagerfestival auf dem Kurmainz-Kasernengelände und beginnt, sich fürchterlich aufzuregen.

> Kleine Notiz an Sigrid und Stefania aus unserem Sekretariat:
> Wie könnt's ihr denn so deppert sein und uns nicht beim Kurmainzer Schlagerfestival anmelden, wenn ich und die Anneliese scho in der Nähe sind?!
> „Die Geschwister Hofmann" und „G.G. Anderson" — des ist ja elendig!
> Weihnachtsgeld könnt's ihr vergessen dies Jahr!

Kurz vor Würzburg überrede ich Wolfgang dann, einen kleinen Abstecher zu machen. Denn »Einsiedel« mag vielleicht kein besonders einladender Namen sein, ist aber einer der schönsten Klettergärten Deutschlands, und den möchte ich mir nicht entgehen lassen.

Nicht, dass ich da selbst klettern möchte, Gott behüte – aber Wolfgang, den alten Angeber, den jage ich da heute mal die Bäume hoch! Meine Rache dafür, dass er sich soeben verplappert hat: Er hat mir beim Essen am Abend überhaupt nicht zugehört.

Kurz vor Würzburg macht die Anneliese zur Abwechslung mal den halbwegs brauchbaren Vorschlag, in einem Biergarten im Gramschatzer Wald einzukehren. Und da ich ja kein Spielverderber bin und mein Körper mir das Signal gibt, dass er die Kohlenhydrate dringend gebrauchen kann, stimme ich zu.

Nach ein paar hundert Metern Fahrt durch den Gramschatzer Wald bei Rimpar sind die Bäume urplötzlich voller Haken, Ösen und Seile – wir haben offenbar den Klettergarten Einsiedel erreicht! In ganz unterschiedlichen Höhen, von drei Metern bis rauf zu zwanzig Metern darf man sich im Klettergarten zwischen den Wipfeln tummeln. Da sieht der Wolfgang bestimmt den Wald vor lauter Bäumen nicht mehr, hab ich mit dem Robert gescherzt. Der Robert ist Wolfgangs Kletter-Coach. Aber das weiß der zu dem Zeitpunkt noch nicht. Stattdessen ruft er mir noch fröhlich zu: »Anneliese, guck dir die Idioten an, die da oben rumturnen. Ich versteh nicht, wie Leute sich das freiwillig antun können!«

Und der Robert, das war a ganz a Fescher – Muskeln wie ein junger Gepard, Augen wie ein Bergsee in den Dolomiten und Haare wie der wunderbare Hans Klok, nur nicht gefärbt. Eine Sekunde lang hab ich sogar überlegt, ob ich nicht doch lieber selber mit Robert klettern sollte – aber die Vorstellung von Wolfgang, der in zwanzig Metern Höhe Todespanik bekommt, war noch verlockender als von Robert in zwanzig Metern Höhe ganz, ganz fest gehalten zu werden.

Sehenswürdigkeit

Der Kletterwald Einsiedel

Der auf verschiedenen Höhenniveaus gebaute Klettergarten liegt im Gramschatzer Wald bei Rimpar, nur zwölf Kilometer von Würzburg entfernt.
Am besten ist er erreichbar über die A7, Ausfahrt Gramschatz. In unmittelbarer Nähe befinden sich das Walderlebniszentrum und der Biergarten Waldhaus Einsiedel.

*(Das war mein Köder für Wolfgang –
und er hat natürlich angebissen!)*

Wer noch nicht weiß, was *Akrophobie* ist, kann dies sicher bei erfahrenen Kletterern vor Ort erfragen. Wie sich Akrophobie anfühlt, weiß man spätestens, wenn man in zehn Metern Höhe einen Baumstamm umklammert und vor lauter Zittern weder vorwärts noch rückwärts kann. Aber auch in diesem Fall helfen erfahrene Kletterer weiter. Oder eine Rettungsleiter der Freiwilligen Feuerwehr Rimpar.
Infos auf: www.kletterwaelder.de

I ch muss euch jetzt mal was über die Anneliese erzählen: Die meisten denken immer, die Anneliese, das wäre die brave, gottesfürchtige und harmlose Frau mit den markanten Zähnen an der Seite vom verrückten Wolfgang.

Aber weit gefehlt, liebe Leser! Dieses arglistige Weib hat es faustdick hinter ihren 1984 zum zweiten Mal angelegten Ohren. Mit der Aussicht auf fünf oder sechs harmlose Weißbier hat mich »Rotkäppchen« Funzfichler in den Wald gelockt. Aber ehe ich noch »Nicht so viel Schaum!« sagen kann, steht plötzlich ein langhaariger Naturburschen-Affe vor mir, an dem die letzten 10 000 Jahre Evolution scheinbar spurlos vorbeigegangen sind, und legt mir so ein depperles Klettergeschirr an.

Ich bin mir sicher, dass der „Naturburschen-Affe"
im Gegensatz zum Herrn Funzfichler in der Lage ist,
ein Stielkotelett mit Messer und Gabel zu essen!

Annelieses Plan ist teuflisch. Natürlich will sie gar nicht, dass ich klettere und mich oben im Baum blamiere. Nein, sie will mich viel tiefer verletzen. Aber ich lese diese Frau wie eine offene Speisekarte: Anneliese geht davon aus, dass ich versuchen werde, mich aus der Situation rauszuwinden.

Ein Verbrechen an Mensch und Natur: Klettergärten.

Und sie weiß – egal, was ich sagen würde, um nicht klettern zu müssen: Ich würde automatisch vor dem langhaarigen Porno-Kletter-Sepp als Weichei dastehen. Aber so was lässt sich der Kecki nicht gefallen – ich werde klettern und ihr einen gehörigen Strich durch die Rechnung machen!

Das Schöne ist, dass der Wolfgang ausgesprochen simpel funktioniert und deswegen auch jederzeit zu durchschauen ist. Jeder normale Mann, der auf so eine Kletterei keine Lust hat, hätte einfach gesagt: »Tut mir leid, mach ich nicht.« Aber bei Wolfgang kann man sich zu 110% darauf verlassen, dass er den Platzhirsch geben muss und selbstverständlich alles macht, um als »ganzer Mann« dazustehen. Besonders wenn ein konkurrierendes Männchen in der Nähe ist. Jedes Mal, wenn ich eine Tierdokumentation sehe, fällt mir wieder auf, dass Wolfgangs männliches Verhaltensmuster mehr Ähnlichkeiten mit Nashörnern, Wasserbüffeln oder Pavianen hat als mit Homo sapiens seines Alters. Und so war es nur logisch, dass einer der unsportlichsten Menschen dieses Planeten Minuten später hilflos in einem Klettergeschirr in zwanzig Metern Höhe baumelte und gegen seinen größten Feind kämpfte: sein eigenes Ego.

Liebe Freunde, jeder weiß, dass man mich nicht zu Unrecht den »verrückten Wolfgang« nennt. Ich kann Spaß verstehen, und ich schlage gern mal über die Stränge, wenn die Anneliese grad nicht zuschaut. Zugleich wisst's ihr aber auch, dass der Kecki immer und überall die Wahrheit erzählt. Drum lasst's euch gesagt sein: Wenn's ihr einmal im Leben wünscht, dass euch gleichzeitig die Arme, die Füße, der Bauch, die Brust und die Schultern weh tun, wenn ihr einmal im Leben einen Tannenbaum umarmen und dabei vor einer Schulklasse mit lauter Achtjährigen bis auf die Knochen blamiert werden wollt – dann, aber auch nur dann, besucht's den Kletterwald Einsiedel im Gramschatzer Wald. Ihr wollt Details? Bittschön: Um in diesem hundsgemeinen Park klettern zu dürfen, müsst ihr zunächst in ein Gurtzeug steigen, das noch mehr im Schritt kneift als meine Tigerbadehose aus den 70er Jahren.

Und das heißt was!

Und wenn ihr dann endlich in dem Gurtzeug drinsteckt, habt ihr aber beileibe noch nicht das Schlimmste hinter euch. Denn sobald ihr nach einer halben Ewigkeit schweißgebadet auf der höchsten Plattform steht, keift eure schadenfrohe Hexe von Ehefrau mit der Handykamera in der Hand von unten hoch: »Trau dich! Na, los! Du musst nur den ersten Schritt machen, dann geht's von selbst!« Den ersten Schritt hab ich gemacht. Dummerweise ins Leere, und so könnte es von unten etwas unelegant ausgesehen haben, als ich mit der Seilbahn ungebremst ins gegenüberliegende Geäst gerauscht bin.

Aber – worauf es letztendlich ankommt: Der Kecki hat nicht aufgegeben und sich vor diesem aufgeplusterten Friseurverweigerer nicht die Blöße gegeben. Und damit – und das ist noch viel entscheidender – ist Annelieses Plan schön in die Hose gegangen! Jaaa, man muss halt doch deutlich früher aufstehen, wenn man einen Wolfgang Funzfichler, geb. Keck, in die Knie zwingen möchte.

Trotzdem freu ich mich schon auf das Latschenkiefernöl im Hotel gegen die Schürf- und Schnittwunden und mehrere doppelte Obstler gegen … gegen die Schmerzen im Allgemeinen. Und ich danke dem Herrgott, dass wir diesen unmenschlichen Ort verlassen und ich endlich wieder im bequemen Sitz vom *Opel Rekord* Platz nehmen darf.

Anneliese schreibt

Nach diesem herrlichen Erlebnis geht es weiter Richtung Karlsruhe, womit wir die erste Etappe unserer Reise schon hinter uns lassen und uns langsam aber sicher dem Reich der gefürchteten Badenser nähern.

Tour 2
Badische Weinroute

Über Karlsruhe,
Neustadt a.d. Weinstraße, Worms

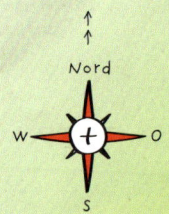

Nord

W ← ⊕ → O

S

Rheinland-Pfalz

Wirtsfrau Barbara:

Schwarze Haare, griffige Hüften.

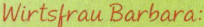 Worms

Mannheim

 Neustadt a.d Weinstraße

Spe

Naturpark Pfälzer Wald

Wiege der Deutschen

START

Karlsruhe

Hessen

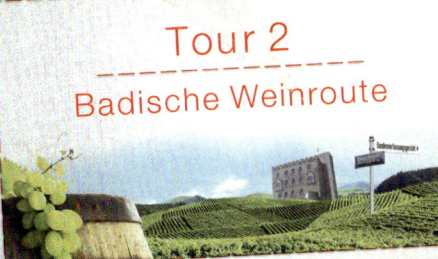

✖ Heidelberg

Wolfgang + Sue:
Die Großwildjagd der Liebe

Baden-Württemberg

Anneliese schreibt

Auf ein Glaserl Badenwein

Kennen Sie das berühmte Sprichwort: »Ich hab mein Herz in Heidelberg verloren«? Für mich müsste das Sprichwort ja heißen: »Ich hab mein Herz in Karlsruhe verloren«, denn genau das ist mir vor vielen, vielen Jahren in dieser schönen Stadt passiert.

Müsste das Sprichwort hier nicht eigentlich lauten: „Ich hab meinen Prozess in Karlsruhe verloren"? He he. Also, wegen dem Bundesverfassungsgericht, ihr versteht's schon, gell? Spaß muss sein!

Als ich ungefähr elf Jahre alt war und den Wolfgang nur vom Hörensagen kannte (eine schöne Zeit), da hatte ich einen Brieffreund aus der berühmten Fächerstadt Karlsruhe. »Fächerstadt«, weil der Markgraf Karl Wilhelm von Baden vor knapp 300 Jahren im Schlaf die Vision einer fächerförmig angelegten Stadt hatte. Und so wurde sie dann schließlich auch gebaut: fächerförmig. Und in diesem Fächer wohnte vor vielen, vielen Jahren der Norbert Durlach. Der Norbert war damals in der Katholischen Jungen Gemeinde engagiert, genau wie die kleine Anneliese. Und über eine Annonce in der Kirchenzeitung hat sich damals eine Brieffreundschaft ergeben, die viele Jahre anhielt.

Ich hatte nie Brieffreunde. Bei uns hieß es immer: Wer Brieffreunde hat, trinkt bloß Mezzo Mix und ist zu doof, um echte Freunde zu finden. Aber das nur am Rande.

Es könnte auch daran gelegen haben, dass der Wolfgang selbst mit 14 Jahren immer noch nicht richtig schreiben konnte. Auch das nur am Rande.

Anneliese, ich hatte eine angeborene Rechtschreibschwäche, das ist medizinisch belegt, da hatte ich ein Attest vom —

Ja ja, vom Dr. Oetker.

Der Norbert Durlach, das war jedenfalls ein ganz Lieber, sogar Gedichte hat er mir geschrieben. Da war's doch kein Wunder, dass ich mich ein klein wenig in ihn verguckt habe, gell?

Leider hab ich dann irgendwann beim Saustechen den Kecki kennengelernt. Wolfgang bestand damals darauf, dass ich meinen Briefwechsel mit dem Norbert umgehend zu unterlassen habe. Das hab ich zwar nie gemacht, aber nach und nach wurde der Abstand der Briefe größer, bis wir uns irgendwann ganz aus den Augen verloren haben.

Umso erstaunlicher war es, dass uns der Zufall zehn Jahre später beruflich wieder zusammenführte. Da war ich schon mit dem Wolfgang verheiratet, und der Norbert hatte ebenfalls eine Frau, die Susanne Durlach, genannt Sue. Na, können Sie sich vorstellen, was uns beruflich verbunden hat? Richtig: Norbert und Susanne Durlach sind keine Geringeren als unsere lieben Freunde, das großartige Schlagerduo »Norbert & Sue«, mit denen wir jetzt schon seit vielen, vielen Jahren zusammenarbeiten. Und da die beiden nach wie vor in Karlsruhe wohnen, werden sie wohl um einen Besuch von »Wolfgang & Anneliese« nicht herumkommen.

Norbert, Sue, Karlsruhe – schnallt's euch an, wir kommen!

Pfeilgradaus nach Karlsruh

Wenn wir in Karlsruhe sind, müssen wir natürlich unsere lieben Freunde Norbert & Sue besuchen. Lustigerweise kannte Anneliese den Norbert schon lange, bevor wir sie 1974 für unsere Sendung *Fröhliches Ochsengrillen mit Wolfgang & Anneliese* verpflichteten. Damals sangen sie das erste Mal ihren späteren Hit »In der Bimmelbahn der Liebe« und wurden über Nacht berühmt. Als Kinder waren Anneliese und Norbert »Brieffreunde«. Sie hatten sich über so ein kirchliches Käseblatt kennengelernt, in dem Anneliese damals folgendes Inserat aufgegeben hatte: »Fröhliches Mädchen aus Rosenberg mit Untergewicht und Neigung zu Stimmungsschwankungen (Hobbys: Strickliesel, Buttermilch und Gott) sucht gleichgesinnte Brieffreunde, die genauso einsam sind.« Haha. Den Part lässt Anneliese heute gerne aus, wenn sie von ihrer Brieffreundschaft mit dem Norbert Durlach erzählt.

Weil es privat ist und keinen was angeht, du depperter Hammel!

Info

Karlsruhe –
die drittgrößte Stadt Baden-Württembergs. Weil Karlsruhe der Sitz des Bundesverfassungsgerichts und Bundesgerichtshofs ist, wird die Stadt auch »Residenz des Rechts« genannt.

Zahlen und Fakten:
Karlsruhe hat 285.001 Einwohner, von denen über die Hälfte weiblich ist. Der Marktplatz liegt 114,9 m über N.N. Der tiefste Punkt der Stadt ist mit 100 m über N.N. der Rhein beim Ölhafen, der höchste Punkt liegt mit 322,7 m über N.N. im Tiergehege von Grünwettersbach.
Karlsruhe streitet sich mit Freiburg um den Titel »Stadt mit den meisten Sonnentagen«.

(Und mit Greifswald um den Titel „Stadt mit den meisten tätowierten Frauen über 60“.)
Die Stadtgrenze ist 82,4 km lang.
(An Karlsruher Stammtischen erzählt man sich gern die Legende, wie drei Jogger beim Versuch starben, sie an einem der sonnenstundenstärksten Tage abzulaufen.)
Karlsruhe unterhält mehrere Städtepartnerschaften, u.a. zur russischen Stadt Krasnodar.
(Es gibt aber nur rund elf Karlsruher, die das wissen, und nur sieben davon können „Krasnodar“ korrekt aussprechen.)

Jedenfalls, was die Anneliese nicht wusste: Genau an dem Abend, wo wir in die Stadt kommen, spielen »Norbert & Sue« ein Konzert auf dem Schlossplatz. So, jetzt könnt's ihr euch denken, welche Überraschung der verrückte Wolfgang für die Anneliese in petto hatte! Zumal schon der Schlossplatz selbst eine Attraktion ist – er ist nämlich berühmt für seine Figuren von leichtbekleideten Damen. Und wenn sich das gute Wetter bis zum Abend hält, dann sollte es doch mit dem Teufel zugehen, wenn sich nicht noch die ein oder andere echte leichtbekleidete Dame auf den Schlossplatz verirrt – schließlich ist Karlsruhe eine Studentenstadt!

M anchmal, da überrascht er mich noch richtig, der Wolfgang. Hat der alte Gauner doch hinter meinem Rücken …

… beziehungsweise: hinter ihrem Hintern, da ist mehr Platz, hehehe.

… einen Gastauftritt mit Norbert & Sue eingefädelt. Dass die beiden am Abend ein Konzert auf dem Marktplatz geben sollten, haben alle vor mir geheim gehalten. Aber als wir in Karlsruhe ankamen, da hat er dann die Katze aus dem Sack gelassen und gesagt: »Sag a mal, Anneliese, du hättest nicht zufällig Lust, heute Abend ein kleines Lied zu singen? Mit dem Norbert und der Sue?«
Und ob ich Lust hatte! Deswegen also die Heimlichtuerei. Obwohl es mir nie so lieb ist, wenn der Wolfgang der Sue zu nah kommt. Schon 1974, als wir die Susanne das erste Mal kennengelernt haben (die Aufzeichnung unserer Show fand damals in Bad Reichenhall statt), hatte ich das Gefühl, dass Wolfgangs Interesse an Sue nicht nur musikalischer Natur war. Und wo Wolfgang und Sue nach der Gene-ralprobe wirklich waren, als sie für das ganze Team drei Stunden lang unauffindbar waren, konnten beide bis heute nicht zufriedenstellend erklären. Jedenfalls fand ich ihre Geschichte damals extrem unglaubwürdig.

Sehenswürdigkeit

Die historischen Skulpturen auf dem Schlossplatz in Karlsruhe –
die mythologischen Skulpturen von Göttern und Helden stammen zum Großteil vom zugereisten Hofbildhauer Ignaz Lengelacher und wurden zwischen 1760 und 1764 gefertigt. Die Venus Kallipygos hat einen besonders schönen Hintern.

Ja, das war klar, dass DIE alte Kamelle wieder rausgekramt wird. Ich habe es damals gesagt und ich sage es heute:

Die Sue und ich sind nach der Probe ganz harmlos durch Bad Reichenhall spazieren gegangen und haben uns verlaufen. Wir haben nach dem Weg gefragt und sind dabei unglücklicherweise in die Hände einer fanatischen Sekte geraten. Diese Verbrecher haben uns unter Drogen gesetzt und gefesselt, um aus uns später willenlose Sektenjünger zu machen. Gott sei Dank konnte ich aber mit den scharfen Kanten meiner Schnupftabakdose heimlich die Fesseln durchschneiden, unsere Aufpasser überwältigen und uns schlussendlich befreien.

Nach einer halsbrecherischen Flucht auf einer Draisine sind wir in letzter Sekunde noch pünktlich zum Auftritt zurück in der Halle gewesen, um in der Show zu singen.

Ich weiß ehrlich nicht, was daran unglaubwürdig sein soll!

Entscheiden S' selbst, liebe Leser!

Als die Sonne untergeht, treffen wir endlich Norbert und Sue hinter der Bühne auf dem Marktplatz. Es ist ein tolles Wiedersehen, und während wir noch in Erinnerungen an alte Zeiten schwelgen, bekommen wir schon ein Zeichen und müssen auf die Bühne. Der Marktplatz ist gefüllt mit Schlagerfans und als Norbert & Sue uns ankündigen, geht ein Raunen durch die Menge. Auch für die Zuschauer ist unser Auftritt eine Riesenüberraschung. Wir haben an diesem denkwürdigen Abend die große Ehre, gemeinsam mit Norbert & Sue ihre wunderschöne Ballade »Safari der Liebe« zu singen.

Unser Auftritt mit Norbert & Sue wird ein voller Erfolg. Ein toller Song. Allerdings werde ich das Gefühl nicht los, dass Norberts Lied zum Teil vom Wolfgang & Anneliese-Hit »Großwildjagd der Liebe« inspiriert ist, den wir 1977 zusammen mit Roberto Blanco im *Blauen Bock* gesungen haben. Aber ich kann mich auch täuschen. Nach dem Auftritt gibt es noch eine kleine Meinungsverschiedenheit mit der örtlichen Polizei aufgrund eines Missverständnisses. Aber korrekterweise entschuldigt man sich anschließend bei mir, und damit ist die Sache vergessen.

Unser Lied

Safari der Liebe

Aufritt Chor (zwölf lendenbeschurzte Afrikaner mit Trommeln):
Musse-mache-Musik-mitte-Norbert-und-Sue in Afrika
Musse-mache-Musik-mitte-Norbert-und-Sue in Afrika

Refrain Norbert und Sue:
Die Safari der Liebe, die Savanne des Glücks
Der Flamingo deiner Zärtlichkeit kehrt niemals zurück
Das Nashorn unserer Treue und das Gnu der Zärtlichkeit
Fliegen zur Oase der Verbundenheit

Strophe:
Die Liebe ist wie Großwildjagd, und ich bin heut dein Ziel
Wenn ich dich vor der Flinte hab, nützt rennen nicht mehr viel
Ich bin dein Beutetier am Wasserloch, zerreiß mich wie ein Krokodil
Die Anakonda meiner Leidenschaft kennt heute nur ein Ziel

Refrain:
Die Safari der Liebe, die Savanne des Glücks
Der Flamingo deiner Zärtlichkeit kehrt niemals zurück
Das Nashorn unserer Treue und das Gnu der Zärtlichkeit
Fliegen zur Oase der Verbundenheit

Strophe:
Ich bin das wilde Afrika, du die deutsche Kolonie
Du erklärst mir heut den Stammeskrieg, doch gewinnen kann ich nie
Auf dem Sklavenmarkt der Sehnsucht koste ich nur wenig Geld
Zum Glück bin ich ein reicher Mann hier im ärmsten Land der Welt

Refrain:
Die Safari der Liebe, die Savanne des Glücks
Der Flamingo deiner Zärtlichkeit kehrt niemals zurück
Das Nashorn unserer Treue und das Gnu der Zärtlichkeit
Fliegen zur Oase der Verbundenheit

Chor:
Wolle-nie-wieder-mache-doofe-deutsche-Musik-mitte-Norbert-und-Sue
Wolle-nie-wieder-mache-doofe-deutsche-Musik-mitte-Norbert-und-Sue
Wolle-nie-wieder-mache-doofe-deutsche-Musik-mitte-Norbert-und-Sue

(Text und Musik: Norbert und Susanne Durlach)

Wolfgang Funzfichler hat das Talent, kaum dass er mal etwas richtig gemacht hat, alles auf der Stelle wieder kaputtzumachen. Wir sind noch nicht ganz von der Bühne runter – das Publikum klatscht begeistert –, da stehen zwei Polizisten hinter der Bühne, um Wolfgang in Empfang zu nehmen. Erstaunlicherweise nehmen sie es Wolfgang sogar ab, dass er geglaubt haben will, er würde auf dem Schlossplatz nur die Hintern der berühmten Skulpturen ertasten. Und er wär »völlig überrascht« und »zu Tode erschrocken« gewesen, dass es sich um die Gesäße von zwei jungen Studentinnen gehandelt hat.

Bevor Schlimmeres passiert, gehen wir auf Nummer sicher und reisen noch am selben Abend ab. Unser nächstes Ziel ist Neustadt an der Weinstraße! Aber bevor wir da hinfahren, müssen wir noch kurz mit einem großen Missverständnis aufräumen:

Liebe Leser,
das müsst ihr eurem verrückten
Wolfgang glauben:
Es ist wahr. Die Hintern
waren dermaßen fest –
die hätte jeder für Marmor
gehalten.
(Wahrscheinlich Sport-
studentinnen!)

Baden-Württemberger sind nicht automatisch Schwaben! Die Schwaben leben zwar in Baden-Württemberg, hören das aber nicht gerne. Und die Baden-Württemberger eigentlich auch nicht. Herrje, jetzt wird's kompliziert. Vor allem, weil ja noch hinzukommt, dass die Schwaben seit ein paar Jahren nach und nach den Prenzlauer Berg in Berlin besetzen, was zur Folge hat, dass sich alle anderen Bewohner aus diesem Bezirk zurückziehen. Wer ist denn nun eigentlich dieser Schwabe? Hier ein Gastkommentar einer netten Tankstellen-Bekanntschaft, dem Herrn Professor Dominik Kuhn vom *Reutlinger Institut für Paläo-Schwabologie:*

Der Schwabe

Der Begriff »Schwaben« trifft sowohl auf den Volksstamm als auch auf das »Grundstückle« um Stuttgart herum zu, das selbiger bewohnt. Fälschlicher- und tragischerweise wird der Begriff in der Neuzeit aber gleichgesetzt mit dem 1952 zwangsfusionierten Bundesland Baden-Württemberg, was für den Schwaben eine inakzeptable Schmach bedeutet, denn mit dem Badener – den er abwertend »Badenser« nennt – will er nichts zu tun haben, weil man den badischen Wein seiner Meinung nach einfach nicht trinken kann.

Für den Rest der Bevölkerung gilt »Der Schwabe« als eine Art Dorftrottel Deutschlands. Angeblich nur in der Lage, zu »schaffa« und »Häusle zu bauen« und dann in Letzterem (einem komplett vermieteten Sechsfamilienhaus) darüber zu wachen, dass die Mietparteien jeweils die »Kehrwoche« ordnungsgemäß verrichten und das »Kehrwochenschildle« ins nächste Stockwerk weiterreichen. Die sprachlichen Möglichkeiten des Schwaben sind aufgrund einer Vielzahl von für sein Idiom obligatorischen Kehl- und Nuschellauten beschränkt – und so bleibt ihm nichts, als Credos wie: »Nix gschwäddst isch g'nug g'lobt« als Ausrede für seine Schweigsamkeit vorzuschieben. Und wo beispielsweise der bekanntermaßen emotionale Ostwestfale nach dem Besuch eines Sinfoniekonzerts ein herzhaftes: »Da habe wir jetzt aber ein hervorragendes Konzert gesehen« schmettert, druckst der Schwabe nur ein: »Sodele« – und fährt in seinem Mercedes heim zu seinen Maultaschen. Wortkarg. Antriebsarm.

Einige Archäologen halten das Schwabenvolk dagegen für nichts weniger als die Keimzelle der westeuropäischen Kultur. Bei Ausgrabungen in der sogenannten Vogelherdhöhle nahe Niederstotzingen auf der Schwäbischen Alb wurden neben den sog. »Vogelherd-Figuren« (Tierfiguren aus Mammutknochen) auch Hinweise darauf gefunden, dass sowohl der *Technics*-Plattenspieler, der Raketenantrieb und die Quantenfeldtheorie ebenfalls vom Schwaben erfunden wurden.

Anneliese schreibt

Auf der Flucht über Neustadt a. d. Weinstraße nach Worms

Wer wissen möchte, wo das Herz der Pfalz liegt, der hängt am besten eine Deutschlandkarte an die Wand und zielt mit einem Dartpfeil auf das Städtchen Neustadt an der Weinstraße.

Und wem solche Tipps zu blödsinnig sind, der schaut einfach im Reiseführer nach und zielt stattdessen auf die Anneliese.

In Neustadt findet der Reisende alles, was die Pfalz ausmacht: Weinfeste (das erste der Saison ist das sog. *Mandelblütenfest*), Rebhänge, wo sogar Zitronen, Kiwis und Feigen reifen, weite Wälder, enge, verwinkelte Altstadtgassen mit liebevoll restaurierten Fachwerkhäusern – und hoch oben über der Stadt das Hambacher Schloss.

Wolfgang schreibt

Wo kann man eine Pfalzerkundung schöner beginnen als in einer Weinstube? Als hätte er meine Gedanken erahnt, bleibt unser *Rekord* diesmal punktgenau auf dem Parkplatz der *Rebstubb* liegen. Die *Rebstubb* bietet »Fleischspezialitäten aus eigener Schlachtung« an – und da lässt sich euer verrückter Wolfgang nicht zweimal bitten: An der Speisekarte, die uns Wirtsfrau Barbara (schwarze Haare, griffige Hüften) präsentiert, kann ich mich hervorragend entlangarbeiten: Saumagen mit Rosinen, Saumagen mit Kastanien, Saumagen mit Karotten, Saumagen mit Pilzen, Worschdsupp, Dicke Bohnensupp, Leberknödelsupp, Pfälzer Fläschknepp, Dampfnudeln und zum Nachtisch Kesselfleisch, weil ich nach dem Apfelstrudel mit Vanillesoße keinen Appetit mehr auf Süßes habe. Die Anneliese bestellt uns dazu frischgepressten O-Saft, den ich für mich zurückgehen lasse und in einen herrlichen Riesling umwandle. Zu Gang Zwei steige ich auf einen Weißburgunder um, und zum Abschluss gibt's einen *Burgunder Tresterbrand Pfalz* mit satten vierzig Umdrehungen. Und das Ganze in weniger als zwanzig Minuten – herrlich! So muss ein Frühstück sein.

Anneliese löffelt noch eine halbe Stunde später an ihrem doofen Müsli rum. Mir tut sie in solchen Momenten ja schon fast leid, weil ich immer denke: Wie schrecklich muss es sein, das Gefühl nicht zu kennen, mit richtigem Appetit zu essen. Aber wenn man über Jahre von zig Frauenzeitschriften mit schwachsinnigen Artikeln über Diäten, Klimaschutz, Menschenrechte und all so einem Blödsinn bearbeitet wird, dann sitzt man halt irgendwann mit leerem Blick in der Ecke vom Restaurant und zwingt sich, Dinge zu essen, die man eigentlich im Winter ins Futterhäuschen legt. Na ja.

Wolfgang beim Essen: ein ästhetisches Inferno.

Liebe Leser, es ist kein schöner Anblick, dem Wolfgang beim Essen zuzuschauen. In der *Rebstubb* schlingt er innerhalb von zehn Minuten unglaubliche Mengen von Fleisch, Alkohol und Süßigkeiten in sich hinein, so dass einige Gäste entsetzt das Lokal verlassen. Anschließend schleppt er sich mit letzter Kraft auf den Fahrersitz des *Rekord*, wo er wenige Sekunden später einschläft. Ich bitte die Wirtsleute, für mich bei einer örtlichen Werkstatt anzurufen, und kurz darauf erscheinen zwei fesche Pfälzer Mechaniker mit einem Abschleppwagen.

Mei, ich find des ja doch ganz schön erotisch, wenn Männer von der Arbeit a bisserl verschwitzt sind. Und von diesen beiden würd ich mich wohl auch gerne abschleppen lassen ...

Anneliese!

Geheimfunz

Die Wohlfühlpfade

sind sechs Spazier- und Wanderwege im Naturpark Pfälzerwald, die dazu verleiten sollen, die Natur neu zu erleben und mit anderen Augen zu sehen.

Und das sind die sechs Pfade:
- Pfad der Ein- und Ausblicke *(mit offenen Augen ...)*
- Fünf-Sinne-Pfad *(mit offenen Mündern ...)*
- Barfußpfad *(ohne Schuhe ...)*
- Exoten-Pfad in der Stadt *(mit Überraschungen ...)*
- Pfad der natürlichen Gegensätze *(mit viel Wald ...)*
- Pfad der Ruhe *(mit Kondition ...)*

Wo?
Rund um 67433 Neustadt an der Weinstraße

Stattdessen ziehen sie jetzt erst mal den *Rekord* samt Wolfgang in ihre Werkstatt (um Wolfgang vom Fahrersitz zu entfernen, hätten wir einen zweiten Abschleppwagen gebraucht).

Anneliese!!!

Ich hab den Jungs gesagt, dass sie sich um den schnarchenden Fettklops nicht weiter zu kümmern brauchen ...

Anneliese Funzfichler!!!

... und dass sie den Wagen nach der Reparatur bitte auf dem Parkplatz der *Rebstubb* abstellen. Ich bin mir sicher, der Wolfgang wacht erst auf, wenn das Auto längst repariert ist. Und dann wundert er sich, dass der Wagen plötzlich wieder fährt. Ich nutze derweil die Zeit, um das idyllische Neustadt zu erkunden. Und das lohnt sich wirklich.

Nach dem Frühstück muss ich auf dem Fahrersitz kurz eingenickt sein (keine Angst, ich bin nicht gefahren!). Als ich wieder aufwache, ist alles anders als wie vorher: Wie durch ein Wunder fährt der Wagen plötzlich wieder! Es ist wie bei den Eidechsen, denen man als Kind auf den Schwanz getreten ist, wenn sie weglaufen wollten: Der Schwanz ist zwar abgerissen, wächst aber ruckzuck wieder nach. Selbstheilung nennt man so was. Und wenn das bei Eidechsen funktioniert, warum nicht auch bei einem alten *Opel Rekord*.

Verstehen S' jetzt, warum der Wolfgang die erste Klasse zweimal wiederholen musste?

Was hat das denn bitte damit zu tun, Anneliese?

Das waren politische Gründe, warum die mich damals haben hängen lassen. Unser Direktor, der alte Schrammbacher, der ist einfach nicht drüber weggekommen, dass seine Frau schwanger von meinem Großvater war.

Und an mir hat er's ausgelassen!

Da wir schon in Neustadt sind, beschließe ich, der Anneliese eine kleine Geschichtsstunde zu geben und mit ihr aufs berühmte Hambacher Schloss zu fahren. Schließlich ist dieser Ort die »Waage der deutschen Demokratie«.

Die WIEGE der deutschen Demokratie, Wolfgang, nicht die Waage. Die Waage ist das, wo bei dir der Zeiger rechts am Anschlag klebt!

Was hatte ich mich auf das Hambacher Schloss gefreut. Und dann erzählt mir Anneliese diese Räuberpistole von der Geburtsstunde der Emanzipation. Auch, wenn's wahrscheinlich größtenteils Schmarrn ist, was sie da so sagt – die Stimmung ist nach so einer Geschichte natürlich erst mal ganz unten. Ich führ sie ja auch nicht in ein Restaurant und erzähl ihr kurz bevor der Krustenbraten gebracht wird, wie qualvoll die Schweine im Schlachthof ums Leben kommen und wie Hühner sich in Legebatterien gegenseitig die Augen auspicken, weil's durch die Enge alle psychisch gestört sind.

Aber wenn's das bloß gewesen wär, liebe Schlagerfreunde. Nein, als wär meine Laune nicht schon schlecht genug, stolpern wir auch noch mitten in eine Hochzeitsgesellschaft!

Herrlich war's auf dem Hambacher Schloss. Und als wenn meine Laune nicht schon gut genug wär, treffen der Wolfgang und ich auch noch unverhofft eine freundliche Hochzeitsgesellschaft. Und das, wo ich doch beim Thema Heiraten so nah am Wasser gebaut bin. Wolfgang dagegen verdreht direkt die Augen. Aus irgendeinem Grund hat er was gegen Hochzeiten. Aber als er die Braut sieht in ihrem wunderschönen weißen Kleid mit dem Schleier, der im Pfälzer Wind weht, als sie auf der Panoramaterrasse steht, da bekommt selbst der Wolfgang große Augen. So eine schöne Braut hat das Hambacher Schloss bis dahin bestimmt noch nicht gesehen. Der Wolfgang und ich wurden ja in der Spitalkirch'n in Sulzbach-Rosenberg getraut, und gefeiert haben wir dann *Im Depperten Ochsen*, der Wirtschaft von einem von Wolfgangs zwölf Schwägern. Das war leider nicht ganz so romantisch wie hier auf dem Hambacher Schloss.

Sehenswürdigkeit

Hambacher Schloss –
wurde von Theodor Heuß »Die Wiege der deutschen Demokratie« genannt, weil dort 1832 das sog. *Hambacher Fest* stattfand.

Das H.F. gilt als Höhepunkt frühliberaler bürgerlicher Opposition, die in den Burschenschaftsbewegungen ihren Anfang hatte. Zum ersten Mal werden hier schwarz-rot-goldene Trikoloren mitgeführt, die das Streben nach Freiheit, Bürgerrechten und deutscher Einheit symbolisieren sollen. Zudem forderte man das Recht auf Versammlungsfreiheit, Pressefreiheit, Meinungsfreiheit und religiöse Toleranz. Aber noch etwas ist bemerkenswert: Unter den 30.000 Teilnehmern des Festes, die sich aus allen Bevölkerungsschichten und aus zahlreichen Nationen zusammensetzten, waren auch viele Frauen. In dem Aufruf des Juristen Philipp Jakob Siebenpfeiffer, dem Initiator des H.F., heißt es:
»Deutsche Frauen und Jungfrauen, deren politische Mißachtung in der europäischen Ordnung ein Fehler und ein Flecken ist, schmücket und belebet die Versammlung durch eure Gegenwart!«

Das Hambacher Fest war also nicht nur die Wiege der deutschen Demokratie, sondern auch die Geburtsstunde der Emanzipation!

(So, wieder eine Sehenswürdigkeit weniger. Du kannst einem auch alles kaputtmachen, Anneliese!)

Das *Hambacher Schloss* selbst erinnert von der Architektur her ein wenig an den Londoner Tower.

(Und einer der Fremdenführer an einen Londoner Fußballhooligan.)

Errichtet im 11. Jh. in einem Kastanienwald, daher auch »Kästenburg« genannt. Heute wird das Hambacher Schloss auch gerne als Veranstaltungs- und Tagungsort genutzt. Diese Hambacher Partys sind jedoch nicht mit dem o.g. *Hambacher Fest* zu verwechseln.

Als ich Anneliese endlich überredet habe zu gehen, tritt die Braut auf die Panoramaterrasse. Liebe Freunde des guten Geschmacks, euer verrückter Wolfgang kann sich ja mit Fug und Recht als Fachmann für schöne Frauen bezeichnen, aber als er dieses Maderl gesehen hat, da ist ihm fast der Schnauz abgefallen! Selbst die Anneliese war derart fasziniert, dass sie mich nicht sofort angemeckert hat, weil ich die Braut anschaue, nein, sie hat sie sogar selbst angestarrt! Und egal, in welche Richtung man geguckt hat – jeder auf der Panoramaterrasse hat sich plötzlich umgedreht und die Braut fixiert wie ein Ochse das Bolzenschussgerät beim Abdecker.

Und dann biegt auf einmal der Bräutigam um die Ecke. Ich hätt heulen können. Im Ernst, ich war kurz davor, mir meine Weißbierflasche selbst über den Kopf zu schlagen, so hab ich mich geärgert. Wie kann so eine WELTKLASSEFRAU so einen Totalausfall heiraten: kein Bierbauch und nicht mal der Ansatz eines Schnurrbarts. Ich frage euch, liebe Schlagerfreunde: Was will eine Klassebraut mit einem halben Mann? Ich versteh es nicht.

Dank uns wurde es der schönste Tag ihres Lebens ...

Die Braut zieht alle Blicke magisch auf sich – so unbeschreiblich schön ist sie. Da könnte sich selbst die Anschelina Schohli aus Amerika noch eine Scheibe von abschneiden. Als dann der Bräutigam dazutritt, muss ich fast weinen, so toll passt er zu ihr: Er ist groß, schlank, hat volles Haar, und Gott sei Dank hat er auf einen peinlichen Oberlippenbesen verzichtet, der ohnehin oft nur Ausdruck eines Minderwertigkeitskomplexes ist. Was?

Und Sie glauben nicht, was dann passiert ist! Auf einmal kommt der Bräutigam auf uns zu. Er hat uns erkannt!

Und dann kommt dieser Karussellbremser auch noch auf uns zu. Eine Sekunde lang hab ich wirklich mit dem Gedanken gespielt, ob ich *ihm* nicht einfach die Weißbierflasche über den Schädel ziehe und dieser göttlichen Schönheit damit viel Leid erspare. Aber ich hab Annelieses Blick schon so verstanden, dass sie das mal wieder anders sieht. Und wie ich's mir gedacht habe, ist der Kerl auch noch ein ungehobelter und unverschämter Geselle.

... die Anneliese musste schon wieder heulen.

A ls der glückliche Bräutigam uns anspricht, wird schnell klar, dass ich mit meiner Intuition recht hatte: Der junge Mann ist ein grundsympathischer und ausgesprochen höflicher Mensch. Freundlich fragt er uns, ob wir, wenn es nicht zu viele Umstände machen würde, eventuell bereit wären, für die beiden ein Lied zu singen. Bevor Wolfgang antworten kann, trete ich ihm auf den Fuß und erkläre, dass es uns eine ganz besondere Freude ist, für das junge Paar ein Lied zu singen, wo s' doch heut den schönsten Tag in ihrem Leben feiern. Und so, liebe Leser, kam's dazu, dass wir mitten auf der Panoramaterrasse vom Hambacher Schloss dem Brautpaar ein Ständchen gesungen haben.

Unser Lied

Wir zwei

Wir zwei, wir sind manchmal wie Feuer und Eis,
wie Sonne und Regen, mal kalt und mal heiß.
Doch wir sind auch Freunde wie Siegfried und Roy.
Wir bleiben einander ein Leben lang treu,
wir bleiben einander ein Leben lang treu.

Wir zwei, wir sind manchmal wie Schwarz und wie Weiß,
wie Kaffee mit Soße, wie Nudeln mit Reis.
Doch wir g'hörn zusammen wie Donner und Blitz.
Wir sind aufeinander ja immer noch spitz,
wir sind aufeinander ja immer noch spitz.

Wir zwei, wir sind Freunde wie Dick und wie Doof,
wie Pech und wie Schwefel, wie Haus und wie Hof.
Doch manchmal, da kracht's wie bei Abel und Kain.
Und trotzdem möcht' ich nie mehr ohne dich sein,
und trotzdem möcht' ich nie mehr ohne dich sein.

(Text und Musik: J. Fantasy, W. & A. Funzfichler)

Unsere kleine Einlage war ein voller Erfolg, und als die Braut dem Wolfgang anschließend sogar ein Busserl gibt, da war selbst mein großer dicker Brummbär wieder gutgelaunt und hat eine Stunde lang gegrinst wie ein Honigkuchenpferd.

Nach dem Auftritt schmeißt die Braut sich unverhohlen an mich ran – wir Promis werden von Frauen halt gerne mal für erotisches Freiwild gehalten. Aber euer Kecki weiß, was zu tun ist – er ist ja leider nicht alleine unterwegs. Und so verweise ich den jungen Feger in seine Schranken, greife mir den bewährten alten Besen neben mir, und wir machen uns gemeinsam auf zu neuen Ufern! In diesem Fall die von Worms.

Mit Worms sind wir übrigens schon mitten auf der Nibelungen-Route, die wir eigentlich erst im nächsten Kapitel anfahren wollen. Von mir aus müssten wir sie auch gar nicht anfahren, weil ich mit dem ganzen Nibelungenquatsch nix am Hut habe. Zu viele Namen, zu komplizierte Geschichte. Warum wird nun gerade Worms »die Nibelungenstadt« genannt?

Die Nibelungen-Route ist eine der interessantesten Strecken Deutschlands.

Wahrscheinlich, weil hier das Nibelungenmuseum beheimatet ist. Anneliese meint zwar, das sei nicht der Grund, sondern weil hier in Worms die meisten Geschichten der deutschen Heldensagen spielen, aber woher will sie das wissen? Sie liest doch nur *Frau im Spiegel*. Und da auch nur die Berichte über uns. Oder die über irgendeinen Vogel namens David Garrett, von dem sie dauernd quasselt. Ich muss sagen: Ich kenn den nicht! Sicher wieder so ein junger Starkoch oder ein Zauberer.

Ein weiterer Grund, warum Worms »die Nibelungenstadt« genannt wird, ist aber meiner Meinung nach der, dass es hier seit über zehn Jahren die Nibelungenfestspiele gibt. Und die sind derart groß, da liegt es ja nahe, dass alle Worms »die Nibelungenstadt« nennen. Im Jubiläumsjahr ist sogar der Dieter Wedel Intendant gewesen. Ihr wisst's schon, der von *Kir Royal*. Ha, das waren noch goldene Fernsehzeiten!

Das war nicht der Wedel, das war der Dietl!

Ja, mei, des ist doch dasselbe.

Nein, Dieter Wedel ist der mit den zwei Frauen, Helmut Dietl der mit Kir Royal und Rossini.

Um Gottes willen — da hat die Ferres drin mitgespielt!
A geh, da ist mir der Kerl mit den zwei Frauen lieber.

Weil Worms Schauplatz der meisten Ereignisse der Nibelungensage ist, wird Worms auch die »Nibelungenstadt« genannt, liebe Leser!

Laaangweilig!

Aber Worms hat natürlich noch viel mehr zu bieten: zum Beispiel den eindrucksvollen romanischen Dom St. Peter, das nicht ganz so eindrucksvolle Lutherdenkmal (ja, der war vor uns da!), die Synagoge im ehemaligen Judenviertel und das 1000 Jahre alte Dominikanerkloster St. Paulus.

Annelieses Mutter hat damals nach der Eröffnung das erste Mal feucht durchgewischt.

Wie oft willst du den Witz eigentlich noch machen?

So lange, bis er nicht mehr lustig ist – und das kann noch dauern. Jeder, der deine Mutter schon mal gesehen hat, wird mir zustimmen!

Mein Gott, manchmal hab ich nur noch Mitleid mit dir, Wolfgang!

Da kann ich mit leben, Anneliese!

Und dann sind wir natürlich noch zum Geburtsort der jedem zünftigen Weintrinker bekannten »Liebfrauenmilch« gepilgert: Der berühmten Liebfrauenkirche. Wussten Sie, dass diese Kirche quasi mitten in einem Weinberg steht? Wolfgang auch nicht. Aber ein Grund, mal wieder öfter zur Messe zu gehen, ist das für ihn trotzdem nicht.

Spezialität

Die Liebfrauenmilch
ist ein lieblicher Weißwein.
(Und schmeckt bevorzugt älteren, verbitterten Frauen wie Annelieses Mutter.)

Im Original aus der Wormser Weinlage »Liebfrauenstift-Kirchenstück«. Für Liebfrauenmilch dürfen nur bestimmte Rebsorten verwendet werden, davon mindestens 70% Riesling, dazu Müller-Thurgau, Bacchus, Silvaner und/oder Kerner.
(aber nicht unser Freund, der Kerner von SAT.1 – dann würde das Zeug ja noch schlimmer schmecken.)

Die Restsüße darf nicht unter 18 gr./l liegen. Nach oben scheint es aber keine Begrenzung zu geben.

Tour 3
Nibelungen-Route
Über Heidelberg, Grasellenbach, Michelstadt

Darmstadt

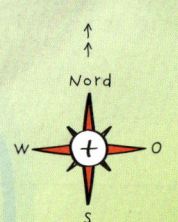

Nord
W — O
S

Die vermaledeiten Nibelungen

Siegfriedbrunnen

Siegfriedbrunnen

Siegfriedbrunnen

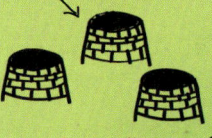

Michelstadt

Grasellenbach

Mannheim

START

Heidelberg

Heilbronn 33,8 km

Odenwald =
Füße kalt

außer Wald nix zu sehen

Baden-Württemberg

Wolfgang schreibt

Oden und Nibel

O de an den Odenwald
O Odenwald, o Odenwald,
langsam wird der Boden kalt.
Ist der Boden kalt im Odenwald,
dann werden schnell die … na? Füüüße kalt!

Der Wolfgang hat ein Gedicht geschrieben – die *Ode an den Odenwald*. Beim ersten Mal fand ich es ja noch halbwegs lustig. Nach einer Stunde Stau kurz vor Heidelberg dann langsam nicht mehr. Und eine weitere Stunde und gefühlte 85 Rezitationen später, als wir endlich Rast machen konnten, hätte ich ihn umbringen können. Bis dahin hatte er mir seinen »Klassiker der modernen Poesie« (Zitat W. Funzfichler) ungefähr 150 Mal vorgetragen. Und zwar in verschiedenen Dialekten. Das Dumme ist nur: der Wolfgang kann gar keine Dialekte.

Das stimmt nicht – ich kann bairisch und besoffisch. Versteht's? Besoffisch, also, wenn man betrunken ist und lallt.

Wolfgang, unsere Leser sind nicht doof. Und deine schlechten Witze werden nicht besser, wenn du sie noch fünfmal erklärst.

Entschuldigen S', Frau Sauertopf, wenn ich versuche, Ihre staubtrockenen Texte durch ein paar lustige Schmankerl aufzulockern!

Meine staubtrockenen Texte enthalten wenigstens ein Mindestmaß an Informationen – und die braucht man für einen Reisebericht! Wenn du ein Witzebuch schreiben willst, dann mach das mit dem Fips Asmussen!

Gute Idee. Da müsste dann auch der hier rein:
Eine 180-Kilo-Frau sitzt beim Gynäkologen auf dem Stuhl. Sagt der Gynäkologe zu der Frau: „Könnten Sie bitte mal pupsen?" Sagt die Frau: „Gehört das schon zur Untersuchung?" Sagt der Arzt: „Nein, das ist nur zur Orientierung!"x
Hahaha, ist das ein Knaller, oder was!? Ich werd verrückt …

Liebe Leser, erinnern Sie sich, was ich Ihnen am Anfang über die Witze vom Wolfgang gesagt habe? Bitteschön: Da ham Sie's.

Der Odenwald ist trotz Wolfgangs Gedicht ein herrliches Fleckchen Erde. Wir fahren von der Landstraße ab in den Naturpark Neckartal-Odenwald. Dort finden wir einen verträumten kleinen Rastplatz: Zwei urige Holzbänke, ein grob behauener Tisch, rundherum Eichen, Kastanien, Buchen – typisch Odenwald eben. Hier sind sogar die Rastplätze malerisch! Wir wissen von unseren vielen, vielen Freunden und Fans, dass die Rastplätze im Norden oft richtig verwahrlost sind. Da liegt dann oft Müll rum und Spritzen von Drogen-abhängigen und manchmal sogar benutzte Kondome. Um Gottes willen, eine furchtbare Vorstellung!

Na ja, zumindest gibt es da benutzte ~~Kondome~~

Übrigens, bevor S' jetzt Leserbriefe schreiben: Ich weiß, der Odenwald ist nicht bloß ein Wald, sondern ein ganzes Mittelgebirge. Aber wissen Sie auch, warum der Odenwald überhaupt Odenwald heißt?

Weil der Name „Ostsee" schon weg war? Aaaahahahaaa!

Wolfgang muss sich den Rastplatz schönsaufen.

Wegen der Oden! Denn wer im Schulunterricht gut aufgepasst hat, der weiß: Ode heißt Sage. Der Odenwald ist also der »Wald der Sagen« – und schon sind wir wieder bei den Nibelungen! Gut, ein paar wenige Leut gibt's, die sagen, der Odenwald ist nach dem Odin benannt, diesem nordischen Obergötterzausel, aber das ist ein sagenhafter Schmarrn, wenn S' mich fragen. Denn dann hieße der Odenwald nicht Odenwald, sondern Wotanwald. Weil bei den Menschen im Odenwaldraum hieß der Odin immer schon Wotan.

Logisch, oder?

Sooo ungemütlich war die Bank vom Parkplatz also doch nicht, Herr Funzfichler!

Meine Theorie ist ja eine ganz andere, wenn ich mich mal kurz dazwischenschalten darf:

Der Odenwald heißt Odenwald, weil er so öde ist. Deshalb will ich auch endlich fort und nicht auf irgendwelchen grünspanigen Holzbänken sitzen und von einem vogelschissigen Tisch ledrige Käsesemmeln essen, die mit lauter unnützem Zeug vollgepackt sind. Also: raus ausm Öderwald, liebe Schlagerfreaks, und rein nach Heidelberg. Bitte!

Da gibt's nämlich ein Riesenfass, das ich euch zeigen möchte!

Keine fünfzehn Minuten sind wir auf dem Rastplatz, da fängt mein Herr Gemahl an, sich über die ungemütlichen Bänke und meine leckere Spezial-Rast-Semmel zu beschweren, die ich extra noch in Worms geschmiert habe. Aber auf einmal möchte er ganz schnell los nach Heidelberg. Normalerweise würde der Wolfgang keine Gelegenheit auslassen, um ausgiebig Rast zu machen, aber der Wolfgang hat irgendwo was von einem riesigen Fass gelesen und das will er jetzt unbedingt sehen. Ja, so ist das, liebe Leser: in Wolfgangs kleiner Welt ist ein riesiges Fass das Gleiche, was ein riesiger Lolli für ein Kind ist – so müssen Sie sich das vorstellen.

Ich hab ihn einfach zetern lassen und in Ruhe meine leckeren »Asperase« aufgegessen. Und wenn Sie die auch mal probieren möchten – hier ist das Rezept:

Vorsicht, Freunde, ich dacht auch, die Anneliese packt ein Schmankerl aus der italienischen Küche aus – ölig, saftig und schön mit Käse überbacken. Ist aber bloß eine Mogelpackung ...

Rezept für

Asperase

(Annelieses-Spezial-Rast-Semmeln)

Wir brauchen:

- frische Semmeln (ohne Körner)
- Butter
- Frischkäse
- Radieschen

- Pfeffer
- Salz
- Cocktailtomaten
- Schweinebraten (hauchdünn geschnitten)

Zubereitung

- die Semmeln mit Butter und Frischkäse beschmieren

- die Radieschen in dünne Scheibchen schneiden, Semmel sparsam belegen

- die Cocktailtomaten ebenfalls in dünne Scheiben schneiden, Semmel sparsam belegen, nach eigenem Gusto mit Salz und Pfeffer bestreuen

- je eine Scheibe Schweinebraten mit den Fingern zerrupfen, die Stückchen hauchdünn in die Unterseite der Semmeloberseite drücken.

Und hier mein Rezept für eine Wolfgang-Spezial-Rast-Semmel, eine „Wosperase", die im Gegensatz zu Annelieses Gematsche tatsächlich so lecker schmeckt, wie sie klingt: Semmel kaufen, dicke Scheibe Leberkäse dazwischenlegen, süßen Senf drauf, fertig! Radieschen, Cocktailtomaten und so einen Dreck braucht niemand nicht.

Das lässt am besten die Leser selbst entscheiden, Wolfgang! Schreiben S' uns doch einfach, welche Semmel Ihnen besser geschmeckt hat.

Die Adresse ist semmelgegensemmel@wolfgang-und-anneliese.de. Ich bin gespannt.

Ich nicht. Ich weiß ja, was dabei rauskommt.

Ja, ich auch! Eine beleidigte Leberwurst. Wie immer, wenn ich recht habe.

Aus dem Wald nach Heidelberg

Nach einer kurzen, unnützen Pause auf einem muffigen Rastplatz mitten in einem Naturschutzgebiet (Goldene Regel: Wenn irgendwo »Naturschutzgebiet« draufsteht, heißt das so viel wie: »Hier gibt's außer Bäumen nichts zu sehen!«) fahren wir endlich nach Heidelberg. Und eins muss ich sagen: Wenn man sich die ganzen Touristen wegdenkt und den Dialekt der Ansässigen überhört, dann ist Heidelberg wirklich eine ziemlich schöne Stadt. Gut, es ist natürlich noch kein Sulzbach-Rosenberg, aber immerhin!

Aber ich muss an dieser Stelle noch die Sache mit dem ominösen Fass klären, das die Anneliese ja schon erwähnt hat. Der Grund, warum ich das *Große Fass* (auch *Heidelberger Fass* genannt) mit möglichst vielen Zeilen in diesem Buch verewigen möchte, ist ganz simpel: weil dann weniger Platz für Annelieses gedruckte Langeweile bleibt! Genial, oder?

Ja. Genauso „genial" wie der Tritt in deinen dicken Hintern, den ich dir jetzt verpassen werde!

Außerdem hat eine umfangreiche Beschäftigung mit dem komplexen Thema Alkohol noch keinem Buch geschadet. Genauso wie es jedem Buch guttut, wenn sich sein Verfasser beim Verfassen mit dem Thema beschäftigt, wenn's ihr versteht, was ich mein. So ein frischer Schoppen Wein beflügelt die Dichterseele und sorgt für gute Laune unter den Buchstaben. Ich selbst handele stets danach, wenn ich schreibe.

So wie jetzt, wo ich gerade auf einer Bank im Heidelberger Schlossgarten sitze und mir ein »Heidelberger kein Prosecco« genehmige. Ja, ihr habt's richtig gelesen, liebe Schlagerfreunde: Das Bier heißt »Heidelberger kein Prosecco« und im Untertitel »sondern das Original«. Womit der Hersteller auf den leider immer stärker grassierenden Brauerei-Virus anspielt, der diese grausligen Panschereien wie Lemon-Bier und Bananenweizen hervorgebracht hat.

Ich sage: Es ist doch nur allzu verständlich, dass sich die Heidelberger Brauerei gegen diese schleichende Bierverblödung zu wehren scheint. Ich pfeif auf das Grundgesetz oder die Verfassung – die werden ohnehin ständig geändert –, aber wagt es nicht, unser Deutsches Reinheitsgebot von 1516 zu verletzen! Einzig und allein dieses Gesetz unterscheidet uns von den Wilden!

Steht auf, Biertrinker dieses Landes, und wehrt euch gegen die hinterhältige Verfruchtung unseres Nationalgetränks! Denn wenn sie es schaffen, uns unser Bier zu nehmen, dann nehmen sie uns auch unsere Identität. Und wenn sie uns die Identität wegnehmen, dann werden wir zu nichts weniger als seelenlosen Zombies, die antriebslos durch unser schönes Land laufen, um eines Tages dunkles Hefeweizen mit Kiwi-Vanille zu trinken und die SPD zu wählen. Lasst es nicht so weit kommen!

Sehenswürdigkeit

Ich hab mein Herz in Heidelberg verloren –
diesen schwärmerischen Spruch sagt jeder Tourist vor Ort mindestens zweimal, besonders witzige sogar dreimal.

Heidelberg liegt am Austritt des Neckars aus dem Odenwald in die Rheinebene, hat ca. 145.000 Einwohner und ist neben Mannheim und Ludwigshafen eines der Zentren im Rhein-Neckar-Gebiet. Landschaftlich sehr reizvoll mit hohem Grünflächen- *(und Studentinnen-!!! Anm. Wolfgang)* Anteil.

Heidelberg würde sicher mit Freiburg um den Rang der sonnigsten deutschen Stadt kämpfen, wenn dies nicht schon Karlsruhe täte.

Unter den 82 deutschen Großstädten nach Einwohnerzahl nur auf Rang 53. *(Aber auf Platz 2 unter den deutschen Großstädten mit vor 22 Uhr in Hauseingänge kotzenden Besuchern aus Amerika.)* Erste urkundliche Erwähnung im Jahre 1169.
(Die letzte urkundliche Erwähnung ist im Übrigen gerade jetzt in diesem Buch)
(Gäääähn, unwitzig!)

Heidelberg besitzt vier Hoch- und Fachhochschulen mit über 30.000 Studenten – oder auf AStA-Deutsch: »Studierende«, wobei diese Form suggeriert, jeder Immatrikulierte würde ständig studieren, was nicht den Tatsachen entspricht, wie die hohen Besuchszahlen von Studierenden in den zahlreichen Cafés und Biergärten zur besten Vorlesungszeit belegen.

»Natur, Bauwerke und Kultur lassen die vielen Facetten Heidelbergs zu einem Gesamtkunstwerk verschmelzen.«
(Liest Anneliese gerade irgendwo ab. Ist doch ein schönes Schlusswort)

Anneliese schreibt

Mit der Bergbahn fahren wir vom Kornmarkt herauf zum Heidelberger Schloss. Hier gehen wir direkt in den wunderschönen Schlossgarten, vom dem aus man eine unvergleichliche Aussicht über die Altstadt bis in die Rheinebene hinein hat. Wir sehen die berühmten Neckarwiesen, auf denen sich im Sommer die Studenten tummeln, und die alte Brücke und die berühmte Heiliggeistkirche.

Wolfgang hat nur einmal kurz über die Mauer geschaut. Seitdem sitzt er mit einem Bier in der einen Hand und seinem Notizbuch in der anderen auf einer Parkbank und macht sich wild gestikulierend Notizen. Irgendetwas scheint ihn fürchterlich erregt zu haben. Ich hab versucht, es aus ihm herauszubekommen, aber ich kenn das schon: In solchen Momenten ist er nicht ansprechbar. Vielleicht hol ich ihm zur Beruhigung vom Kiosk einfach mal was Feines zu trinken.

Wolfgang erschöpft nach seinem Lemon-Bier-Anfall.

Nachtrag:

Als ich Wolfgang, kurz nachdem ich diesen Absatz verfasst habe, ein gekühltes Lemon-Bier mit Dragonfruit zur Parkbank bringe, schaut er mit einem irrem Blick abwechselnd auf mich und das Bier, dann schüttet er plötzlich die ganze Flasche im Mülleimer aus und fängt bitterlich an zu weinen.
Ich denke, ich werd heut Abend mal mit Dr. Teichgruber telefonieren. Eventuell war es ein Fehler, die Tabletten so früh abzusetzen.

Nach einem Zwischenfall mit Anneliese im Heidelberger Schlossgarten, der so schmerzhaft für mich ist, dass ich nicht darüber schreiben kann, muss ich mich erst mal sammeln. Aber dann ist es endlich so weit: Wir besuchen das *Große Fass, the Big Barrel, Le Grand Tonneau, El Gran Barril, La Botte Grande, большая бочка!* Ja, da wundert's euch, dass der verrückte Wolfgang so sprachbegabt ist, gell? Ich verrat euch was: alles mit dem Handy übersetzt. Keine Ahnung, ob's stimmt. Ich versteh quasi mein eigenes Wort nicht mehr, he he.

Das *Große Fass* im Heidelberger Schloss trägt seinen Namen wirklich zu Recht: Da gehen nämlich fast 220 000 Liter Wein rein. Nicht schlecht. Da dürften selbst die Wildecker Herzbuben mindestens zwei Tage für brauchen, he he. Allerdings ist das Fass inzwischen nicht mehr im Einsatz.

Spaß muss sein, und zwar mit Wein.

Das Ding ist nämlich nicht ganz dicht, wie man so schön sagt. Und deshalb wurde es auch in 250 Jahren insgesamt nur dreimal befüllt. Das ist den rund 500 000 Besuchern im Jahr aber anscheinend egal. Genauso wie die Tatsache, dass das Fass, das ihr aktuell im Schloss bewundern könnt, liebe Reisefreunde, eigentlich das vierte *Große Fass* ist. Und das wurde erst 1751 vollendet. Das allererste, das Johann-Casimir-Fass wurde unter – na? genau: Johann Casimir schon 1589-1591 erbaut und später im Dreißigjährigen Krieg zerstört. Was mit Fass Nummer Zwei und Drei geschehen ist, kann ich euch leider nicht sagen, weil genau an der Stelle ein frischer Käsesemmel-Fleck auf der Infotafel ist. Manchen Menschen ist nix mehr heilig!

Ich weiß aber noch was Interessantes zum Zwerg Perkeo, des ist eine Statue, die mich immer an unsern Nachbarn, den Rupoldinger Ferdl erinnert.

Warum ich bei dem Zwerg an unseren Nachbarn, den Ferdl, denken muss? Na ja, im Text des Volksliedes von Josef Viktor Scheffel heißt es:

Das war der Zwerg Perkeo [...],
an Wuchse klein und winzig,
an Durste riesengroß.
Man schalt ihn einen Narren,
er dachte: Liebe Leut',
wärt ihr wie ich doch alle
feuchtfröhlich und gescheut!«

Genauso ist der Ferdl: bisserl zu klein geraten, säuft wie ein Großer - und nie zu blau zum Klugscheißen.

Grüaß di, Ferdl – und nix für ungut!

Info

Zwerg Perkeo –
Statue des Fasswächters, der auf das *Große Fass* im Heidelberger Schloss schaut. Kurfürst Karl Philipp soll im 18. Jahrhundert aus Tirol einen knapp einen Meter großen Zwerg als neuen Hofnarren mitgebracht haben. Auf die Frage, ob er das *Große Fass* alleine leer trinken könne, hat der Zwerg der Legende zufolge geantwortet:
»Perché no?« (»Warum nicht?«)

Gesagt, getan – und so entstand der Name des Fasswächters Perkeo.
Victor Hugo schreibt, dass Perkeo täglich 15 Flaschen Wein trinken musste, sonst wurde er ausgepeitscht.

(Und der verrückte Wolfgang schreibt:
„Wer das nicht schafft, hat
die Schläge verdient.")

Am Morgen nach der Schlossbesichtigung hatten der Wolfgang und ich dann einen ganz besonderen Termin: Das *Jugendradio HFN 101.6* hat uns ins Rundfunkstudio eingeladen. Ja, die jungen Leut in Heidelberg sind halt auch amal froh, wenn richtige Stars in der Stadt sind. Und wenn junge Menschen sich für uns und unsre Musi interessieren, dann sagen der Wolfgang und ich nie nein. Leider verlief die Sendung nicht ganz so, wie ursprünglich geplant, aber hier muss ich den Wolfgang mal in Schutz nehmen. Zumindest war es nicht ausschließlich seine Schuld, was dieses Sendeprotokoll beweist:

Radiointerview Wolfgang & Anneliese
beim Heidelberger JUGENDRADIO HFN 101.6
mit DJ Pooh:

DJ Pooh:	*Ihr hört HFN 101.6, das Hitradio für Heidelberg und die Kurpfalz, nicht verpassen: den besten Mix und Comedy rund um die Uhr! Ich bin DJ Pooh und bei mir zu Gast im Morning-Studio sind die zur Zeit größten Stars der deutschen Volksmusikszene: Wolfgang und Anneliese Funzfichler!*
Anneliese:	*Ja, hallo, Dee Jott Puu. Mei, ist des schön hier bei euch in Heidelberg. Und noch mal ein herzliches Grüß Gott an alle Hörer von der Anneliese ….*
Wolfgang:	*… und dem verrückten Wolfgang. Heeey!*
DJ Pooh:	*Ich hab den HFN 101.6-Morning-Hörern ja bereits erzählt, dass ihr beide gerade ganz Deutschland bereist und ein Buch darüber schreibt. Könnt ihr denn schon verraten, was über unser Heidelberg drinstehen wird?*
Anneliese:	*Also, wir haben …*
Wolfgang:	*Lieber DJ, wir freuen uns hier zu sein, und ich glaube, wir werden dem schönen Heidelberger Fass ganz sicher einen langen Bericht widmen! Und natürlich dem Heidelberger kein Prosecco!*
DJ Pooh:	*Dem Heidelberger kein Prosecco?*
Wolfgang:	*Des gibt's doch nicht, des kennst du nicht? Das ist ein Bier, wo zur Abwechslung mal kein Fruchtkram reingemixt wurde, wie es heute üblich ist. So Lemon-Bier und so'n Mist.*
DJ Pooh:	*Och, na ja, vielen schmeckt das ja nicht schlecht.*
Wolfgang:	*Was? Bist etwa auch so ein Spinner, der so was trinkt?*

Anneliese:	Wolfgang, lass gut sein! Jaaa, wir haben schon sehr viel von Heidelberg gesehen. Wir sind durch den wundervollen Schlossgarten spaziert und zuvor mit der wundervollen Bergbahn hinaufgefahren. Und wir haben die barocken Bauten der Universität besichtigt …
Wolfgang:	Sag mir, ob du solche Biere trinkst – oder ich brech das Interview hier ab!
DJ Pooh:	Na ja, also ….
Anneliese:	… die Türme der alten Brücke, das wundervolle Rathaus am Markt, die Mariensäule auf dem Kornmarkt –
Wolfgang:	Überleg dir genau, was du sagst, Bursche!
DJ Pooh:	Also, erpressen lassen brauche ich mich hier nicht, nur weil ich gern mal 'n Bananenweizen trinke!
Wolfgang (schreit):	Bananenweizen! Wusst ich's doch! Du hast mir von Anfang an zu studentisch gewirkt.
DJ Pooh:	Was soll das denn heißen?
Anneliese:	Dann waren wir bei der Heiliggeistkirche, beim wundervollen Karlstor, beim Haus der Riesen, beim Rathaus mit dem Herkulesbrunnen …
DJ Pooh:	Jetzt halten Sie doch endlich mal den Mund!
Anneliese:	Wie bitte?
Wolfgang:	Sag mal, hast du Bananenweizen trinkender Radio-Kommunist meiner Frau gerade den Mund verboten?
DJ Pooh:	Nein, ich wollte doch nur –
Wolfgang:	Jetzt zeig ich dir mal, was passiert, wenn man einem Funzfichler übers Maul fährt, du Hansel! Das hat der Friedrich Nowotny auch schon mal bereut …
Anneliese:	Wolfgang!
DJ Pooh:	Aaaaaaah …

(An dieser Stelle wird die Sendung abgebrochen und
Lemon Tree« von Fools Garden eingespielt)

N ach einem interessanten Besuch beim Jugendradio, wo wir viele Hörer für unsere Musik begeistern konnten, müssen wir uns auch schon wieder auf den Weg machen.

A ber natürlich nicht, bevor wir ein modernes Wahrzeichen Heidelbergs besichtigt haben!

Geheimfunz

Das Solarschiff –
fährt auf dem Neckar und wird dabei lediglich von der Heidelberger Sonne angetrieben. Es empfiehlt sich also, keine Fahrt bei Regen zu buchen! Das *Solarschiff* gilt als der größte und modernste Edelstahl-Solarkatamaran der Welt, auf dem ca. 250 Heidelberger befördert werden können.

(Oder wahlweise Sigmar Gabriel und die Wildecker Herzbuben.)

Sanft und beinahe lautlos dahingleitend lässt sich Heidelberg im Solarschiff auf einer rund 50-minütigen Rundfahrt besonders entspannt erleben. Informationen über das moderne Gefährt bekommt der Gast selbstverständlich auch. Zum Beispiel,

dass das 41-Tonnen-Schiff von zwei Drehstrom-Elektromotoren à 25 kW angetrieben wird. Und sicher auch, wie viel ein Wassereis aus der Bordtruhe kostet.

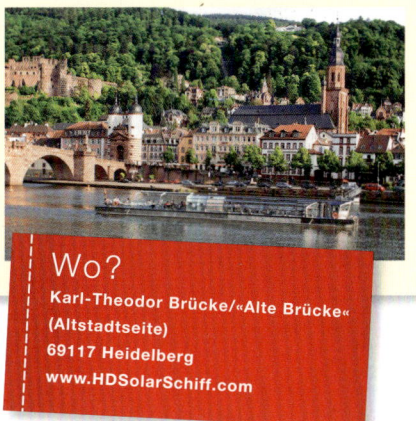

Wo?
**Karl-Theodor Brücke/«Alte Brücke»
(Altstadtseite)
69117 Heidelberg
www.HDSolarSchiff.com**

Anneliese schreibt

Vom Heidelberger Radio zum Siegfriedbrunnen

A de, Heidelberg, wo Wolfgang und Anneliese zwar nicht ihr Herz, aber eventuell den einen oder anderen Hörer vom Jugendradio HFN verloren haben.

Drauf g'schiss'n – meine Meinung.

Schon bald befinden wir uns wieder auf der »Nibelungenstraße«, die von Worms über Michelstadt nach Würzburg führt (in die andere Richtung zurück können S' dann wie wir die südlichere »Siegfriedstraße« nehmen: vorbei an Tauberbischofsheim und Heppenheim). Den Siegfriedbrunnen kann man schließlich in Grasellenbach besichtigen, was sowohl eine Nibelungenstadt ist als auch zur Siegfriedstraße gehört. Und ein Kneippheilbad und Luftkurort, der zum Kreis Bergstraße gehört, ist Grasellenbach auch noch.

Beliebtes Getränk auf der Nibelungenstraße: Drachenblut. Rechts der Drachen.

Wolfgang schreibt

S chon wieder schickt mich die Anneliese auf irgendeine Straße, über die die vermaledeiten Nibelungen wahrscheinlich irgendwann amal gefahren sind. Und zu allem Überfluss will sie sich noch irgendein Wasserloch anschaun, das auch damit zu tun hat. Was genau, weiß der Teufel. Oder die Anneliese. Ist meistens sowieso dasselbe.

Anneliese schreibt

V on dem Siegfriedbrunnen wird behauptet, dass dort der berühmte Siegfried von seinem Widersacher Hagen von Tronje ermordet worden ist. Warum der das gemacht hat und wer dieser Hagen von Tronje überhaupt war, das kann ich Ihnen jetzt nicht sagen, denn der Wolfgang hat mir gerade angedroht, dass er mich höchstpersönlich in den Brunnen werfen wird, wenn ich noch eine Silbe über die Nibelungen schreibe.

Nur noch so viel: Nach Grasellenbach müssen S' wegen dem Brunnen tatsächlich nicht unbedingt fahren. Der ist zwar sehr schön idyllisch gelegen und hat ein eigenes Sühnekreuz mit Inschrift, aber – halten S' sich fest! – es gibt noch viel mehr Siegfriedbrunnen! Ja, jetzt fragen S' sich natürlich: Was? Ist denn der Siegfried etwa mehrmals ermordet worden? Nein, das natürlich nicht. Aber eine Sage ist kein Geschichtsbuch, und deshalb streiten sich heute mehrere Brunnen darum, der »echte« zu sein, bzw. die Bürgermeister der Städte, in denen die Brunnen stehen, tun das. Schließlich will ja jeder der Erste sein, wenn's darum geht, den Touristen die sauer verdienten Taler aus der Tasche zu ziehen.

Immer wieder muss ich Anneliese die Bedeutung des deutschen Reinheitsgebotes erklären.

V on Grasellenbach aus fahren wir nach Michelstadt. Anneliese faselt irgendwas von: »eine der ältesten Siedlungen im Odenwald, Fachwerkbauten und irgendwelchen Burgen, bla bla bla«, aber ich hab nun endgültig auf Durchzug gestellt. Ich überleg schon die ganze Zeit, ob wir nicht nach Karlsruhe zurückfahren sollten. Denn wenn ich beim Bundesverfassungsgericht eine Strafanzeige höchstpersönlich vortrage, wird die Klage sicher zügig bearbeitet. Von meinem Rechtsverständnis her müsste die Bundesrepublik Deutschland tatsächlich ein großes Interesse daran haben, Verstöße gegen das Deutsche Reinheitsgebot von 1516 mit sofortiger Wirkung und unter Androhung rigoroser Geld- und Freiheitsstrafen rechtlich zu ahnden. Allerdings ist Anneliese anderer Meinung und möchte weiterfahren. Des kommt mir schon a bisserl verdächtig vor. Ich werde ihr Verhalten weiter beobachten. Sollte sie in meiner Gegenwart – ob nun bewusst oder unbewusst – *aktiv* gegen das Deutsche Reinheitsgebot verstoßen, werde ich nicht zögern, sie dafür zur Rechenschaft zu ziehen. In welcher Form auch immer.

Wolfgang, weißt schon, dass du nur noch höchstens drei Sätze von einer Einlieferung in die Geschlossene entfernt bist, gell?

Anneliese, du hast das falsche Chromosomenpaar, um das zu verstehen. Schreib du einfach weiter dein Zeugs über Burgen und urige Fachwerkhäuser auf, ich rette derweil unsere Republik!

Tour 4
Moselwein- und Riesling-Route

Über Mainz, Eltville, Koblenz, Brodenbach

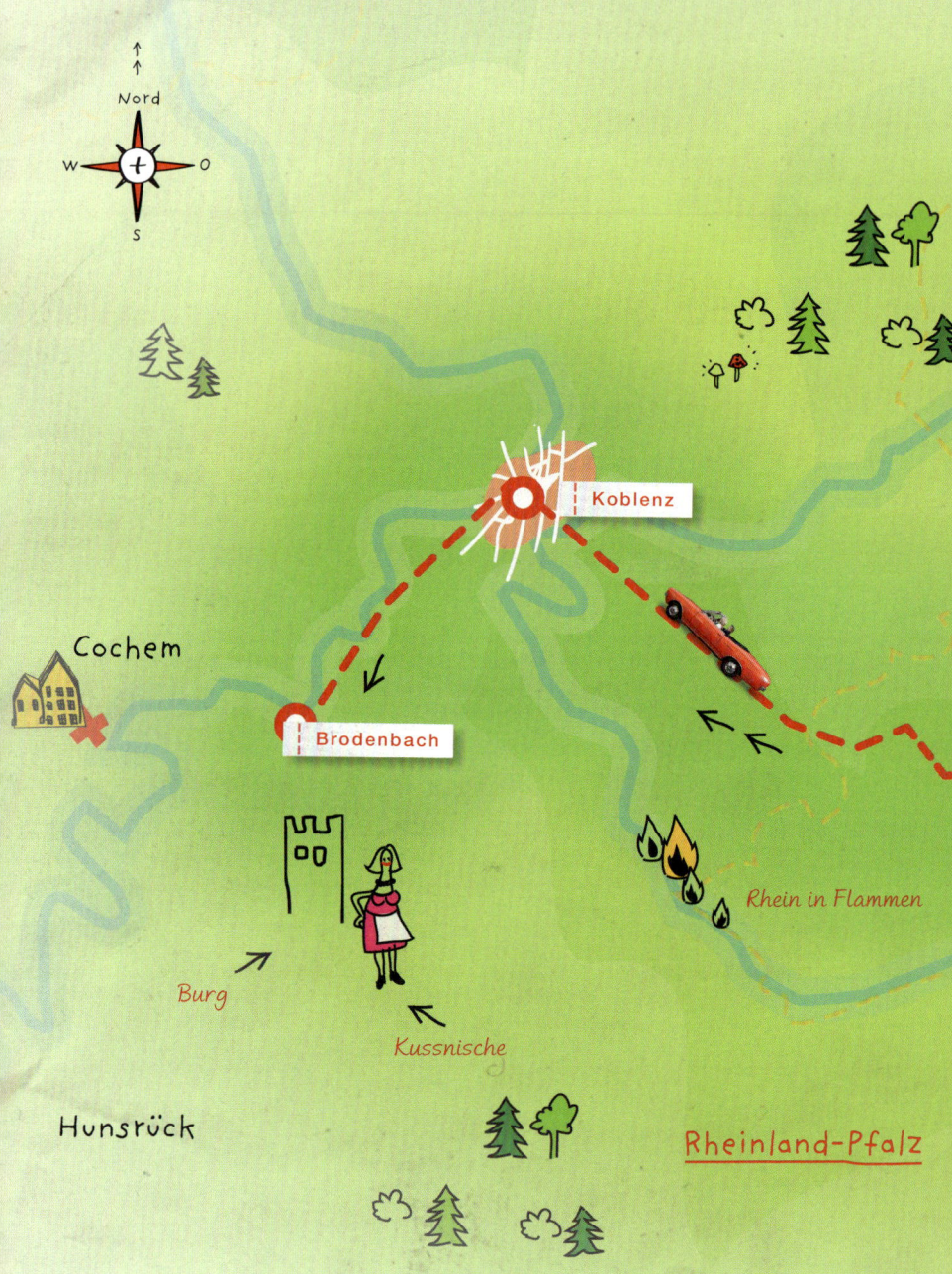

Nord

W ——— O

S

Cochem

Koblenz

Brodenbach

Rhein in Flammen

Burg

Kussnische

Hunsrück

Rheinland-Pfalz

Hessen

billig!

Wiesbaden

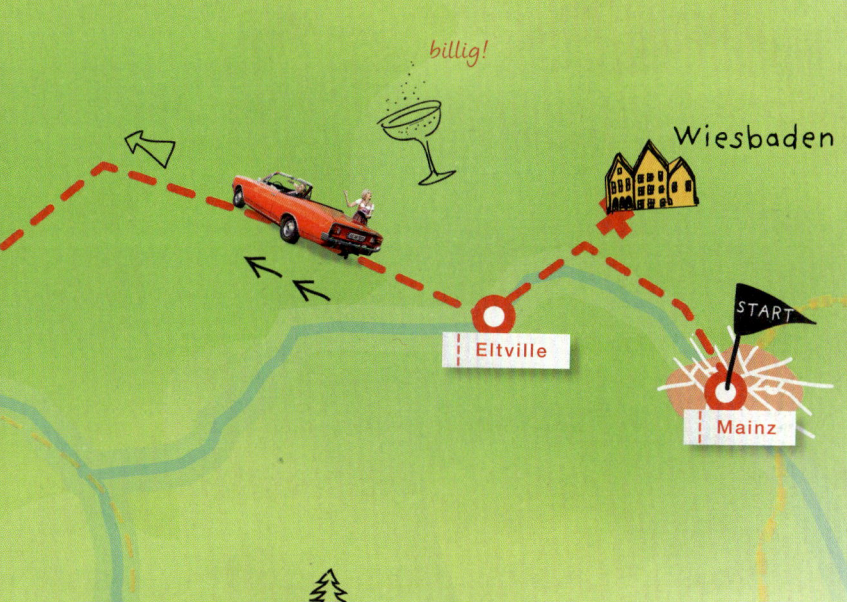

Eltville

START

Mainz

Anneliese schreibt

Auf ein Glaserl Moselwein und einen Riesling obendrauf

Mei, der Wolfgang und ich, wir können uns einfach nicht lang bös sein. Nach einem kleinen Disput über die Bedeutung des Deutschen Reinheitsgebotes von 1516 und dessen Einfluss auf die Entwicklung unserer Demokratie *(denken Sie sich an dieser Stelle eine Scheibenwischer-Handbewegung in Richtung des Herrn Funzfichler)* haben wir uns auf der Höhe von Aschaffenburg schon wieder angelächelt. Und weil die unterfränkische Luft so herrlich nach Frühling (und auch ein bisschen nach Gülle) roch, haben wir das muntere Auspuffgeklapper von unserem *Opel* einfach mit einem unserer Hits übertönt. Ja, liebe Leser, die Musi, die heilt alle Wunden.

Ja, selbst wenn die Haut nicht mehr ganz griffabdruckfest is, haha. Spaß muss sein, gell?

Unser Lied

I've been looking for Frühling

Eines morgens im Dezember,
so lang ist's noch nicht her,
da war mir noch so bi-hitterkalt!

Doch ich betete zum Herrgott:
So kann des nicht weitergehn,
lieber Frühling, bitte ko-homm doch bald!

Refr.
I've been looking for Frühling
I've been looking so long
I've been looking for Frühling
still the search goes on.
I've been looking for Frühling
since I left my home town
I've been looking for Frühling
still it can't be found.

Deutschland ächzte leis,
unter Tonnen Schnee und Eis,
Verspätungen bei Bus und Bahn!

Ich wollte schon nach Spanien,
da fahr'n wir schon seit Jahr'n hin,
doch das blöde Auto sprang nicht an!

So blieben wir zu Haus'
und gingen nicht mehr raus,
und Wolfgang, der war ständig breit.

Und die Annelies,
die war so kalt und fies,
Kruzitürkeeen, wann ist Frühlingszeit?

Refr.
I've been looking for Frühling
I've been looking so long

I've been looking for Frühling
still the search goes on.
I've been looking for Frühling
since I left my home town
I've been looking for Frühling
still it can't be found.

Wir waren eingeschneit,
's war keine schöne Zeit,
der Wolfgang hat nur noch gelallt.

Was ich dann auch tat,
mein Blut kam nicht in Fahrt,
selbst in der Sauna war es noch *so* kalt.

Das Warten fand' mer schade,
trotz Schnaps und Schokolade,
und fragten uns die ganze Zeit:

»Wo bleibt sie denn, die doofe
Klimakatastrophe?
Für die Erderwärmuuung sind wir jetzt bereit!«

Refr.
I've been looking for Frühling!
Die Bäume schlag'n schon aus!
I've been looking for Frühling!
Frühling in da house!
I've been looking for Frühling!
Winterschläfer, kommt's raus!
I've been looking for Frühling!
Frühling in da house!

Heeey!

(Musik: Jack White,
Text: Gary Cowtan, W. & A. Funzfichler)

Wolfgang schreibt

E ins muss man sagen: Man kann nicht viel mit der Anneliese machen (jedenfalls nicht *mehr*), aber singen, das kann man noch mit ihr. Irgendwie scheinen wir mit unserer Singerei den Frühling glatt überholt zu haben.

Als wir in der Landeshauptstadt von Rheinland-Pfalz ankommen, ist es plötzlich Sommer. Mainz – da fällt mir immer dieser großartige Witz mit den zwei Prostituierten ein, die auf der Brücke stehen und sich unterhalten.

> Liebe Leser, den Witz, der an dieser Stelle stand, mussten wir aus jugendschutztechnischen Gründen streichen.
>
> Stattdessen habe ich einen Tipp für alle, die irgendwann einmal zwischen Michelstadt und Mainz unterwegs sind. Allerdings nur zwischen August oder September, denn sonst ist unser Geheimfunz leider überflüssig.

Rheinland-Pfalz – ja, das klingt doch schon lustig. Nicht umsonst zählt Mainz neben Köln und Düsseldorf zu den Karnevalshochburgen unseres Landes. Deswegen möchte ich hier zwar trotzdem nicht tot über dem Zaun hängen, aber die Geschmäcker sind nun mal verschieden.

Immerhin ist es nicht Frankfurt an der Oder, oder? Na, habt's ihr meinen kleinen Gag mit den zwei »oders« bemerkt? Nicht schlecht, was? Tja, so was schüttelt sich euer verrückter Wolfgang mal eben aus dem Ärmel. Einfach so. Ich weiß auch nicht, woher das kommt.

> Eventuell liegt's an dem Vakuum zwischen deinen Ohren.
>
> Wie? Versteh ich nicht.

Geheimfunz

Motivmaislabyrinth –

In jeder Saison (August/September) kann man hier auf einem riesigen Maisfeld durch ein neugestaltetes Labyrinth irren.

Vom Cowboybild bis zum Odenwälder Bauern mit Dreispitz war schon alles dabei.

(Mir hat ein Nachbar gesteckt, dass angeblich vor ein paar Jahren der Sohn eines Bauern zusammen mit zwei Kumpels ein nicht ganz jugendfreies Motiv gelegt hat. Dadurch war der Pilot eines Segelfliegers derart abgelenkt, dass er sein Flugzeug in eine Tankstelle gelenkt hat. Seitdem werden die Maislabyrinth-Motive streng kontrolliert.)

Ein typisches Maislabyrinth ist zwischen 2000 und 2500 Metern lang. Ziel ist dabei, mit einer Stempelkarte fünf im Maisfeld versteckte Stempelstationen zu finden und diese auf einer Karte zu markieren. Die Karte nimmt dann an einer Verlosung teil.

(Scho klar – und dem Gewinner winkt meistens ein Maiskolben.)

Für Kinder gibt es meistens zusätzlich noch eine Wiese zum Spielen und Toben und eine »Strohhüpfburg«, sonntags ist außerdem Ponyreiten möglich.

(Und manchmal ist sogar Ponyhüpfen und Strohreiten möglich, he he.)

Wo?

**Erdbeerhof Münch
Georg-August-Zinn-Str. 102
64823 Groß-Umstadt**

Lange bevor Mainz eine Karnevalshochburg – verzeihen S': Fastnachtshochburg! – wurde, war die Stadt ein römisches Legionslager, wie auch Trier und Köln und viele andere Städte. Die Römer waren ja quasi überall. Genau wie heute die Schwaben. Nur dass die keine Hochkultur haben und keine Aquädukte bauen können – so, jetzt hab ich auch mal einen Gag gemacht. Das kann nämlich nicht nur der Wolfgang.

Na ja, aber im Gegensatz zu dir kann der welche machen, die auch lustig sind.

Des war schon klar, dass du neidisch wirst, wenn ich mal einen Witz mache, Wolfgang.

Ihr entscheidet's, liebe Leser!

Heute sieht man in Mainz statt römischer Soldaten und Zelte eher prachtvolle Barockkirchen und Rokoko-Fassaden und egal, in welche Richtung man geht, beschauliche Plätze mit märchenhaften Fachwerkhäuschen. Da wir aber schon genug märchenhafte, mittelalterliche, hübsche und zauberhafte Fachwerkhäuser auf unserer Reise gesehen haben und der Wolfgang bestimmt wieder die Augen verdreht, wenn er das liest …

Richtig …

… kümmern wir uns an dieser Stelle einfach mal nicht um die Stadt Mainz, sondern um den Bewohner, den Rheinland-Pfälzer:

Der Rheinland-Pfälzer

Bereits im Namen liegt der entscheidende Widerspruch begraben: Rheinländer *und* Pfälzer passt nämlich eigentlich gar nicht zusammen. Beide Mentalitäten zu vereinigen, wäre in etwa so, wie ein Glas Bier und ein Glas Bier zu mischen. Oder ein Bier und Limonensaft zu mischen. Oder Bananensaft in ein Hefeweizen zu kippen. A riesengroßer Blödsinn wäre das, mit dem man zudem das Deutsche Reinheitsgebot von 1516 *signifikant* verletzen würde. Wie dem auch sei, es gibt ihn trotzdem, den Rheinland-Pfälzer.

Er versucht so rüberzukommen wie ein »eschter« Rheinländer, kann sich aber keine Witze merken und ist leider auch nicht von Natur aus humorvoll.

Beides ist ihm aber nicht bewusst – eine ebenso tückische wie sympathische Mischung.

Der Rheinland-Pfälzer ist trotz alldem ein Mensch zum Liebhaben: gesellig, direkt, ehrlich, tolerant und doch konservativ, er isst genauso gern, wie er trinkt, kann besser fluchen als Komplimente verteilen, *wenn* er aber lobt, dann wird man garantiert rot vor Freude. Und wenn er Hochdeutsch spricht, klingt das zumindest besser als bei einem Kölner. Allerdings spricht er so gut wie nie Hochdeutsch.

(Aber ihr berühmter Saumagen mit Leberknödel, Weinkraut und Bauernbrot schmeckt – in den richtigen Mengen verzehrt – nicht schlecht, da muss man fair bleiben.)

L iebe Schlagerfreunde, ihr habt ja bereits unter großen Schmerzen lernen müssen, dass es unzählige Nibelungenstädte gibt. Und das, obwohl die Sage weder besonders wahr noch besonders spannend und/ oder lustig ist. Einer der großen Vorteile von Mainz ist nun, dass es definitiv *keine* Nibelungenstadt ist. Nein, Mainz ist eine Gutenberg-Stadt! Bitte nicht verwechseln mit der Guttenberg-Stadt. Gemeint ist nämlich der Erfinder des Buchdrucks, Johannes Gutenberg, und nicht unser geliebter Ex-Außenminister und Vize-Kanzler Karl Theodor Heinrich

Ein junger Fan in Mainz will unbedingt ein gemeinsames Foto mit uns!

Maria Adam Eva Ernie & Bert von und zu Kruzitürken-Guttenberg. Der kommt einfach nur aus München und ist schon zu blöd zum Abschreiben, wie soll er da Bücher drucken?

Zum Thema „zu blöd zum Abschreiben" vergleichen S' bitte auch den Absatz in der liebevollen Biographie vom Hias Hirschkötter, wo Wolfgangs mehrfache Wiederholung der ersten Schulklasse thematisiert wird.

Anneliese, ich hab's dir schon mal gesagt: Das war eine Verschwörung gegen mich, weil ich ein Keck bin!

Natürlich, mein Schatz. Das hatte ich schon wieder vergessen. Zwinker, zwinker, liebe Leser …

Dein blödes „zwinker, zwinker" kannst dir sparen, Anneliese! Ich lass mich nicht mit der ollen Schmierwurst Guttenberg vergleichen!

Entschuldige, Wolfgang, das war wirklich unfair von mir. Zwinker, zwinker …

Wolfgang kann keine Fachwerkhäuser
mehr sehen...

Leider haben wir bei unserem Besuch keine Gelegenheit, uns eingehender mit Gutenberg zu befassen, denn wir kommen an einem Montag nach Mainz und ~~glücklicherweise~~ dummerweise hat das Gutenberg-Museum montags geschlossen.

Aber was kümmert uns auch das Drucken von Büchern, wenn wir uns stattdessen mit dem Pressen von Reben beschäftigen können – schließlich sind wir im Land von Riesling und Moselwein angekommen. Und da ich einigen Freunden aus unserem geliebten Sulzbach-Rosenberg versprochen habe, die eine oder andere Kiste Traubengold mit nach Hause zu bringen, gilt es, so schnell wie möglich ins nächste Anbaugebiet zu kommen. Allerdings bringt mich ein Anruf unseres Produzenten Jürgen Fantasy dazu, unsere Route kurzfristig noch mal leicht zu ändern.

Der Jürgen ist ein grundehrlicher, feiner Kerl und ein ganz lieber, treuer Freund. Manchmal hat er zwar Probleme, unsere Finanzen zu strukturieren, aber feiern und Spaß haben – das kann man mit ihm.

Gutenberg-Museum –
ist bestimmt ganz toll, hat aber montags geschlossen.
Weitere Informationen gibt es bei Luise Zehe und Tanja Dörflinger vom
Vorzimmer der Direktion oder unter **www.gutenberg-museum.de**

Wo?
Gutenberg-Museum Mainz
Liebfrauenplatz 5
55116 Mainz

Und als an diesem Montagnachmittag in Mainz sein Name auf meinem Handy erschien, da hab ich gleich geahnt, dass mein lieber Freund Jürgen einen guten Tipp für mich hat. Und so war's auch. Weil er von Sigrid und Stefania wusste, dass wir uns gerade in Mainz aufhielten, wollte er mir rasch sagen, dass ich mir auf keinen Fall das große Casino in Wiesbaden entgehen lassen soll. Und wenn ich die Anneliese eine Weile abschütteln könnte und Interesse an einer etwas knackfrischeren Begleitung hätte, dann gäbe es da auch noch die eine oder andere Telefonnummer …

> *Jürgen, du schmieriger Schmalspur-Casanova, kannst was erleben, wenn wir dich das nächste Mal auf Ibiza treffen! Dann steck ich dir dein schiefsitzendes falsches Haarteil dahin, wo keine Sonne scheint!*

Also, wenn der Jürgen sagt, dass es im Casino von Wiesbaden was zu erleben gibt, dann darf man das nicht ignorieren! Auffi geht's, Buam! Für Anneliese hab ich mir eine erstklassige Ausrede einfallen lassen, warum wir jetzt doch nach Wiesbaden fahren …

Anneliese schreibt

Daumen raus im Rheingau bis Koblenz

Entgegen unserer eigentlichen Planung möchte Wolfgang plötzlich nach Wiesbaden fahren. Angeblich, weil es in der Innenstadt so viele urige Fachwerkhäuser und malerische kleine Gässchen gibt, durch die er gerne mit mir bummeln möchte. Ja, hält der mich denn für bescheuert?

Seltsamerweise erwacht seine Leidenschaft für das »Bummeln durch malerische Gässchen« nämlich kurz nachdem er mit unserem Manager Jürgen Fantasy telefoniert hat. Und zu dem muss ich an dieser Stelle kurz was erzählen: Der Jürgen ist so ziemlich das durchtriebenste Schlitzohr, das man sich vorstellen kann. Ich sag dem Wolfgang immer: Dem reichst du den kleinen Finger und er kugelt dir den Arm aus. Aber mein Mann hört natürlich nicht auf mich und hält ihn nach wie vor für einen guten Freund. Zum Beispiel haben wir für unser 1987er Live-Album *Der große Tsunami der Volksmusik* (der Titel wurde für spätere Pressungen geändert) bis heute keinen einzigen Cent gesehen. Laut Herrn Fantasy blieb damals abzüglich sämtlicher Kosten für die Tour, die LP-Pressung, die Bewerbung des Albums und seiner Gage leider kein Pfennig mehr übrig. Das Komische war nur, dass der gute Jürgen sich nicht lange nach der Veröffentlichung der Platte mehrere Auslandsimmobilien, einen ganzen Trabrennstall und einen eigenen Hubschrauber zulegte. Damals sagte er uns, er hätte »überraschend von einer Großtante aus Übersee geerbt«. Und das, wo er an anderer Stelle gerne zum Besten gibt, dass seine Großeltern und alle Geschwister damals im Zweiten Weltkrieg auf Seiten der französischen Résistance bei Märtyrereinsätzen gegen die Nazibesatzung ums Leben gekommen seien.

Verstehen S' jetzt? Deswegen bin ich sofort skeptisch, als Wolfgang ausgerechnet nach dem Telefonat mit dem Jürgen doch nach Wiesbaden möchte. Und tatsächlich – wir sind noch nicht ganz in Wiesbaden, da verrät er sich auch schon: Es sei ja jetzt dummerweise schon ganz schön spät und was ich denn davon halten würde, wenn wir, anstatt durch die Altstadt zu bummeln, ganz spontan ins Wiesbadener Casino gehen würden? Ich tue zwei Dinge: Erst mal

Unser Manager Jürgen Fantasy auf unserer »Viva-Sombrero-Tour« durch Finnland 1999.

gebe ich Wolfgang eine Ohrfeige für seine dreiste Lüge! Und dann sag ich ihm, dass wir so schnell wie möglich ins Hotel fahren müssen, um uns für das Casino feinzumachen: Ich liiieeebe nämlich das Glücksspiel! Außerdem ist die Spielbank in Wiesbaden wunderhübsch im ehemaligen Weinsaal des Kurhauses und den angrenzenden Kolonnaden (die längste Säulenhalle Europas, liebe Leser!) untergebracht.

Also, den Wolfgang untergehakt, geht's ins Casino! Und zwar direkt zum berühmt-berüchtigten Wiesbadener Super-Roulette …

Anneliese, manchmal bist einfach die beste Frau auf der ganzen Welt! Jürgen, kannst deine Bordsteinschwalben behalten. Jedenfalls fürs Erste.

Wolfgang schreibt

Ich kann nicht mehr! Ich möcht schreien! Des darf doch nicht wahr sein! Bei diesem damischen Wiesbadener Hottentotten-Roulette sind wir nicht weniger als ein halbes Vermögen losgeworden. Jürgen, das zieh ich dir von deiner nächsten Beteiligung ab! Wenn du mich nicht da rein gequatscht hättest, wären wir überhaupt nie in dieses schreckliche Wiesbaden gefahren. Und ich konnt ja beim besten Willen nicht wissen, dass die Anneliese spielsüchtig ist und beim Roulette nicht aufhören kann. 74 000 Euro hatten wir schon gewonnen, da muss selbst der alte Wolfgang lange für singen. Und wir hatten ganz klar abgemacht, dass wir aufhören. Und was macht meine Teufelsbraut? Setzt alles auf Rot, als ich kurz auf die Toilette gehe.

Was ist das für ein Gott, der so etwas zulässt? Richtig: Entweder er ist eine Frau oder es gibt ihn nicht. Für mich war der Abend jedenfalls gelaufen. 74 000 Euro, ich könnt explodier'n!

Anneliese schreibt

Der Abend im Casino war herrlich. Mir geht's ja in erster Linie ums Spielen, nicht ums Gewinnen. Und wenn man das aus dieser Perspektive sieht, dann war das ein richtig toller und abwechslungsreicher Abend!

Jürgen, jetzt kannst mir die Nummern von den jungen Tanten geben!

Im liebreizenden Rheingau ziehen sich die Rebstöcke in sanft geschwungenen Hügeln bis zum Rhein hinunter. Hier, in perfekter Südlage, liegen die Ortschaften eng beieinander, und fast alle bauen die berühmte Riesling-Rebe an. Der gute alte Vater Rhein, der ist hier der wahre Chef. Besonders im Frühling, wenn er über die Ufer tritt und die Vorgärten und Keller der Rheingauer inspiziert. Erlauben kann er sich's – denn ohne ihn tät der Wein längst nicht so gedeihen.

Info

Wiesbadener Super-Roulette –
hierbei ist es möglich, beim Roulette das Zwei- bis
Fünffache des Normalen zu gewinnen. Dafür werden über der Permanenzanzeige fünf Zahlenwalzen
wie bei einer Slot Machine in Bewegung gesetzt.
Je nachdem wie die gestoppten Zahlen mit der
Gewinnzahl aus dem Roulettekessel übereinstim-
men, werden die Gewinnsätze im Zahlenfeld ver-
vielfacht. Solche Zusatzgewinne werden per Fanfare
verkündet.

(Millionengewinner Sascha A.
hat angeblich 1996 mit einem Herzinfarkt
auf diese Fanfare reagiert. Die Spielbank
zahlte den Gewinn an seine Familie aus,
mit der Auflage, das Geld im Sinne des
Verstorbenen anzulegen. Sascha A. soll in
die Annalen seiner Heimatstadt eingegangen
sein – mit dem teuersten Begräbnisumtrunk
der Stadtgeschichte.)

Sein Wasser wirft nämlich im Sommer die Sonnenstrahlen zurück und verstärkt
sie noch, und im Winter wärmt das Wasser das kühle Land.

Also, Anneliese, was redest denn jetzt schon wieder für
einen Käse? Wie soll denn das Wasser das kühle Land
wärmen? Und dann auch noch im Winter? Weißt noch, wie
du mal beim Schlittschuhlaufen daheim auf dem Gösselsee im
Eis eingebrochen bist? Da hast drei Tage nicht aufgehört
zu schlottern. Und mit dem Wasser willst du „das kühle
Land" wärmen? Anneliese, denk doch mal nach!

Weißt auch noch, warum ich damals im Gösselsee eingebrochen bin? Weil DU mich aufs Eis geschubst hast, weil
du sehen wolltest, ob's schon dick genug ist. Dabei stand
an der Seite ein Riesenschild: „Eisfläche nicht betreten!"
Aber nein, der bescheuerte Kecki wusst's natürlich besser.
Und ich durft's ausbaden.

Hehehe, Anneliese, „ausbaden" – des is der Humor,
den ich so mag an dir.

Schon bald erreichen wir das verträumte Städtchen Eltville, wo der Matheus
Müller schon 1837 als einer der Ersten am Rhein überhaupt mit der Herstellung
von Schaumwein begonnen hat. Urige Häuschen, eine Rheinpromenade mit
Platanen und Rosenbeeten – selbst Wolfgang ist ganz begeistert.

In seinen eigenen Worten klingt das dann so:

Liebe Schlagerfreunde, eins muss ich zugeben: Als der liebe Gott dieses Eltville schuf, da hat er mal einen richtig dicken, dampfenden Haufen hingelegt. Also, im positiven Sinne. Der Schaumwein ist so billig, dass man sich für zehn Euro schon richtig schön die Karten legen kann. Eltville – beide Daumen hoch vom verrückten Wolfgang!

Poetisch, gell?

Komisch: Er säuft, und ich krieg die Kopfschmerzen …

Gleich in der Nähe liegt das Kloster Eberbach, das mit seinen eindrucksvollen romanischen und gotischen Bauten zu den bedeutendsten Kunstdenkmälern Hessens zählt. Deutschlandweite Bekanntheit erlangte das Kloster Eberbach Mitte der 80er Jahre, nachdem hier die meisten Aufnahmen des filmischen Meisterwerks *Der Name der Rose* gedreht worden waren.

Das Geheimnis eines guten Riesling-Jahrgangs

Erinnert's euch noch an den fetten Mönch, den sie tot aus
der Wanne ziehen? Das ist mein Schwager Erich. Dem Schau-
spieler selbst war das nämlich zu peinlich, deswegen haben
sie damals landauf landab nach grauslig fetten Männern
gesucht, die kein Problem damit haben, sich als Double nackt
zu zeigen. Und da der Erich sowieso die meiste Zeit seines
Lebens nackert herumläuft — zum Ärger vieler Sulzbach-
Rosenberger auch nach drei Mass beim Annabergfest —,
hat er sich direkt gemeldet. Meine Schwester hat den Film
deswegen bis heute nicht gesehen.

Ich leider schon ...

Wenn man in Eltville am Ufer des Rheins steht und den Blick über die geschwungenen, mit Weinstöcken bepflanzten Hügel schweifen lässt und auf den Berg-
spitzen die Ruinen der alten Burgen und Schlösser sieht, dann weiß man, warum
diese Gegend als Geburtsort der deutschen Romantik gesehen wird: Ganz hier
in der Nähe haben der berühmte Brentano-Clan und die von Arnims residiert,
Goethe war ein oft gesehener Gast, und auch Felix Krull wurde hier geboren.

Ha! Den kenn ich auch! Felix Krull, der hat doch den Thomas Mann geschrieben, oder?

So ähnlich, Wolfgang …

Geh, wusst ich's doch!

So schwer es uns fällt, aber nach einem ausgiebigen Mittagessen (Wolfgang stellt mit acht Flammkuchen einen neuen persönlichen Rekord auf) müssen wir unsere Reise fortsetzen. Allerdings: Wer auf der B42 bei bestem Wetter und Sonnenschein direkt am Rhein entlangfährt, der weiß, was der Ausdruck »Der Weg ist das Ziel« bedeutet.

Wieso, was denn?

In Rüdesheim legen wir einen Zwischenstopp ein – Wolfgang muss »ein paar Flammkuchen löschen«, wie er das ausdrückt. Aber ein Stopp in Rüdesheim lohnt sich allemal, nicht umsonst gehört die Stadt zum UNESCO-Welterbe Oberes Mittelrheintal. Mei, des ist ein schöner Anblick, liebe Leser, wenn man vom Niederwalddenkmal aus auf den Rhein schaut!

Allerdings empfehle ich der UNESCO, die Toiletten an der freien Tankstelle in der Nähe vom Niederwalddenkmal von ihrer depperten Liste zu streichen. Ich glaube, da hat das letzte Mal 1976 eine Klobürste dringestanden! Außerdem funktioniert die Spülung nicht. Und die Kombination von beidem ist fatal!

Wolfgang bei Flammkuchen Nr. 6!

Wolfgang, dass gerade DU dich über das Nichtgebrauchen einer Klobürste beschwerst, ist ja ein Witz an sich.

Anneliese, das sah aus, als wär da drin ein Güllelaster explodiert, so was dürfen wir unsern Lesern nicht verschweigen — Stichwort: Zivilcourage! Das ist das Gleiche wie mit dem Reinheitsgebot.

Lieber Herrgott, gib mir Kraft ...

Wussten Sie eigentlich, dass der Rhein in Graubünden entspringt, durch den Bodensee fließt, bei Schaffhausen über den Rheinfall hüpft und als »Hochrhein« weiter nach Basel stromert? Und von dort als »Oberrhein« nach Norden weiterplätschert, wo er dann in der Oberrheinischen Tiefebene endgültig »deutsch« wird? Und dass er mit 1230 Flusskilometern einer der längsten Flüsse Europas ist?

Also, ich wusste es, Anneliese! Ich hatte es nur zwischenzeitlich vergessen, hehehe.

Und noch etwas ist an Rüdesheim besonders: Hier steht manchmal sogar der Rhein in Flammen!

Info

Rhein in Flammen
ist eines der größten Feuerwerksspektakel in Deutschland und findet zwischen Mai und September sogar mehrmals im Jahr zwischen Rüdesheim und Bonn statt – zur großen Freude von »Brot für die Welt«.
Das Besondere dabei: Die rhythmisch zur Musik gestalteten Feuerwerke werden von Booten aus abgeschossen, die auf dem Rhein liegen. Zudem fahren Hunderte mit Kerzen und Lampen illuminierte Schiffe den Rhein entlang und tauchen Fluss und Ufer in eine wahre Farbenflut. Passenderweise haben die meisten Gäste ebenfalls die Lampen an.

(Angeblich hat vor einigen Jahren eins der Schiffe angefangen zu brennen. Da das aber alle für eine besonders spektakuläre Inszenierung hielten, ist der

Kutter unter dem tosenden Beifall der am Ufer stehenden begeisterten Zuschauer gesunken. Wie durch ein Wunder kamen alle ums Leben. Kleiner Spaß – ist nix passiert!)

Die berühmte Drosselgasse bekommt berühmten Besuch.

In Rüdesheim machen wir einen viel zu schnellen Spaziergang durch die berühmte Drosselgasse – weil man da einmal im Leben gewesen sein muss, wie mein Großvater Oberst Keck immer gesagt hat. In seinen eigenen Worten klang das so: »Bub, wenn'st noch nie auf allen vieren über des Kopfsteinpflaster von derer Drosselgass'n kroch'n bist, dann hast auch noch keine Rüdesheimer Weinsause g'macht.« Und tatsächlich, auf den alten Schluckspecht kann man sich verlassen: In der Drosselgasse reiht sich Weinlokal an Wirtshaus an Souvenirshop an Weinlokal. Überall wuseln kleine Japaner rum und drücken sich an dicken Amerikanern, schmierigen Italienern und ausgemergelten großen Holländern vorbei. Kurzum: Hier bekommt man entweder Platzangst oder einen Leberschaden. A Wahnsinn! Ich persönlich wär ja gern noch ein Weilchen in Rüdesheim geblieben und hätt' mich durch die Drosselgasse gepichelt. Aber meine nahezu abstinente und freudlose bessere Hälfte hat mich dermaßen schnell übers Kopfsteinpflaster gescheucht, dass ich nicht mal Zeit hatte, mit dem Kölner Kegelclub »Big Balls Cologne« auf ausdrücklichen Wunsch ein Foto zu machen. Trotzdem, Jungs, einen tollen Schlachtruf habt's ihr: »Stumpf ist Trumpf, balla balla, Kegeln falla!« Kompliment noch amal dafür!

Für die Fahrt von Rüdesheim nach Koblenz braucht der geübte Autofahrer fünfzig Minuten, der gemütliche Autofahrer sechzig Minuten und Wolfgang Funzfichler anderthalb Stunden. Das Erstaunliche dabei ist, dass er trotzdem denkt, er fährt sportlicher als der kleine Sebastian Vettel – und die hinter uns hupende Schlange von Autos wird komplett ignoriert. Als wir dann endlich das Ortsschild von Koblenz passieren, geht schon langsam die Sonne unter. Leider war es noch hell genug, dass der Wolfgang an einer Litfaßsäule ein Plakat entdeckt und sich zu einer unüberlegten Dummheit hat hinreißen lassen.

Nach einer überaus flotten Fahrt kommen wir gutgelaunt in Koblenz an. Plötzlich bemerke ich etwas aus den Augenwinkeln und trete auf die Bremse. Ich setz ein paar Meter zurück und starre auf das Plakat an einer Litfaßsäule: »Heute Abend im Café Hahn:«, steht auf dem Plakat, »Die Nibelungen«. Das kann doch nicht wahr sein, denk ich, nicht schon wieder die gottverdammten Nibelungen! Allerdings macht Anneliese mich jetzt darauf aufmerksam, dass dort nicht »Nibelungen«, sondern »Niegelungen« steht. Anscheinend sind die »Niegelungen« irgendeine lokale Witzetruppe, die nach dreizehn Jahren ihr Comeback feiern will. Egal, denke ich, allein für den depperten Namen habt's a Strafe verdient – und deswegen nehme ich Annelieses Kajalstift aus dem Schminkkoffer, um die beiden angegrauten Grinsebacken auf dem Bild erst mal auf Funzfichler-Art zu verzieren: Der eine Fatzke kriegt ein paar deftige Frankenstein-Schrauben durch den Hals und lange Ohrringe, der andere bekommt ein schönes Paar Schielaugen verpasst und dazu Frisur und Oberlippen-bärtchen eines berühmten Österreichers. Plötzlich stehen zwei Polizisten hinter mir ...

»Erregung öffentlichen Ärgernisses«, »Sachbeschädigung« und »Uner-laubte Verwendung nationalsozialistischer Symbole« – das wären die Anklagepunkte gewesen, wenn die beiden Polizisten nicht zufällig a) die größten Wolfgang & Anneliese-Fans von Koblenz und b) auf die »Niege-lungen« ebenfalls nicht besonders gut zu sprechen gewesen wären. Wie es der Zufall will, sind die beiden Polizisten nämlich alte Klassenkameraden von den beiden Männern auf dem Plakat und wurden von denen ihre gesamte Schulzeit über gehänselt. Der größere wegen seiner Stimme, der kleinere, weil er stark schielt. Insofern waren sie mit Wolfgangs Verzierungen insgeheim mehr als einverstanden.

Trotzdem frage ich Sie zwei Dinge, liebe Leser: Was sind das bitte für Komiker, die es nötig haben, sich über angeborene Schwächen von Mitschülern lustig zu machen? Und welcher erwachsene Mann malt wildfremden Menschen Hitler-Bärte an, nur, weil er nicht an die Nibelungen erinnert werden möchte? Wie kindisch kann man eigentlich sein?!

Hihihi. Liebe Schlagerfreunde, ich sag's euch, ich musst mich kräftig zusammenreißen, dass ich nicht laut losgelacht habe: Der eine Wachtmeister schielt wie ein besoffener Matrose, und der andere spricht wie Kermit der Frosch. Und dann erzählen die beiden auch noch, dass die von den Flitzpiepen auf dem Plakat gehänselt wurden, weil sie schielen und sprechen wie Kermit der Frosch. Da müsst's erst mal versuchen, ernst zu bleiben! Immerhin – nach der Sache hab ich mir vorgenommen, mir die »Niegelungen« vielleicht trotzdem mal anzugucken. Scheinen ja doch anständige Kerle zu sein.

Und jetzt gibt's einen Geheimtipp für alle fröhlichen Musikanten: Mitten in der Koblenzer Innenstadt liegt eine ganz besondere Musikalienhandlung, in der der Fritz Rössel seine Gitarren und Bass-Instrumente, die er verkauft, noch alle selber baut. Mein Urgroßvater war ja der erste Gitarren- und Lautenbauer in Sulzbach-Rosenberg, seine Instrumente sollen zwar nicht besonders gut geklungen haben, waren aber derart massiv, dass sie von ihren Besitzern oft zum Dreschen von Getreide eingesetzt wurden.

Nachdem wir uns abends tatsächlich die »Niegelungen« im *Café Hahn* angeschaut haben (ich fand's gar nicht lustig, Wolfgang ein bisschen), fahren wir am

Geheimfunz

Das kleine Geschäft »Gitarren und Bässe«
ist eine Musikalienhandlung von Gitarrenbaumeister Fritz Rössel in Koblenz. Hier gibt es vom Meister selbstgebaute Elektrogitarren und -bässe, die an Qualität ihresgleichen suchen.
Die meiste Zeit steht Meister Rössel sogar höchstpersönlich hinter dem Tresen.
(In erster Linie, um potentielle Kunden abzuwimmeln – zu viele Aufträge.)

Hier kann man nicht nur in aller Ruhe beliebig viele Instrumente antesten, wenn man Glück hat *(nicht zu viel reden, nicht direkt in die Augen schauen.)* dann zeigt einem der Meister sogar seine Werkstatt, und man bekommt eine Tasse löslichen Kaffee.

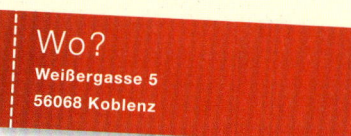

Wo?
**Weißergasse 5
56068 Koblenz**

nächsten Morgen weiter durch den Koblenzer Stadtwald Richtung Brodenbach. Zur Wiedergutmachung für seinen Fauxpas an der Litfaßsäule will der Wolfgang mir heute, wie er sagt, »Romantik pur« und eine »erotische Überraschung« bieten. Na, da bin ich ja mal gespannt … Das letzte Mal, als der Wolfgang tatsächlich »romantisch« wurde, da war der Willy Brandt noch Bundeskanzler.

Wieso war?

In meinem Auto gilt ja das gleiche Motto wie im Ehebett: »Allzeit gute Fahrt«, hehehe! Ja, liebe Heimat-Freaks, ihr ahnt es schon: Euer verrückter Wolfgang meint es ernst und steuert die Funzfichler-Traumkarosse pfeilgrad in den Hafen der Liebe! Matrosen, Anker werfen vor der Ehrenburg! Auf, auf in die Kussnische! Denn wie sagt schon der alte Hartmann von Aue (wer immer des jetzt wieder war – stand im Kalender in der Metzgerei):

Wohl niemand hat mehr Glück und Heil
Auf dieser Welt zu eigen,
Als wem ein Liebes ward zuteil,
Dem er darf Liebe zeigen.

Geheimfunz

Die Kussnische
ist ein romantisches Plätzchen auf dem Gelände der *Ehrenburg* bei Brodenbach.
Die Legende geht so: Ein junger Ritter trifft mit seinem Knappen auf einen weißen Hirsch, dem drei Jäger und ein schönes Fräulein folgen.

(Keine Ahnung, was der weiße Hirsch damit zu tun hat.)

Man macht sich bekannt und lagert zusammen in einem Wildgarten auf dem Felsen des Zusammentreffens. *(Über dem Feuer: der weiße Hirsch)* Der junge Ritter und das schöne Fräulein verlieben sich auf der Stelle ineinander, küssen sich unter wildem Efeu und geloben einander ewige Treue.

(Wahrscheinlich haben die drei Jäger spätestens jetzt ziemlich doof aus der Wäsche geguckt und hätten den Ritter am liebsten neben dem weißen Hirsch und den Folienkartoffeln übem Feuer aufgespießt.)

(Haben sie aber nicht.)

Stattdessen lässt der Ritter an der Stelle, an der sie sich geküsst haben, eine Burg für sie beide errichten. Bei Rodungen stößt er auf eine alte Steinstele. Deren Inschrift verrät, dass jemand das Glück des jungen Paares und den Bau der Burg vorausgesehen hatte ... (– *vielleicht der Hirsch, man weiß es nicht.)*

Und seitdem gibt es folgenden Brauch: Angeblich wird ein Paar, das sich hier mit einem Kuss die Treue schwört, für immer zusammenbleiben. Weswegen die Kussnische auch heute noch ein häufig frequentierter Ort von verliebten Besuchern ist.

(Allerdings funktioniert das Ganze nur, wenn beide Parteien mit dem Ritual einverstanden sind — sonst hätte ich natürlich der Senta Berger schon in den 70ern was in den Tee gerührt und sie da reingeschleppt ...)

Wo?
Ehrenburg
56332 Brodenbach

Und genau nach diesem Motto wollte ich die Anneliese jetzt überraschen. Jetzt fragt ihr natürlich: »Ja, Herrgottsakra, Wolfgang – wo ist denn diese Ehrenburg? Und was in aller Welt ist überhaupt diese Kussnische?«

Ich verrat's euch: Inmitten tiefer Wälder, gar nicht so weit von der Mosel entfernt, auf einem steilen Felsen, hoch über dem Ehrbachtal bei Broden-bach, da thront majestätisch die Ehrenburg auf der höchsten Spitze des Bergs. Und genau da werde ich mit der Anneliese hinwandern – und das, obwohl die meine Korrektursohlen vergessen hat!

Aber lassen wir die Ehrenburgler ihre Hütte noch einmal selbst beschreiben: »Der trutzigen Wehrhaftigkeit ihrer hoch aufragenden Türme, der Romantik ihrer malerischen Winkel, dem Zauber ihres all-mählichen Erwachens aus dem Dornröschenschlaf können sich weder kleine noch große Burggäste entziehen.«

Und das galt auch für die Funzfichlers. Zumindest in der ersten Viertel-stunde. Na, wenn das kein Service von der Ehrenburg ist. Und wenn's ihr gerade keine Frau zum Busserln dabeihabt, weil ihr schwul seid oder besonders unattraktiv oder beides – dann könnt's ihr euch auf der Burg stattdessen auch einfach im Bogenschießen üben.

Ich möchte hier noch mal ausdrücklich klarstellen, dass ich die homophoben Ansichten meines Mannes NICHT teile!

Anneliese, spinnst du – ich bin doch nicht homophob!? Ich schau jedem Rock und jeder Brust hinterher, das müsstest du doch am besten wissen!

„Homophob" heißt, dass man Angst vor Homosexualität hat bzw. nicht damit umgehen kann, du Riesenrindvieh!

Ach so. Ja, dann stimmt's.

So, jetzt fragt's ihr euch bestimmt: »Was ist denn in unseren verrückten Wolfgang gefahren? Will der auf seine alten Tage tatsächlich noch romantisch werden?«

Natürlich nicht, liebe Schlagerfreunde. Denn ich hab mir Folgendes gedacht: Wenn ein Kuss in der Kussnische bei einem jungen Paar dazu führt, dass es für immer zusammenbleibt, dann muss ein Kuss in der Kussnische bei einem alten Paar, das schon ewig aufeinanderhockt, doch zwangsläufig dazu führen, dass … na, wird's klar? Gell, euer Wolfgang ist schon ein ausgekochter Schlawiner!

Weißt, Wolfgang, ich glaub dir einfach nicht. Es ist dir nur unangenehm, vor unseren Fans zuzugeben, dass du wirklich mal einen romantischen Moment hattest. Denn du kannst hier viel schreiben, das zeigen soll, was du für ein harter Hund bist – aber dein Kuss, der konnte nicht lügen.

So hast du nicht mehr geküsst seit … seit …
So hast du überhaupt noch nie geküsst!

Mit unserer (meiner) lieben Freundin Senta Berger beim Deutschen Fernsehpreis 2009.

Ja, weil ich beim Küssen an die Senta Berger
gedacht habe. Also, an die junge Senta natürlich,
in ihrem Film „Toll trieben es die alten Germanen".
Ihr kennt's euren Wolfgang, liebe Freunde.
Ihr wisst, dass ich die Wahrheit sage!

Glauben Sie ihm kein Wort, liebe Leser.

In der Kussnische war der Wolfgang – wenn auch nur für
einen winzigen Moment – ein Romantiker der ganz alten Schule.
Gut, kurz darauf hat er schon wieder ein halbes Glas Weißbier
auf ex getrunken und danach minutenlang in seine Faust gerülpst,
aber ich bin ja inzwischen schon mit Teilerfolgen zufrieden.

Da war aber auch ungewöhnlich viel Kohlensäure drin.

(P.S.: Leute, bleibt's weg von der vermaledeiten Kussnische
– das Scheißding funktioniert wirklich!)

Tour 5

Eifel-Route

Daun, Gerolstein, Bad Neuenahr, Königswinter, Bonn

Nord
W O
S

Nordrhein-Westfalen

Köln

Bonn

Königswinter

Oje, jetzt samma entgleist!

Vulkaneifel

Cochem

Gerolstein

START

Daun

Wittlich

*Alte Tanten
(Wirtstiere für Grippe)*

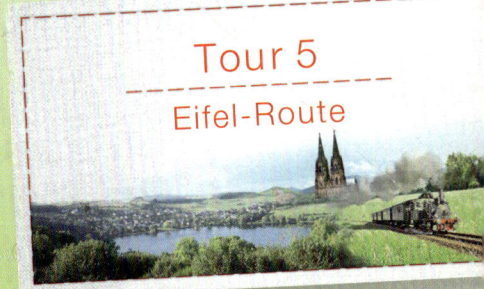

Burrrg

Drache

Rheinland-Pfalz

*Pause machen
am Laacher See!*

Wolfgang schreibt

Sprudel und Feuerwasser

Als nächstes Ziel haben uns Sigrid und Stefania vom Sekretariat die Eifel auf die Route geschrieben. Richtig: Eifel, wie der gleichnamige Turm. Da könnten sich die Franzacken eigentlich mal bedanken, dass sie ihr hässliches Stahlmonster nach so einem schönen Fleckchen deutscher Erde benennen durften.

Obwohl ich davon ausgehe, dass nur wenige Leser so ungebildet wie mein Mann sind: Natürlich ist der Eiffelturm, der mit zwei F geschrieben wird, NICHT nach der Eifel benannt – die mit einem F geschrieben wird, Wolfgang –, sondern nach seinem Konstrukteur und Erbauer, Gustave Eiffel.

Ja, und nach wem wurde DER benannt, Anne-lie-se? Na, wer ist jetzt ungebildet?

Also geht's erst mal über die Mosel und dann auf die A48, eine der schönsten Autobahnstrecken, die ich je gesehen hab. Und die Landschaft links und rechts davon ist auch nicht schlecht. Nur eines soll mir unser feiner Herr Verkehrsminister (weiß gar nicht, ob das immer noch der Schorsch Leber ist) mal erklären: Warum sieht man an den ganzen Baustellen auf unseren Autobahnen nie auch nur einen einzigen Arbeiter? Das ist doch kein Wunder, dass die Dinger über Jahre nicht fertig werden, wenn da nie jemand dran werkelt. Ich glaube, die Baustelle auf der A9 kurz vor Pfaffenhofen ist derweil älter als Annelieses Mutter – und ihr wisst's ja, von welcher Dimension wir da sprechen, hehehe. Vielleicht war ja auch *erst* die Baustelle da, und dann haben s' später die Autobahn drumrum gebaut.

Wie dem auch sei: Ich als steuerzahlender Oberpfälzer protestiere gegen diese himmelschreiende Schluderei. Und wenn ich das weiter beobachte und keine Besserung eintritt, werd ich gradheraus eine Klage vor dem

Bundesverfassungsgericht anstrengen wegen Verschwendung von Steuergeldern. Das mach ich dann direkt zusammen mit der Beschwerde wegen wiederholter Verletzung des Deutschen Reinheitsgebotes von 1516! Ich mein's ernst!

So, wo war ich stehengeblieben? Anneliese keift gegen den Fahrtwind an (offenes Verdeck, herrlich …) und ruft irgendwas von einem Termin, den wir in dem Städtchen Daun im Club der »Eisenbahnfreunde Vulkaneifel e.V.« haben. Das haben unsere Mädels aus dem Sekretariat bestimmt organisiert, weil sie genau wissen, dass der Wolfgang als junger Bub selbst eine gar nicht sooo kleine Modelleisenbahn im Keller hatte. Bis sie von drei seiner dummen, hässlichen, dicken und grausamen Schwestern mutwillig zerstört wurde. Resi, Margot, Bibbi – ich will nicht nachtragend sein, aber ich hab euch damals gesagt, dass ihr dafür in der Hölle schmoren werdet. Und wenn ich mir eure Ehemänner heut so anschau, dann ist mein Fluch tatsächlich in Erfüllung gegangen. Selbst schuld!

Freie Fahrt für euren verrückten Wolfgang: 90 Pferde unter der Haube und eine Ziege auf dem Beifahrersitz! Spaß muss sein …

Anneliese schreibt

Entgleist zwischen Daun und Gerolstein

Für alle Leser, die bei Daun an ein Federbett denken: Falsch gedacht! Unser Daun stammt nämlich nicht von einer Gans, unser Daun liegt südlich der Hohen Eifel am Fluss Lieser, inmitten der wilden Vulkaneifel.

Wow! Gewitzte Einleitung, Anneliese!

Des kannst nicht verstehen, Wolfgang, des ist halt feiner Humor.

Fein kann ich auch:
Kommt 'ne Nonne in einen Gemüseladen und bestellt eine Gurke, sagt der Verkäufer: „Nehmen Sie doch zwei, dann können Sie eine essen!"

Haahahaaa — des is doch wohl a ganz a Feiner, oder Anneliese?

Einmal nicht hinhören, zweimal nicht hinhören …

Wie uns der Name Vulkaneifel schon verrät, hat's hier einmal Vulkane gegeben. Ja! Echte feuerspuckende Vulkane, wie in diesem Film mit dem Pias Brossnen. Bloß, dass im Film der Pias Brossnen alt aussieht und in der Eifel die Vulkane. Die sind nämlich so alt, dass sie mittlerweile voll Wasser gelaufen sind. Und deswegen heißen sie auch nicht mehr Vulkane, sondern Maare. Und das Tollste ist: Selbst heute noch kann man hier vulkanische Aktivitäten beobachten. Im Laacher Vulkan zum Beispiel treten nach wie vor vulkanische Gase aus.

Hey, beim Thema „austretende Gase" bin doch eigentlich ich der Fachmann, hehehe.

Trotz oder gerade wegen ihrer vulkanischen Geschichte ist die Vulkaneifel eine ganz besonders beeindruckende und außergewöhnliche Landschaft, in der es sich übrigens vortrefflich wandern lässt. Zumindest, wenn man ohne Mann unterwegs ist, also ohne *meinen* Mann.

In der Gegend um Daun gibt es das Schalkenmehrener Maar, das Totenmaar und das Gemündener Maar. Und wir haben sie auf dem Weg in die Stadt alle einmal besucht. So richtig ausgestiegen sind wir allerdings nur am Schalken-mehrener Maar, das dann auch noch überraschenderweise aus zwei Seen bestand. Weshalb es logischerweise auch Doppelmaar heißt.

Gell, jetzt wird's Ihnen langsam zu viel, oder? Nur noch eine Zahl, damit Sie richtig was gelernt haben: Die Explosion, bei der diese Maare entstanden sind, die war vor über 10 000 Jahren. Stellen S' sich das amal vor! 10 000 Jahre! Mei, das kann sich gar ja kein Mensch vorstellen.

Bis auf Annelieses Mutter – die hat's noch miterlebt.

Wolfgang, wenn du den blöden Witz hier noch ein einziges Mal reinschreibst, dann vergess ich mich!

Ich dich auch. Abgemacht!

Lieber Gott, was hab ich eigentlich getan, dass du mich so strafst?

Übrigens, liebe Leser, wenn Sie selbst einmal Vulkanologe spielen wollen, dann empfehle ich Ihnen das »Eifel-Vulkanmuseum Daun«, das im alten Landratsamt untergebracht ist. Da gibt's Fotos, Infotafeln, Ausstellungsstücke, Computer-modelle und eine Menge anderen interaktiven Spaß für kleine Erdkunde- und Physikstreber.

 Info

Der Lieserpfad

gilt als einer der schönsten Wege der Eifel und ist ein Geheimtipp unter Wanderfreunden.

(Jetzt nicht mehr ...)

Besonders der ca. 40 km lange Abschnitt von Daun über Manderscheid bis Wittlich (als Hauptwander-weg 3 führt der Lieserpfad weiter bis zum Ort Lieser an der Mosel) ist wunderschön. Der Wanderer begleitet hier fast ohne jeglichen Auto- oder Zug-verkehr die meiste Zeit das Flüsschen Lieser auf seinem Weg durch die wilde Eifeler Natur.

(Spezial-Tipp für alle, deren Ehefrauen eben-falls die Korrektursohlen vergessen haben: Es ist auch möglich, die Weiber sich alleine die Füße wundlatschen zu lassen, stattdessen bequem mit dem Auto über die A1 bis Wittlich

zu fahren und dort in einem Biergarten mit einem kühlen Weißbier und einem deftigen Meter Bratwurst in aller Ruhe zu warten.)

Die landschaftlich sehr abwechslungsreiche Strecke lässt sich am besten in zwei Etappen erwandern: Etappe 1 von Daun nach Manderscheid, Etappe 2 weiter bis Wittlich. Vor Manderscheid ist dabei eine Holzbrücke zu passieren, die so schmal ist, dass zwei sich begegnende Wanderer mit Rucksäcken nicht aneinander vorbei passen.

(Vor allem, wenn einer von ihnen Wolfgang heißt.)

Im Fluss Lieser finden sich angeblich regelmäßig Rucksäcke oder auch ganze Wanderer, die es trotz-dem versucht haben.

Und am Ausgang steht ein Automat, an dem man Süßigkeiten ziehen kann. Aber drückt's nicht die B7 – da hat sich eine Tüte Erdnüsse in der Drehspirale verklemmt, die die Süßigkeiten nach vorne drückt, damit sie dann in die Ausgabeschublade runterfallen! Aber die Flips, die Gummibärchen, das Snickers, das KitKat, die weißen Mäuse, die Pistazien und die Salzstangen funktionieren! Also: Ein Besuch lohnt sich!

Bevor der Wolfgang Ihnen von unserem Besuch bei den Eisenbahnern berichtet – ich selbst möchte das aus persönlichen Gründen nicht übernehmen –, muss ich Ihnen unbedingt noch vom Krimi-Festival in Daun erzählen. Das findet hier nämlich alle zwei Jahre unter dem Motto »Tatort Eifel« statt. Zu diesem Anlass kommen Schriftsteller, Verleger und Fernsehredakteure aus allen deutschsprachigen Ländern angereist. Bei diesem Festival werden dann unter anderem der »Deutsche Kurzkrimi-Preis« oder der »Roland«-Filmpreis verliehen.

Der Tankwart, der bei unserem Wagen die Reifen aufgepumpt hat, weil da anscheinend alle zweihundert Kilometer Nachschub rein muss, der hat uns erzählt, dass es nach dem letzten »Tatort Eifel« einen richtig echten Tatort Eifel gegeben hat, nämlich einen Banküberfall. Und ganz schnell fiel der Verdacht auf einen der Krimi-Schriftsteller, weil der Banküberfall genau so abgelaufen ist, wie er's in seinem Buch beschrieben hat.

Als die Polizei ihn dann befragt hat, hat er gemeint, er wär ja besonders blöd, wenn er's genauso machen würde, wie er's geschrieben hat. Aber die Polizei hat gemeint, vielleicht wär er auch besonders schlau, weil er glaubt, dass keiner glaubt, dass er so blöd wär. Oder aber – die andere Möglichkeit – er wär tatsächlich so blöd. Dann hat er wieder gemeint, dass das ja hieße, dass die Polizisten schlauer sein müssten als er. Da haben die Polizisten gemeint: Ja, warum denn nicht? Und da hat er wiederum gemeint: Weil bei mir im Buch die Polizisten immer die Volldeppen sind. Das hätt er natürlich besser nicht gesagt, weil jetzt konnten s' ihn drankriegen wegen Beamtenbeleidigung.

Ob der Schreiberling jetzt allerdings auch wirklich hundertprozentig die Bank überfallen hat, da war der Tankwart sich am Ende auch nicht mehr so sicher. Aber der Eifeler erzählt halt gern Geschichten und ist auch sonst ein Typ für sich.

So, bevor es sich der Wolfgang gleich bestimmt nicht nehmen lässt, die leidige Eisenbahner-Geschichte ausufernd zu schildern, möchte ich Ihnen noch ein Rezept weitergeben, das mir die Frau des Tankwarts gegeben hat. Die hat uns nämlich

Der Eifeler

Der Eifeler »an und für sich« erklärt sich am schnellsten, wenn man weiß, dass für ihn eigens der Ausdruck *Kauz* erschaffen wurde. Er selbst hält die Bezeichnung *Original* für angemessener, streitet sich um dieses Etikett jedoch seit rund 250 Jahren mit dem östlich von Köln beheimateten Oberberger. Der Eifeler Kauz bzw. das Eifeler Original schwankt zwischen den auch häufig in der regionalen Literatur verankerten Polen »Horror« und »Witz«. Wobei der Witz sich wiederum auf den Schwerpunkt »Spott« konzentriert. Um den Humor des typischen Eifelers perfekt zu treffen, beinhaltet ein Witz am besten einen Nachbarn, der in einer peinlichen Situation tot aufgefunden wird.

Im Gegensatz zu vielen anderen ans Kern-Rheinland grenzenden Volksgruppen gibt sich der Eifeler sogar im Auslandsurlaub keinerlei Mühe, wie ein Kölner zu erscheinen. Er liebt seine Gummistiefel und pflegt den Dialekt, da er seinesgleichen so stets auf Anhieb erkennen kann. Und der Eifeler ist gerne unter sich. Dem Wanderer gegenüber tritt der Eifeler stets freundlich, aufgeschlossen und hilfsbereit auf. Menschliche Wärme liegt ihm im Blut und am Herzen. Kein Wunder, betreibt er doch entweder einen Bauernhof (inklusive Fremdenzimmer und Freilandeier-Verkauf), einen Campingplatz oder ein Maislabyrinth. Im Süden zählt die Eifeler Mundart zu den moselfränkischen Dialekten. Das hört sich auf dem Papier schön an, klingt aber so: »Frocht den Huhn daat Hon: Wells de mat ma gon?« (Fragt der Hahn das Huhn: Willst du mit mir gehen?)

gleich erkannt und als Dankeschön für das Autogramm, das wir auf Zapfsäule 3 geschrieben haben, hat sie uns ein Originalrezept aus der Eifel verraten, das schon ihre Ururgroßmutter benutzt hat.

Die hatte das Rezept übrigens von Annelieses Mut
Den Stift gibst her!

Die Geschichte zum Rezept ist ganz was Besonderes, liebe Leser: In Daun, da gab's anno dunnemals einen Hühnerdieb, der in der ganzen Eifel nur der »Hühnerquetscher« genannt wurde. Er hat die armen Tiere nämlich nur deswegen gestohlen, um sie sich unter den Arm zu klemmen und dann zusammenzuquetschen. Er fand anscheinend das Geräusch, das die armen Geschöpfe dabei von sich gaben, besonders stimulierend. Fragen Sie mich nicht, warum. Unser Planet war schon immer von allerlei Wahnsinnigen bevölkert – jeder, der mal mit dem Musikantenstadl auf Tour war, wird das bestätigen können.

Jedenfalls – eines Tages, da hatte der Hühnerquetscher wieder in Daun zugeschlagen und ein Huhn entführt. Diesmal hätte der Bauer ihn um ein Haar erwischt, aber er konnte sich losreißen und versteckte sich mit seiner Beute in den Dauner Gassen, wo er der Versuchung nicht widerstehen konnte und direkt anfing, das arme Tier zu quetschen. Und zwar genau unter dem Fenster der Ururgroßmutter von unserer Tankwartsfrau, die gerade einen Schokoladenkuchen aus dem Ofen holte. Der war ihr allerdings verbrannt und deswegen hart wie ein Ziegelstein. Als die Oma nun das Todesgackern des Huhns hörte, war ihr sofort klar: Der Hühnerquetscher hat wieder zugeschlagen! Also zögerte sie keine Sekunde, ging zum Fenster und donnerte dem wahnsinnigen Hühnerquetscher den Kuchen von oben auf dem Kopf. Der hat sich noch einmal um die eigene Achse gedreht, dann war er mausetot. Das Huhn übrigens auch – vor Schreck. Der Kuchen aber, der ist in die Dauner Geschichte eingegangen als »Dauner Schokostein«. Und wenn man ihn rechtzeitig aus dem Ofen holt, dann ist er sogar richtig lecker.

Rezept für
Dauner Schokostein

Wir brauchen:

- 100 gr Butter
- 50 gr Zucker
- 15 gr Mehl
- 5 Eier
- 200 gr Zartbitterschokolade
- 50 gr Puderzucker

Zubereitung

- eine eckige Kuchenform sorgfältig einfetten

- Butter und Zartbitterschokolade langsam schmelzen

- Eier aufschlagen, Eiweiß und Eigelb trennen

- 5 Eiweiß mit Puderzucker steifschlagen

- 5 Eigelb mit der Schokomischung verrühren

- Eischnee vorsichtig unterheben

- den Teig in die eckige Kuchenform geben und 30 Minuten bei 200° C backen

- *Vorsicht:* länger als 30 Minuten backen macht

  den Kuchen zur tödlichen Waffe!

(Die Frage ist doch: Was ist aus dem toten Huhn geworden?
Hat die alte Omma da wenigstens eine deftige Suppe draus gemacht?)

S o, liebe Schlagerfreunde, jetzt geht es ans Eingemachte. Denn bei den »Eisenbahnfreunden Vulkaneifel e.V.«, da hat die Anneliese einen bleibenden Eindruck hinterlassen, hehehe! Ich hab euch ja schon erzählt, dass die Sigrid und die Stefania diesen Besuch organisiert haben, weil ich als Bub eine Modelleisenbahn hatte. Außerdem ist der Schwager von der Sigrid, der Schorschi, der 2. Vorsitzende der Eisenbahnfreunde, und der wollte natürlich vor seinen Kameraden ein bisschen mit seinem guten Draht zu zwei echten Prominenten in der Familie angeben. Tja, meine Lieben, wenn der Schorschi hätt ahnen können, wie das alles endet, dann hätt er sich das dreimal überlegt …

> Übrigens, Sigrid, wenn die Schmalspur-Spinner uns 'ne Rechnung schicken — einfach wegschmeißen!

Der Schorschi hat die Anneliese und mich gleich am Parkplatz vom alten Dauner Bahnhof in Empfang genommen. Denn im Bahnhof ist das Heiligtum des Vereins untergebracht: die riesig große Modellbahnanlage. Aber bevor der Schorschi uns die gezeigt hat, hat er uns erst mal seine Eisenbahnergesellen vorgestellt: den Hans, den Klaus, den Hermann, den Töff-Töff, den Diesel und wie sie alle hießen. Nächster Programmpunkt war die Erkundung des Vereinskühlschranks, in dem sich eine ausgezeichnete Sammlung von Alkoholika befand, die wir nicht lang stehen lassen wollten. Wir Männer labten uns am flüssigen Hopfen, meine Frau dagegen am perlenden Weinprodukt der Champagne.

> Ja, schau mal einer guck: Wenn er über Alkohol schreibt, dann gelingen meinem Gatten plötzlich richtig poetische Sätze.
>
> Mein Schatz, wart mal ab, wie poetisch es gleich noch wird, wenn ich zu der Stelle komme, wo bei dir der Alkohol anfängt zu wirken, hehehe.
> Da schreibt man einmal was Nettes …

Ich versuche, die Eisenbahnfreunde vorsichtig zu warnen, dass sie der Anneliese bloß nicht zu viel zu trinken geben, aber ich hab's noch nicht ganz ausgesprochen, da werde ich von meiner Frau auch schon als Spielverderber und Spießer beschimpft. Auch die Eisenbahner pflichten bei, dass des schon alles seine Richtigkeit hätte. Gut, erwidere ich noch, aber sagt's später nicht, ich hätte euch nicht gewarnt.

Dann endlich werden wir in den Raum mit der Modellbahnanlage geführt: Und was soll ich euch sagen: Da haben die Jungs aber mal ein Husarenstück hingelegt! Den Verein gibt's seit über zwanzig Jahren, und als ich die Bahn gesehen hab, war mein erster Gedanke: Na sicherlich, so lang braucht man auch, um das Riesending zu bauen. Und noch mal so lang, ums einmal abzustauben.

Da sieht man zunächst den alten Dauner Bahnhof selbst im Modell; es gibt die Strecken nach Mayen, Gerolstein und sonst wohin, das Dauner Viadukt ist nachgebildet, dazu surren unzählige Züge auf den kleinen Gleisen, die früher einmal auf diesen Strecken gefahren sind. Die Burschen haben uns die Zahlen regelrecht um die Ohren gehauen: 200 Meter Gleis, 49 Elektroweichen, über ein halbes Dutzend Transformatoren, damit der Zugverkehr reibungslos läuft, und und und … Also, eins muss ich sagen: Dagegen war meine Bahn daheim im Keller in Sulzbach-Rosenberg a Fliegeng'schiss! Und darauf hab ich gleich noch mal angestoßen.

Später hat uns der Schorschi an den Vitrinen vorbeigeführt. Besser gesagt: mich. Die Anneliese saß inzwischen mit dem Töff-Töff und dem Diesel in der »Bahnhofsvorhalle« (der Saufecke) und hat lauthals »Schnaps! Das war sein letztes Wort!« intoniert.

Ja, leckt's mi om Oarsch – so viele seltene Modellzüge auf einem Haufen hab ich wirklich noch nie gesehen. Mein altes Modelleisenbahner-Herz schlug hoch wie nie. Euer verrückter Wolfgang war hellauf begeistert. Und deswegen ließ es sich der Schorschi auch nicht nehmen, das Prunkstück der Vereinssammlung aus der Vitrine zu holen, ums der Anneliese zu zeigen (Fehler Nummer 1): ein im Maßstab 1:220 handgefertigtes Modell des Magma Express, einer Dampflok aus dem Jahr 1885. Als der Schorschi mit dem kleinen Zug in der Hand die Bahnhofsvorhalle betritt, verstummen die anderen Eisenbahnfreunde ehrfürchtig. Kein Wunder: Stolz erzählt der Schorschi, dass diese Miniaturlok in rund zweitausend Arbeitsstunden entstanden ist, eine Motornachbildung aus einer Titan-Goldlegierung hat und eine Verzierung, die von einem belgischen Künstler mit einem einzelnen Pinselhaar unter dem

Mikroskop aufgetragen wurde. Bei der Figur des Lokführers kann man unter der Lupe angeblich sogar Muttermale sehen. Laut Schorschi, der das Modellzüglein in seinen zitternden Händen hält, ist die gute Tante Magma schlappe 22 000 Euros wert ... gewesen.

Ja, liebe Schlagerfreunde, dieses Mal wasche ich meine Hände in Unschuld – beide und unter Zeugen. Ihr müsst's wissen, dass Sekt in die Anneliese reinzukippen nicht viel schlauer is, wie Kerosin in einen Waldbrand zu gießen. Was war passiert? Als der Schorschi eine Sekunde lang nicht aufpasst, schnappt sich Anneliese die Lokomotive und stopft sie sich in ihr Dekolleté: »O je, jetzt samma entgleist!«

Zugegeben, die Gesichter von den Eisenbahnfreunden in diesem Augenblick war'n ihr Geld wert. Herrschaftszeiten, haben die deppert in die Miniaturlandschaft geglotzt. Herrlich! Aber was mit ungläubigen Gesichtern begann, endete mit blankem Entsetzen. Im Dekolleté meiner Frau hat's nämlich gehörig gekracht, was mit der Konsistenz der Füllung von Annelieses Brüsten zusammenhängt. Der gute Dr. Yallayalla hatte damals in den 80ern einen neuartigen Werkstoff ausprobiert, den sowohl seine Langlebigkeit wie auch seine Festigkeit auszeichnen sollten. Gerade bei letzterer Eigenschaft hat's der Doktor meiner Meinung nach reichlich übertrieben, wie ich am eigenen Leib schmerzhaft erfahren musste ...

Anneliese kurz vor der »Entgleisung«.

Sag mal, spinnst jetzt du? Musst hier eigentlich jedes intime Detail plattwalzen?

Anneliese, wir sind der Wahrheit verpflichtet. Und wenn du dir von dem karibischen Kurpfuscher Betontitten machen lässt, bist selber schuld.

Wer hat mich denn damals zur OP überredet?!

So. Wer walzt jetzt jedes Detail platt?

Um dem Schorschi die Peinlichkeit zu ersparen, hab ich die Eisenbahn dann wieder aus meiner Frau herausgeholt. Ich mach's kurz: der Magma Express war in Dutzende Einzelteile zerlegt und sah aus, als sei er mit Höchstgeschwindigkeit in einen entgegenkommenden ICE gebrettert. Außerdem war der kleine Lokführer verschwunden – Anneliese hat ihn erst am Abend im Hotel in ihrem Rheumaschlüpfer wiedergefunden.

Und was ist die Moral von der Geschicht? Gib der Anneliese nie Champagner nicht!

E inmal! *Einmal* schlägt man ein bisserl über die Stränge. So was passiert dem Wolfgang doch täglich. Und zwar dreimal. Aber das werd ich mir jetzt natürlich den Rest der Reise anhören können. Und die doofen Sprüche kann ich mir auch schon ausmalen: »Annelieses Brüste haben etwas Zug bekommen!« Hahaha. »Anneliese, darf ich mal tuten?« Hahaha. »Anneliese, der Lokführer kriegt keine Luft mehr!« Hahaha.

Jetzt können Sie verstehen, liebe Leser, warum mein Motto nach dem Daun-Desaster war: »Von jetzt an nur noch stilles Wasser!« Aus diesem Grund sind wir auch schnurstracks nach Gerolstein gefahren. Da sind schließlich die stillen Wasser besonders tief, wenn S' verstehen, was ich meine …

Auf ins Reich des Wassers

Theoretisch kann man die Strecke zwischen Daun und Gerolstein auf herrlichen Wanderwegen per pedes zurücklegen. Für mich ist die Eifel ja quasi das Kanada Deutschlands: zerklüftete Täler, rauschende Flüsse, üppige grüne Wiesen und weite Felder, dichte endlose Wälder.

Und es gibt sogar einen Lokführer, der hat hier mal einen Bären gesehen!

Ich wusste es …

Tatsache ist: Wer hier seinen Urlaub verbringt, der weiß, mit welchem Fleckchen Erde Mutter Natur es besonders gut gemeint hat. Gut, in den Eifeler selbst hätte sie noch ein paar Stündchen Arbeit investieren können, der ist ihr ein bisserl wortkarg geraten, aber sei's drum. Bei so viel Wald und Wiese muss man auch erst mal lange suchen, bis man jemanden zum Reden findet.

Aber zurück zur Strecke von Daun nach Gerolstein: Warum ich schreibe: »Man kann die Strecke *theoretisch* wandern«? Weil es 22 Kilometer sind und auch geübte Wanderer vier bis fünf Stündchen für diese Route brauchen. So, und nun raten Sie mal, wessen Ehemann in seiner Familie nicht nur hinter vorgehaltener Hand »das Funzfichler-Fass« genannt wird, weil er alle Strecken, die länger sind als der Weg in den Keller zum Bierholen, ausschließlich mit dem Auto zurücklegt?!

Ja, Anneliese, aber weil ich sehr oft Bier hole, lege ich dabei natürlich auch entsprechend gewaltige Strecken zurück. Und das ohne Auto! Und die Hälfte der Strecke sogar mit zusätzlichem Marschgepäck — auf dem Weg in den Keller sind die Flaschen ja leer, versteht's ihr?

Erstaunlich nur, dass du trotz der »gewaltigen Strecken«, die du zurücklegst, immer fetter wirst!

Alles eine Frage der Perspektive, Anneliese. Auf Samoa zum Beispiel gelten dicke Menschen als besonders ästhetisch.

Na, da hast aber bestimmt lange rumtelefoniert, bis du ein Land gefunden hast, wo die Fetten als schön gelten. Versuch doch mal rauszukriegen, ob es dort auch als „besonders ästhetisch" gilt, wenn man alle zwei Minuten in seine Faust rülpst, die gleiche Unterhose drei Tage hintereinander trägt und abends vor dem Fernseher mit der einen Hand popelt und mit der anderen an seinen Genitalien rumknetet!

Und schon wieder wirst persönlich.
Ein klares Zeichen von Charakterschwäche!

Im Prinzip hätten wir natürlich auch die »Eifelquerbahn« nehmen können. Die gilt als eine der landschaftlich schönsten Nebenstrecken Deutschlands und führt von Gerolstein über Daun und Ulmen bis Kaiseresch. An Wochenenden und Feiertagen verkehren historische Schienenbusse – da erleben Sie dann die vielgepriesene Entschleunigung auch beim Fahren. Dazu gibt's kalte Getränke und einen Schaffner, der Ihnen die Tickets direkt am Sitzplatz verkauft.

Ich weiß, liebe Leser, da möchte man eigentlich sofort zusteigen, aber vielleicht können Sie verstehen, dass ich von Zügen erst mal die Nase voll hatte.

Außerdem haben wir ja ein Auto dabei, das ohne Fahrer schlecht nachkommen kann. Und ein Wolfgang und eine Anneliese machen so eine Tour doch nicht mit Fahrer! Dafür sind wir viel zu bodenständig, gell? Denn wie meine Mutter immer sagt: »Man muss auf dem Teppich bleiben, wenn man keine kalten Füße kriegen will!«

Wolfgang schreibt

Ich danke meinem Herrgott auf Knien, dass wir unsere Reise mit dem *Rekord* machen. Denn sonst hätte mich die Anneliese an allen Ecken und Enden auf »besonders idyllische Wanderwege« gezwungen. So aber geht dieser Kelch die meiste Zeit an mir vorüber. Ich reise gerne mit dem Auto. Und das hat nichts mit Faulheit zu tun – ich bin eben ein neugieriger und wissbegieriger Mensch, und deswegen möcht ich auch möglichst viel Landschaft in möglichst kurzer Zeit erleben. Ein Wanderer sieht an einem Tag vielleicht 22 Kilometer Natur; ich genieße in der gleichen Zeit das Vierfache. Lasst's euch das mal durch den Kopf gehen!

Wolfgang, weißt du eigentlich, was ein Demagoge ist?

Im Moment nicht, aber ich schlag's gern für dich nach.

Vom Auto aus können wir unser schönes Deutschland zwischen Daun und Gerolstein in einer angemessenen Zeit genießen. Auf der Hälfte der Strecke klatscht plötzlich unsere Straßenkarte durch die Luftverwirbelungen von innen gegen die Windschutzscheibe, so dass ich einen guten Kilometer lang ohne Sicht fahren muss. Aber – vergelt's Gott – es ist nichts passiert.

Zum Glück ist die Eifel ja nicht sooo dicht besiedelt, und außer einem kurzen Holperer, der auch von einem Ast auf der Straße gekommen sein kann, war da nix. Klopf auf Holz.

Auf dem kurzen Weg von Daun nach Gerolstein schafft es der Wolfgang, einen Fuchs zu überfahren. Als ich ihn darauf anspreche, weigert er sich, anzuhalten, und tut es als Blödsinn ab. Eigentlich müsste man ihn anzeigen. Auch als ich ihn bitte, an der Burgruine der mittelalterlichen Löwenburg kurz anzuhalten, fährt er stoisch weiter. Dabei wäre es bestimmt interessant gewesen, zu sehen, was von der Löwenburg, die im pfälzischen Erbfolgekrieg 1691 zerstört wurde, noch übrig ist.

Steine?

Aber wegen der Löwenburg sind wir schließlich nicht nach Gerolstein gekommen. Und auch nicht wegen der Burg Lissingen, die *nicht* 1691 zerstört wurde wie die Löwenburg, sondern eine ehemalige Wasserburg unten an der Kyll ist. Obwohl sich auch dort ein Besuch bestimmt gelohnt hätte. Nein, wir sind nach Gerolstein gekommen, weil wir alles über die »Brunnenstadt« erfahren wollen.

Unbedingt. Immer schon ...

Das berühmte Gerolsteiner Mineralwasser wollen der Wolfgang und ich natürlich nicht nur genauer unter die Lupe nehmen, sondern richtig geschmacktesten – und zwar im wahrsten Sinne des Wortes an der Quelle!

Info

Die Brunnenstadt Gerolstein,
ein anerkannter Luftkurort, liegt eingerahmt von massigen Dolomitfelsen inmitten der Vulkaneifel und wird vom Fluss Kyll durchschnitten. Überragt wird das Städtchen von der Löwenburgruine, die einst als »Burg Gerhardstein« erbaut wurde. Berühmt ist Gerolstein für sein Mineralwasser.

(Weswegen ich lieber nach Bitburg und nicht nach Gerolstein fahren wollte – das liegt nämlich auch in der Eifel. Aber nein ...)

Die besonders hohe Qualität des Gerolsteiner Mineralwassers beruht auf der in dieser Gegend einzigartigen Kombination von Vulkan- (kohlensäurehaltig) und Dolomitgestein (mineralienreich).

(Wobei die einzigartige Qualität von Bitburger auf der einzigartigen Kombination von Hopfen, Malz, Hefe und Wasser beruht – siehe Deutsches Reinheitsgebot von 1516!)

Seit Mitte der 80er Jahre befinden sich alle Gerolsteiner Mineralwasser-Unternehmen unter einem Dach. Das Wasser gilt als Marktführer in Deutschland. Viele Gerolsteiner wünschten sich manchmal, Geologen würden noch zusätzlich eine Ölquelle oder irgendwelche Dinosaurierknochen entdecken. Dann würde ihnen im Urlaub nicht jede Straßenbekanntschaft mit demselben Spruch antworten: »Aus Gerolstein? Da kommt mein Wasser auch her!«

Statistik: Gerolstein hat über 13.000 Einwohner und rund 20 frei praktizierende Ärzte. Bei einer Erkältungswelle, gleichzeitig erkrankender Gesamtbevölkerung und gleichmäßiger Verteilung träfe der Gerolsteiner also auf ca. 650 Nachbarn im Wartezimmer.

J a, liebe Leser, zu diesem Zweck haben wir unsere Reisebecher ausgepackt, vor dem *Gerolsteiner*-Firmengelände geparkt und den Pförtner gebeten, uns mal runter zur Quelle zu lassen. Oder rauf … Wo sich solche Quellen in solchen Firmen halt verstecken. Und was macht der Pförtner-Hansel? Fängt an zu lachen!

Liebe Schlagerfreunde, euer verrückter Wolfgang ist ein friedliebender Mensch, das muss ich hier nicht wiederholen. Aber auf Arroganz reagier ich ganz allergisch! Fragt's ruhig mal den Richard Clayderman, der wird des fei bestätigen. Der macht sich nicht noch einmal über meine Französisch-Kenntnisse lustig, wenn die Dame vom Süddeutschen Rundfunk grad ein Porträt über mich macht! Zehn Wochen hat's gedauert, bis dem seine Finger wieder heil waren, nachdem der schwere Deckel von seinem damischen roten Flügel draufgerauscht ist. Seine *Un autre Ballade pour Adeline-Tour* konnte er damals schön absagen.

Ja glaubt's ihr denn allen Ernstes, liebe Freunde, dass das angehen kann, wenn so ein armseliger Wasserwächter meint, er dürft uns auslachen?! Da hat er die Rechnung aber ohne den Kecki gemacht, der zwischen 1964 und 67 nicht zufällig dreimal Vierter beim Sulzbacher Ochsenschubsen war. Zumindest dachte ich das. Also, dass er die Rechnung ohne den Kecki gemacht hat. Aber es war wohl eher umgekehrt. Diese asiatischen Kampfsportarten sollten nach wie vor verboten werden. Ich schreib's mit auf die Liste für die Klagen beim Verfassungsgericht.

E ins muss man zugeben: Von den Bewegungsabläufen und der Reaktionsgeschwindigkeit her war das wirklich beeindruckend mit anzusehen, wie dieser Pförtner den Wolfgang zusammengedroschen hat. Das hat insgesamt keine zehn Sekunden gedauert, da lag der Wolfgang reg- und bewusstlos am Boden.
Kurz darauf kam der Pressesprecher der Firma aus dem Gebäude und hat sich ganz nett bei mir entschuldigt. Aber ich hab ihm gesagt, das wär schon recht so und dass es wichtig für meinen Mann wäre, solche Lektionen in seinem

Leben zu lernen. Wir haben den Wolfgang dann ins Pförtnerhäuschen gerollt und auf einen Stuhl gesetzt. Und der sympathische Pressesprecher hat mir dann eine sehr interessante Führung durch die Firma gegeben.

Waaas? Du hast doch gesagt, du warst die ganze Zeit bei mir, bis ich aufgewacht bin!
Ich wollt halt nicht, dass du dich noch mehr aufregst, mein Schatz.

Ein Jammer — verraten von der eigenen Ehefrau.
Musst dich halt nicht immer aufführen wie a gscherda Hammel!

Wussten Sie, dass so eine Wasserquelle in bis zu 200 Metern Tiefe steckt, und dass die von *Gerolsteiner* das Wasser von da unten heraufpumpen?

Notiz an Sigrid und Stefania:
Wenn das mit der Quelle von euch vorher recherchiert worden wäre, hätte ich mich mit dem Pförtner gar nicht erst angelegt. Ich kann's auch anders ausdrücken: Servus, Weih-nachtsgeld — und jetzt noch Adieu, Brückentage!

Nachdem ich ausgiebig frisches Quellwasser testen durfte, helfen mir der Pressesprecher und der Pförtner, Wolfgang auf den Beifahrersitz des *Rekord* zu hieven, und weiter geht es nach Bad Neuenahr.

Wolfgang schreibt

Zwei Wasserbräuche in Bad Neuenahr ...

Liebe Leserinnen und Leser! Meine geliebte Anneliese weist mich gerade nicht ganz zu Unrecht darauf hin, dass wir uns an dieser Stelle einmal bei euch entschuldigen müssen. Die Anneliese mag sich da in Gerolstein beim Pförtner mir gegenüber vielleicht illoyal und hinterfotzig verhalten haben, aber Schwamm drüber. Denn selbst, wenn sie das nicht getan hätte, kommt's ihr beim Lesen vielleicht nicht umhin, einen ganz falschen Eindruck von uns zu kriegen: Die Reise ist noch nicht halb rum und ständig geraten wir in irgendwelche haarigen Situationen, Scharmützel und Streitereien. Eins müsst's ihr mir glauben: In Sulzbach-Rosenberg werden ich und die Anneliese Jahr um Jahr beim Kirchweihfest von Herzen zu den beliebtesten Nachbarn gewählt. Und das hat überhaupt nichts mit unserem Prominenten-Status zu tun. Oder mit der Spende an die Pfarrei St. Marien. Oder an den Schützenverein »Edelweiß Obersdorf«. Nein, wir Funzfichlers sind beliebt, weil wir sind, was wir sind: ein heißblütiger Menschenschlag. Wo wir sind, da gibt's eben selten Langeweile. Aber ich gelobe feierlich Besserung und dass ich ab jetzt mehr auf das Verhalten von der Anneliese achte.

Also, steigt's alle wieder ein, die Türen vom Gute-Laune-Funzfichler-Express schließen wieder!

DU achtest besser auf MEIN Verhalten, bist du jetzt vollkommen übergeschnappt, du rotbackiger Bauernsfünfer?

Ja, Kreizsacklzement, Anneliese, jetzt halt die Gosch'n! Ich hab's jetzt so geschrieben und basta!

Ha! Der Tag muss noch erfunden werden, an dem DU mir den Mund verbietest, Wolfgang Keck!

'tschuldigung.

Scho besser!

Auf dem Weg nach Bad Neuenahr-Ahrweiler hat's uns für eine kleine Rastpause an den wunderschönen Laacher See (Sie erinnern sich: der, wo die vulkanischen Gase austreten) und das Kloster Maria Laach verschlagen. Die Kirche dieses 1093 gegründeten Klosters ist berühmt für das Schmuckwerk ihrer Paradiesvorhalle und wird in Deutschland zu den makellosesten romanischen Bauten überhaupt gezählt. Außerdem ist Maria Laach der Inbegriff eines Wallfahrtsorts – das werden unsere älteren Leser bestimmt bestätigen können.

Wieso ältere? Haben wir auch jüngere Leser?

Für das bezaubernde Ahrtal sollte man sich unbedingt ein bis zwei Tage Zeit nehmen, nicht nur wegen des guten Weins, der von hier kommt.

Würde mir aber als Grund schon reichen.
Was für eine Überraschung.

Nein, das »Tal der roten Traube« hat noch viel mehr zu bieten! Auf rund neunzig Kilometern schlängelt sich die Ahr – oder wie die Romantiker sie genannt haben: die »wildeste Tochter des Rheins« – durch Schluchten, steile Weinbergterrassen, hoch aufsteigende Wälder.

Ich dachte immer, die wildeste Tochter des Rheins wär die Lotti Krekel?!

Und ab Bad Neuenahr-Ahrweiler weitet sich das Tal, um bei Remagen in eine blühende Auenlandschaft überzugehen. Hier können S' auch einem Eisvogel oder einer Würfelnatter begegnen, aber da leg ich persönlich jetzt nicht so großen Wert drauf …

Apropos Schlange: Kennt's ihr den?

Treffen sich ein Elefant und eine Schlange.
Sagt der Elefant: „Weißt du, wer ich bin?"

Sagt die Schlange: „Klar, du bist der Elefant.
Aber weißt du auch, wer ich bin?"

Der Elefant überlegt: „Hm. Keine Haare, keine Ohren —
bist du der Niki Lauda?"

Hahaha! Niki Lauda, ich werd narrisch.
Damit rechnet keiner, wetten?

Was ist Tierquälerei? - Wenn man einer Schlange Viagra gibt!

Anneliese! Was ist denn mit dir los? Wenn du da noch 'ne
Nonne oder 'ne dicke Frau einbaust, dann ist der gar nicht
so schlecht.

Ich sag doch:
  Ich kann scho auch amal an zünftigen Gag machen!

Zum Wandern empfehle ich Ihnen zwei ganz besondere und berühmte Wege,
liebe Naturfreunde: den *Ahrsteig* und den *Rotweinwanderweg*. Das Putzige an
den beiden Wegen ist, dass sie sich sozusagen gegenüberliegen.

Auf dem Ahrsteig wandern Sie von der Quelle in Blankenheim bis zur Mündung zwischen Remagen und Sinzig – auf insgesamt sage und schreibe 110 Kilometern.

Mir wird schlecht ...

Und auf dem Rotweinwanderweg können S' sogar den Winzern bei der Lese über die Schulter schauen. Auf entzückenden Pfaden spaziert der Wandersmann hier rund 35 Kilometer von Altenahr nach Bodendorf. Dabei kann er die vielen Weinorte an der Wegstrecke mit einem direkten Abstieg besuchen und – na, raten Sie! – genau: ein leckeres Glas Rotwein trinken.
Ja, und in dem Fall kann so ein Weg doch gar nicht lang genug sein, gell?

Kleiner, aber wichtiger Hinweis zum besseren Verständnis: Jedes der von Anneliese beschriebenen Weingüter lässt sich selbstverständlich auch mit dem Automobil anfahren!

Das Wichtigste am Ahrtal sind natürlich die Weinfeste! Klar, wenn man das Zeug schon anbaut, will man's auch gehörig feiern. An Pfingsten geht's los mit den Traubenpartys, bald eröffnet der Weinmarkt die Saison, im Sommer folgen ländliche und historische Weinfeste – also, ich beklag' mich nicht, liebe Weinfreunde! In Heimersheim gibt's dazu mittelalterliche Gaukeleien und Ritterkämpfe (damit die Kinder abgelenkt sind und die Eltern nicht beim Probieren stören, hehehe).

Der Höhepunkt der Feierei ist aber das Ahrweiler Winzerfest im September. Ich weiß, ich weiß, liebe Bachemer: *Ihr* seid's der Meinung, eure Feier »Kunst und Wein« ist die größte Gaudi im Ahrtal. Mir ist das ganz und gar wurscht. Hauptsache, man kann sich gepflegt und ohne Reue wegledern. Und ich kann euch mit großem Stolz berichten, dass mir das durch und durch gelungen ist – sowohl in Bachem als auch in Ahrweiler. Und selbstredend nicht minder gern in Heimersheim.

Ach ja, Feuerwerke gibt's am End auch haufenweise. Vorschlag: Packt's alle zusammen und nennt's das Fest: »Ahr in Flammen«! Das hat schon ganz woanders prächtig funktioniert.

Die beliebtesten Nachbarn auf dem Kirchweihfest in Sulzbach-Rosenberg.

Nachdem wir gefühlt auf sämtlichen Weinfesten mitgefeiert haben, die das Ahrtal zu bieten hat, und der Wolfgang den Kofferraum vollgestopft hat mit Wein, Käse und hausgemachten Würsten, fahren wir weiter nach Bad Neuenahr-Ahrweiler, wo wir im *Steigenberger* einchecken. An der Rezeption bringt Wolfgang natürlich wieder seinen Standardgag: »Mensch, ich wollte schon immer mal ins Absteigenberger!« und erntet dafür von der Empfangschefin – wie die vergangenen fünfzehn Male auch – ein mitleidiges Lächeln.

Gewissensfrage: Kann man nach Bad Neuenahr-Ahrweiler fahren, ohne in die wunderschöne Spielbank zu gehen? Eigentlich nicht! Aber ihr könnt's euch denken: Jetzt ist euer verrückter Wolfgang in der Zwickmühle. Natürlich würde ich sofort ein paar Kugeln am Roulettetisch rollen lassen, aber nach den schlechten Erfahrungen mit der gefährlichen Kombination Anneliese plus Glücksspiel kann ich unmöglich mit meiner Gattin ins Casino. Das Problem: die ~~alte Gewitterhexe~~ selbstbewusste Anneliese lässt sich nicht so einfach abschütteln. Dabei hatte ich mich an der Rezeption heimlich nach einem originellen Alternativprogramm für Anneliese erkundigt. Aber weder der Dahliengarten noch der Aussichtspunkt »Bunte Kuh« können ihr Interesse wecken. Und da heut im Ersten kein Film mit Hansi Hinterseer läuft (da könnt sie niemals widerstehen), sieht's ganz danach aus, als müsste ich mit dem Fuchs in den Hühnerstall.

Die legendäre Spielbank in Bad Neuenahr ist sowohl von der Stimmung als auch von der Atmosphäre her etwas ganz Besonderes!

Das ist in diesem Fall dasselbe, Anneliese.

Heißt es nicht „das Gleiche"?

Nein.

Schade.

In diesem schönen Casino wird schon seit 1948 gezockt, gewonnen und verloren. Seit 1948! Da haben die Trümmerfrauen wohl zuerst in Bad Neuenahr mit dem Aufräumen angefangen. Dann noch fix mit'm Staubwedel drüber, und schon sah es aus wie »Belle Epoche«! Mei, wenn's ums Amüsemang geht, da sind wir Deutschen besonders gründlich, gell?

Jedenfalls ist die Spielbank genau das richtige Gegenprogramm, wenn man vom Fasten und Kuren mal die Nase voll hat, liebe Leser. Oder so wie ich, einfach gerne mal Schetons und Pokerkarten zwischen den Fingern spürt. Deswegen sind wir auch gleich in die erste Etage, ins »Classic Casino«, wo die Leut französisches und amerikanisches Roulette, Black Scheck oder Poker spielen. Diese Las-Vegas-Ecken mit den vielen Automaten und einarmigen Banditen sind nicht so meine Welt.

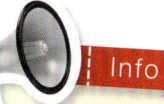 Info

Die Stadt Bad Neuenahr-Ahrweiler

ist ein berühmtes Heilbad am Fluss Ahr mit einem charmantem Kurviertel, einem Badehaus, einer Spielbank und herrlichen Parkanlagen mit altem Baumbestand. Seit dem Zusammenschluss 1969 ist Bad Neuenahr-Ahrweiler eine Stadt mit zwei Zentren: Bad Neuenahr (u.a. mit der Apollinarisquelle) ist der jüngere Stadtteil und gilt als bes. elegant. Ahrweiler liegt innerhalb eines mittelalterlichen Mauerrings und gilt als bes. romantisch.

(Beides gilt als Ansichtssache.)

Zahlen und Fakten: rund 28.000 Einwohner.
(Insider vermuten darunter ca. 23 000 Spielsüchtige und ca. 5 000 Suchttherapeuten.)

Vier gut erhaltene mittelalterliche Stadttore.
Von drei mittelalterlichen Wohntürmen sind nur noch zwei erhalten, von sieben mittelalterlichen Adelshöfen ebenfalls nur zwei.
Höchster Berg: »Häuschen« mit 506 m ü. NN.
(Höchstes Haus: „Bergchen" mit 5,06 m ü. NN! — Spaß muss sein, gell?)
(Dummes Vorurteil: „Hierher kommen doch nur Senioren, Kurgäste oder reiche Tanten, die bei Alfredo Pauly bunte Pelze kaufen!")
(Zutreffendes Vorurteil: „Hierher kommen doch nur Senioren, Kurgäste oder reiche Tanten, die bei Alfredo Pauly bunte Pelze kaufen!")

*Apropos „einarmiger Bandit": Wir müssen dem Jürgen Fantasy noch
unsere unterschriebenen Honorarverträge für die aktuelle
CD zurückfaxen, Wolfgang.*

*Jetzt mach den Jürgen nicht immer vor den Lesern so
schlecht. Der Jürgen ist ein durch und durch ehrlicher
Geschäftsmann. Und wegen der Verträge: Er hat gesagt,
wir brauchen die nicht mehr faxen. Er hat das mit unseren
Unterschriften wohl irgendwie selbst gemacht.*

Bei diesen Automatenhallen, da werden bei mir sofort wieder Erinnerungen
an unsere *Ramba-Zamba-Las-Vegas-Tournee* wach, auf der wir 2001 zusammen
mit den Klöthentaler Bimmelbuam, Norbert & Sue, dem Semino Rossi und dem
Ziegenschlitzer-Schorsch waren. Damals sollten wir in einigen Casinos auftreten,
für deutsche Touristen und amerikanische Fans. Leider hat unser damaliger Tour-
neemanager, der Thorsten Kluth (der der Schwager vom Jürgen Fantasy ist), die
gesamte Kasse an so einem einarmigen Banditen durchgebracht. Mei, ist auch
schon wieder ein paar Jährchen her. Keine Ahnung, was aus dem geworden
ist. Zuletzt war er Hauptdarsteller in so einer dokumentarischen Soap Opera
auf RTL oder VOX. Da war er schon zur Frau umoperiert und wollte mit einem
anderen Transsexuellen nach Australien auswandern, um dort eine fanatische
Sekte übergewichtiger Motorradfahrer zu gründen. Ob ihm das gelungen ist,
weiß ich aber nicht.

Pik-Flöte und Herzdame kurz vor dem »All in!«

So, liebe Deutschlandkenner, der Wolfgang übernimmt mal wieder das Ruder. So eine zünftige Pokerpartie kann eine Frau ja gar nicht richtig beschreiben. Ich sag immer: »Ein richtiges Spiel ist voller Ernst!« Und unsere Pokerrunde, das war nicht nur Ernst – das war Krieg. Ich fass euch mal die vier Stunden an Tisch 3 zusammen: Der Wolfgang und die Anneliese steigen mit gutgelaunten 150 Euro ein. Während der Wolfgang spielt, vermehrt er das Geld auf stolze 800 Euro. Nach drei Stunden und 47 Minuten muss er aber auf Toilette!!! Ich nehme also meine Frau beiseite und beschwöre sie, dass sie in meiner Abwesenheit nichts setzt. Was sie mir beim Leben ihrer Mutter verspricht – was auch immer das wert ist. Leider mache ich den Fehler und vertraue ihr. Als ich keine drei Minuten später wiederkomme, sehe ich nur noch, wie Anneliese gerade ihre Ohrringe auf den Tisch schmeißt und: »All in!« ruft. Und diese Ohrringe, liebe Schlagerfreunde, die waren ein Hochzeitsgeschenk meiner lieben Mutter an die Anneliese. Ist das zu fassen?

> *So a Schmarrn. Du hast nach der Hochzeit selbst zugegeben, dass du die Ohrringe gekauft und deine Mutter überredet hast, so zu tun, als wären sie von ihr.*

> Na und? Ich musste dich ja auch überreden, sie anzunehmen! Trotzdem verspielt man so ein persönliches Geschenk nicht beim Pokern. Vor allem nicht, wenn man nur zwei Achten auf der Hand hat.

Wir sind dann noch am gleichen Abend *(... am selben!!!)* (Halt die Gosch'n!) aus dem *Steigenberger* ausgecheckt und in einer kleinen Pension in der Nähe untergekommen. Die hieß »Zur Reblaus« oder so ähnlich. Jedenfalls kamen Läuse drin vor ...

> Danke noch mal, Sigrid und Stefania, dass ihr das mit der Bargeldanweisung nachts noch so schnell hingekriegt habt, so was vergisst der Kecki nicht – Stichwort:
>
> Weihnachtsgeld!

Anneliese schreibt

Ohne Ohrringe über Königswinter nach Bonn

Während Wolfgang neben mir schmollend durch die Windschutzscheibe starrt – er ist immer noch beleidigt wegen der hässlichen Ohrringe – schlage ich ein paar interessante Informationen über die nächste Etappe unserer Tour nach: das Siebengebirge!

Wenn ich alles, was hässlich ist, direkt wegschmeißen würde, Anneliese, dann ...

Überleg dir genau, was du jetzt schreibst, mein Lieber!

Trotzdem verspielt man keine Geschenke!

Herrgottsakra, wie oft soll ich mich noch dafür entschuldigen!

Das überleg ich mir noch.

Das war rhetorisch gemeint.

Ach so.

Egal, wo wir hinkommen – die Menschen freuen sich!

Das Siebengebirge verdankt seinen Namen übrigens *nicht* den sieben Haupt-hügeln des Siebengebirges! Auch wenn's alle glauben. In Wahrheit rührt der Begriff *Siebengebirge* vom ripuarischen Wort »Siefen« her, das ein feuchtes Bachtal bezeichnet. Jedenfalls scheint mir das von den ganzen Herkunftsdeu-tungen am wahrscheinlichsten.

So, jetzt aber eine Frage an alle: Was hat der berühmte deutsche Schriftsteller Heinrich Heine mit dem Siebengebirge zu tun?

> Ich rate mal: Den berühmten Schriftsteller Heinrich Heine hat das mit dem peruanischen Wort „Siefen" genauso wenig interessiert wie mich?! Richtig?
>
> *Falsch! Und es heißt „ripuarisch"!*

Ich verrat's Ihnen, liebe Kulturfreunde: Der Heinrich Heine war im Oktober 1819 mit ein paar Studentenfreunden genau da, wo ich mit dem ungebildeten Wolfgang jetzt hin möchte: Auf dem Drachenfels, ganz oben auf dem Berg! Und was hat er sich da geholt, der Heinrich? Einen Schnupfen. So steht's jedenfalls in einem Gedicht, das er nach dem Ausflug damals geschrieben hat:

Sieh nun, mein Freund, so eine Nacht durchwacht ich
Auf hohem Drachenfels, doch leider bracht ich
Den Schnupfen und den Husten mit nach Hause.

Schon wieder eine Burgruine – und dann noch eine mit Zugluft! Warum mussten die ihre doofen Burgen eigentlich alle immer oben auf Bergen bauen?

> *Weil sie dann nicht so leicht von Angreifern eingenommen werden konnten!*
>
> Ah, ja? Und warum sind's dann alles Ruinen? Offensichtlich wurden sie ja doch amal zerstört! Ahaaa! Punkt für den Wolfgang, gell?
>
> *Weißt, des ist mir zu bleed, darauf zu antworten.*

Info

Der Drachenfels

ist eine Burgruine auf dem gleichnamigen Berg im Siebengebirge, nahe Königswinter. Der Bau der Burg wurde 1138 vom Kölner Erzbischof Arnold I. begonnen und 1167 fertiggestellt.

(Immer noch schneller als die Baustelle auf der A9!)

1634 wurde die Burg beschädigt und nicht wieder aufgebaut.

(Vielleicht fehlten dazu die Steine – siehe unten!)

(Schmarrn, die wurde angegriffen – siehe oben!)

Der Stein: Die Burg und die Bergkuppe bestehen aus Trachytgestein. Davon verkauften die Burgherren auch einen Teil an die Kölner Dombauer.

Der Aufstieg: Von Königswinter aus benötigt der durchschnittliche Wanderer zwischen einer halben und ganzen Stunde für den Aufstieg.

(Übergewichtige Oberpfalzer brauchen dagegen 1 Stunde und 23 Minuten, die zahlreichen Verschnaufpausen nicht mitgerechnet.)

Die Esel: Man kann den Weg auch per Zahnradbahn zurücklegen oder auf dem Rücken von Eseln (nur für Kinder). Diese bekannten »Esel vom Drachenfels« wurden in früheren Zeiten für den Transport der Steine aus dem Drachenfels-Bruch benutzt oder auch als Arbeitstiere beim Weinanbau.

E in kleiner, schöner Spaziergang vom herrlichen Rheinufer in Königswinter aus hinauf auf den Drachenfels – das tut dem Funzfichler-Fass mal ganz gut. Ich bin richtig froh, als der Mann am Verleih sich weigert, dem Wolfgang einen der Esel zu vermieten, weil er zu fett ist (der Wolfgang, nicht der Esel). Und mit der Drachenfelsbahn will er nicht fahren, weil die immer »verstopft ist mit alten fetten Tanten« (Zitat Wolfgang) und außerdem gerade ein Grippe-Virus grassiert, dessen »Wirtstiere« natürlich genau solche älteren dicken Frauen seien. Sein nächster Versuch, sich zu drücken, besteht einmal mehr aus dem Vorschlag, dass ich ja auch alleine zum Drachenfels wandern könnte und er so lange unten auf mich wartet. Als ich erwidere, dass er, wenn er nur bei der Hälfte der Ausflugsziele dabei ist, auch nur die Hälfte des ihm ursprünglich zugedachten Autorenhonorars bekommt, gibt er schließlich klein bei – und der lebende Doppelzentner beginnt endlich damit, sich den Berg hinaufzuschleppen. Auf dem Weg nach oben begegnen wir einmal mehr alten Bekannten.

J a, Kruzitürken nochmal. Nicht genug damit, dass mich die Anneliese schon wieder auf irgendeine scheußliche Burgruine scheuchen möchte – zu allem Unglück kann man auch nicht mit der ollen Zahnradbahn fahren. Am Bahnhof steht eine Horde wilder alter Weiber, von denen ich um nichts in der Welt erkannt werden möchte.

Oben: Wolfgang sucht sieben Berge.
Unten: Mei, des is a Schloss, die Drachenburg!

Außerdem quetscht sich diese nach alten Erfrischungstüchern riechende Meute bereits in die gerade ankommende Bahn und verstopft sie restlos. Da hätte ein höflich wartender Fahrgast wie ich ohnehin keine Chance auf einen Sitzplatz. Also schlage ich vor, dass ich unten auf die Anneliese warte, während sie ihre geliebten Ruinen besichtigt. Einmal mehr treffen zwei Ruinen aufeinander, hehe …

> Dafür fangst du dir eine, Wolfgang Funzfichler.
>
> Anneliese, spinnst du? Du kannst doch nicht wirklich zuschlagen!
>
> Ich kann und ich hab. Denk mal drüber nach!

Aber es kommt noch schlimmer, liebe Schlagerfreunde. Nachdem Anneliese mich zur Besteigung genötigt hat (ist nicht das erste Mal, hehehe), begegnen wir auf halbem Weg schon wieder den gottverfluchten Nibelungen! Und Anneliese macht auch noch einen *Geheimfunz* daraus …

Angst vor Gewitter haben wir nicht. Es wär bloß schad um die Frisuren, gell?

Geheimfunz

Auf halbem Weg zum Drachenfels
kreuzt man die **Nibelungenhalle** – einen steinernen
Tempel, in dessen Innerem Gemälde von Hermann
Hendrich zur Nibelungensage bzw. zu Richard
Wagners »Der Ring der Nibelungen« und »Parsifal«
gezeigt werden. Außerdem gehört eine »Drachen-
höhle« und ein Reptilienzoo zum Komplex!
(In der Drachenhöhle ist die
Anneliese genau richtig!)
Der späte Jugendstilbau (Idee: Hermann Hendrich,
Architekten: Hans Meier und Werner Behrendt)
ist im Jahre 1913 zum 100. Geburtstag Richard
Wagners *(Der Erfinder der Pizza?) (Nein, der Kom-*
ponist!) eröffnet worden. In den Dreißigern kam die
»Drachenhöhle« hinzu, 1958 der Zoo.

Die Drachenhöhle: Ein schummriger Gang führt zu
einem grünlichen Weiher, an dem ein 13 m langer
steinerner Drache liegt. Er stellt das Untier dar, das
der Sage nach von Siegfried getötet wurde. Durch
das Bad im Drachenblut wurde der Held unverwundbar – bis auf eine kleine Stelle, auf die ein folgenrei-
ches Lindenblatt gefallen war ...

(Wieso Lindenblatt? Ich denk, der hat sich ein
Feigenblatt vor den Schniedel gehalten?)
(Nein, Wolfgang. Wen du meinst, war der Adam
von Adam und Eva. Bei Siegfried war es
ein Lindenblatt. Und das hat verhindert,
dass eine kleine Stelle an der Schulter in
Drachenblut getaucht und damit unverwundbar
wurde. Und nicht der Schniedel.)
(Laaangweilig!)

Im Reptilienzoo werden in über vierzig Terrarien
lebende Tiere aus Nord- und Südamerika, Australien, Indien, Indonesien, Afrika, Madagaskar, Papua
Neuguinea und den Salomonen gezeigt. Darunter
Kaimane, Echsen, Krokodile, Schlangen, Skorpione
– und die beiden Prachtexemplare von Alligatoren
namens »Heinrich und Alice«.
Übrigens hört der Besucher auf seinem Weg durch
die Halle passende Musik aus Wagners »Ring der
Nibelungen«!
(Dem Besucher bleibt also nichts erspart ...)

Wo?
Drachenfelsstraße 107
53639 Königswinter

Als wir oben am Drachenfels ankommen und der Himmel etwas zuzieht,
hat Wolfgang plötzlich Angst, dass ein Gewitter kommen und der Blitz
einschlagen könnte: »Guck dir mal an, was für veraltete Blitzableiter die hier
haben!«, hat er gemeint, aber ein Getränkeverkäufer erklärt ihm dann, dass die
beiden Stäbe auf dem höchsten Punkt vom Drachenfels keine Blitzableiter sind,
sondern Antennen! Ja, da heroben hat's eine sogenannte Relaisfunkstelle der
Funkamateure. Und das findet der Wolfgang dann plötzlich auch interessant,

weil er in den 70er Jahren nämlich eine Zeitlang selbst mal eine CB-Funk-Anlage hatte. »India Charly« war damals sein Funkername, denn kein Funker benutzt seinen richtigen Namen, sondern immer einen Kosenamen, einen sogenannten »Skip«. Fragen Sie mich nicht, warum, aber diese CB-Funk-Spinner haben eine komplette eigene Sprache. Jedenfalls hat die Funkaktivität von »India Charly« relativ bald nur noch daraus bestanden, dass er mit seinem Kumpel Reinhold (Funkname »Bilitis«) mit etlichen »Braunschen Röhren« (Funksprache für Bier-flaschen) vor seiner »Breake« (sprich: *Breeke* – so nannten sie ein CB-Funkgerät) saß und minutenlang die Sprechtaste drückte, ohne was zu sagen. Und das fanden sie dann witzig. Wie zwei dumme Rotzbengel.

Einer unserer pfiffigsten Späße als Funkamateure war's damals, einen sogenannten »Träger« zu machen. Da hat man einfach minutenlang die Sprechtaste gedrückt und damit die komplette Frequenz blockiert. Hahaha, was a Gaudi! Und wenn's dann die Taste wieder losgelassen hast, haben sich die ganzen dicken Trucker, die in der Gegend unterwegs waren, unsagbar drüber aufgeregt: »Scho wieder a hundsmiserabliger Träger auf'm *QRG*. Mach die 99, oder wir klemmen dir deinen Spargel ab!« (Übersetzt hieß das: »Wieder ein Störer auf der Frequenz, verschwinde, oder wir klemmen dir die Antenne ab!«) Wunderbar! Da muss ich heut noch lachen, wenn ich daran denke. Müsste die alte Breake eigentlich noch haben. Obacht, liebe Freunde – vielleicht ist »India Charly« demnächst wieder auf Sendung!

Bitte nicht! Bitte, bitte, bitte!

Eine einstündige Fachsimpelei mit dem Kioskverkäufer über den CB-Funk-Slang der 70er Jahre geht bei Wolfgang nahtlos in wehleidiges Jammern über, dass er nicht mehr laufen kann, weil ihm die Füße so weh tun. Schließlich bekommt er seinen Willen, und der Getränkeverkäufer fährt uns mit seinem Wagen um die Ecke zur nächsten Sehenswürdigkeit. Und jetzt passen S' bitte auf, damit Sie die Sachen nicht verwechseln: Denn einen Hügel weiter liegt die Drachen*burg. Burg*, nicht Burgruine! Bu*rrr*g (ich rolle das R extra für Sie, damit

Sie sich den Unterschied besser merken können). Mei, und die Drachenburg, die ist alles andere als eine Ruine, die ist ein richtiges Märchenschloss.

> Und das Beste: Unterhalb von der kitschigen Hütte ist ein Restaurant, in dem es einen Flammkuchen zum Niederknien gibt. Also: Nehmt's lieber gleich das Auto zur Drachenburg – und dann haut's kräftig rein, liebe Wanderfreunde!

Das Schloss Drachenburg ist damals in Rekordzeit gebaut worden. Zwischen 1882 und 1884 hat der Baron Stephan von Sarter dieses Anwesen errichten lassen. Der hatte als Börsenspekulant und Bankier auch genug Geld an den Füßen, das können S' mir glauben. Seltsam nur, dass er nie selbst im Schloss gewohnt hat. Na ja, vielleicht war's ja damals schon so eine Art Steuersparmodell. Das hat uns der Herr Büschel von der Vermögensberatung in Sulzbach-Rosenberg auch mal nahegelegt: Haus kaufen, Mieter rein und den Rest des Lebens alles schön beim Fiskus absetzen. Aber wir haben unser Sparkonto dann leider auf unserer *Swinging-Safari-Tour* 1999 im Spielcasino von Monte Carlo … ach, vergessen S'! Schmarrn aus alten Zeiten, ich vergaloppier mich wieder.

> „Wir?" Ich hab das Casino von Monte Carlo noch nie von innen gesehen! An dem Abend war ich mit dem Jürgen Fantasy im heißesten … is ja egal jetzt. Deswegen war unser Geld also plötzlich weg!

> So hat halt jeder sein Laster. Bei meinem kann man sich wenigstens nicht anstecken!

Die Drachenburg hatte jedenfalls seit dem Baron von Sarter noch etliche Besitzer, dabei wurd's mal für Touristen genutzt, dann als Genesungsheim oder als Internatsschule. Heutzutage haben die NRW-Stiftung Naturschutz, Heimat- und Kulturpflege mit dem Land Nordrhein-Westfalen und der Stadt Königswinter den frisch renovierten Kasten gut im Griff. Demnächst soll sogar wieder der Bauherr selbst, der Baron, seine Besucher durchs Schloss führen.

> Was, wie denn das?

Natürlich nur in einem Film, aber immerhin.

> Ach so …

Unser netter Getränkeverkäufer, der Ralf, hat uns dann noch erzählt, dass die Drachenburg in den 60er Jahren mal richtig verfallen war und sogar Obdachlose drin gewohnt haben.

> Sind's dann denn überhaupt noch Obdachlose? Wenn s' in einem Schloss wohnen?

Wissen S', wie das Schloss damals genannt wurde? »Hascher-Hochburg«! Mei, das waren wilde Zeiten, die 60er Jahre.

Meine erste WG in Schwabing hieß übrigens fast genauso: „Haserl-Hochburg", hehehe!

1971 hat dann der Herr Paul Spinat das Schloss gerettet. Und das muss laut dem Ralf ein ganz verrückter Kerl gewesen sein. Der ist in einem goldenen Rolls Royce durchs Siebengebirge gekurvt und hat in der Drachenburg Orgelkonzerte gegeben – allerdings war die Orgel eine Attrappe und die Musik kam vom Band. Bei dem Paul Spinat, da war sogar der Andy Warhol zu Besuch!

Stellt's euch amal vor, der freundliche Herr Spinat hätt eine Frau namens Helga Wachtel geheiratet, die auf einem Doppelnamen besteht, muhuhohaaaa!

Nach dem leckeren Flammkuchen unterhalb der Drachenburg (3 Sterne im soeben erfundenen Funzfichler-Restaurant-Führer) hatte ich einen richtigen Duascht auf ein schönes Frischgezapftes! Deswegen legen wir einen Stopp im kleinen Oberdollendorf ein. Im Biergarten dort war zum Glück noch ein Platzerl frei, und nachdem ich einen aufdringlichen Hahn davon abhalten konnte, mein Knie zu begatten, bekommen wir auch tatsächlich ein leckeres Helles. Ich muss Kraft tanken für die ehemalige Bundeshauptstadt! Auffi geht's nach Bonn.

Nur keine Angst: Vom Thema Politik lassen wir die Finger, das interessiert die wahren Fans von Wolfgang & Anneliese nämlich nicht die Bohne – es sei denn, die feinen Herren in Berlin sind so dreist und führen eines Tages eine Schlagersteuer ein. Dann könnt's ihr euch aber nicht nur auf einen zweiten Deutschen Herbst einrichten, dann gibt's an Deutschen Winter obendrein, das versprech ich euch, ihr Hansels da in Berlin! Dann stehen die Anneliese und ich zusammen mit unseren Freunden Norbert & Sue, dem Tony Marshall, dem Tom Astor, der dicken Joy Fleming, den Flippers, dem G. G. Anderson, der Andrea Berg (in ihrem rattenscharfen Lederzeugs), dem Howie, dem guten Gunther Emmerlich, und wie sie alle heißen, vor dem Reichstag und singen so lange »Fiesta Mexicana«, bis euch das Blut aus den Ohren läuft. Und dann überlegt's ihr euch das zweimal mit der Schlagersteuer. Den Rex Gildo habt's ihr schon fertig gemacht mit eurer damischen Politik, aber jetzt ist Schluss!

Wolfgang, jetzt reg dich nicht so auf, die Schlagersteuer gibt es doch gar nicht!

Ja, noch nicht. Aber denk dran, was mit dem Rex Gildo passiert ist.

Herrgott, der Rex Gildo ist damals aus dem Fenster gefallen, Wolfgang. Das war ein tragischer Unfall.

Jahaaa. Das ist das, was wir glauben sollen, Anneliese. Mein Gott, manchmal bist du so naiv!

Ach, du spinnst doch.

Am späten Nachmittag erreichen wir frisch gestärkt unsere ehemalige Bundeshauptstadt, der wir einen rundum gelungenen Kompaktbesuch abstatten. Hier sind die *Crashtipps*, die der Wolfgang und ich für Sie rausgesucht haben. Viel Spaß!

- Im Biergarten »Alter Zoll« einen Kaffee trinken!
  (Oder — wie der Name schon sagt: ein Bier!
  Jedenfalls, geht's da hin — überall hübsche Studentinnen!)

- Im Brauhaus »Bönnsch« ein Bier trinken!
  (Lustig — keine hübschen Studentinnen, aber krumme Gläser!)

- Den Prachtbau der Universität anschauen!
  (Wahnsinn — die hübschesten Studentinnen NRWs!)

- Im Hofgarten vor der Uni mit Blick aufs
  Akademische Kunstmuseum Rast machen!
  (Spannend — überall hübsche Studentinnen und Drogendealer oder
  hübsche Drogendealer oder drogendealende hübsche Studentinnen!)

- Am Rhein entlang bis in die Rheinauen,
  dem ehemaligen Bundesgartenschaugelände, spazieren!
  (Prima — Bier trinken und hübsche Studentinnen anschauen!)

- Im Sommer auf der Museums-Meile ein Rockkonzert besuchen.
  (Auch prima — hübsche Studentinnen UND Bier trinken!)

- Beethoven-Haus, Rathaus und ehemaliges
  Regierungsviertel besichtigen!
  (Laaangweilig!)

Nach Bonn müssen wir natürlich noch kurz die Karnevalshochburg Köln besuchen. Köln ist im Prinzip wie Bonn, nur wirkt Köln sehr viel hässlicher. Das könnte aber daran liegen, dass im zweiten Weltkrieg 90% der Kölner Innenstadt zerbombt wurden (die Stadt liegt etwas unglücklich auf der Luftachse London-Berlin), und beim Wiederaufbau ging's dann wohl erst mal eher darum, dass alles funktionierte – weniger, dass es auch noch gut aussah.

Wie bei dir, Anneliese, hehehe. Komm, den musste ich machen!

In einem Kiosk kaufe ich einen kleinen Bildband über Köln (runtergesetzt von 19,90 auf 4,95 Euro – scheint ein Ladenhüter gewesen zu sein) und schaue mir Luftbilder von kurz nach dem Krieg an. Wenn man diese Bilder sieht, hat man den Eindruck, der Kölner Dom war so ziemlich das einzige Gebäude, das die Alliierten damals nicht kaputtgebombt haben. Da muss wohl der liebe Gott seine schützende Hand drübergehalten haben.

Über des ein oder andere Brauhaus hätt er seine Hand ruhig auch mal halten können. Meine Meinung.

Wenn man schon mal in Köln ist, dann will man natürlich auch rauf auf den Dom. Erwartungsgemäß weigert sich Wolfgang. Diesmal allerdings nicht nur aus den Ihnen bekannten Gründen (Übergewicht, Faulheit, Desinteresse), sondern auch, weil Wolfgang seit Jahren unter Höhenangst leidet, was er allerdings ums Verrecken nicht zugibt.

So ein Blödsinn, ich hab keine Höhenangst!

Homosexuelle Studenten-WGs sind in Köln eine Selbstverständlichkeit.

Da ich aber weiß, wie sehr ihn das belastet, gehe ich diesmal allein. Den Kölner Dom besteigt man über eine enge Treppe, die sich in einem der beiden Türme spiralenartig nach oben windet. Das Problem ist, dass diese Treppe sowohl für den Auf- als auch den Abstieg genutzt wird. Das geht solange gut, wie sich auf der Treppe normal gebaute Menschen entgegenkommen. Als ich ungefähr ein Drittel der 533 Stufen erklommen habe, geht es aber plötzlich nicht weiter.

Ein paar Treppenwindungen weiter oben höre ich aufgeregtes Stimmengewirr. Es dauert gut eine halbe Stunde, bis der Grund für den menschlichen Stau in unser Blickfeld kommt – und zwar in Form einer ca. 40-jährigen Mexikanerin, die die komplette Breite der Treppe ausfüllt. Sie steckt in einem bunten mexikanischen Rock, plappert unaufhörlich spanische Gebete vor sich hin und schwitzt schlimmer als der Dirk Bach im Fledermauskostüm.
Nacheinander müssen die Menschen sich einzeln an der dicken Frau vorbeiquetschen, was nur an denjenigen Stellen des Treppenhauses funktioniert, an denen Fensternischen in die Wand eingelassen sind. Und selbst dann ist die Aktion nur unter größten Anstrengungen und mit sehr viel Körperkontakt möglich. Endlich bin ich an der Reihe. Als sich unsere Gesichter unmittelbar gegenüber befinden,

Berühmt für die beeindruckenden Glocken: Anneliese und der Kölner Dom.

starrt sie mich mit ängstlichen und überraschten Augen an – grad so, als stünde sie der Jungfrau Maria persönlich gegenüber. Und dann flüstert sie mir ein Wort ins Ohr ... nur einmal und ganz leise, aber so deutlich, dass es keinen Zweifel gibt: »Divorcio!«

Nachdem ich sie fragend anblicke, nickt sie bloß mütterlich und gibt mir einen zärtlichen Kuss auf die Stirn. Dann schiebt sie sich weiter, und wir sind aneinander vorbei.

Zehn Minuten später bin ich oben auf der Domplattform und genieße den Blick über Köln. Jetzt verstehe ich auch, warum die füllige Mexikanerin den beschwerlichen Aufstieg auf sich genommen hat: Hier oben auf dem Dom hat man wirklich das Gefühl, seinem Schöpfer a bisserl näher zu sein. Ich entdecke ein Münzfernglas und mache mir den Spaß, den Wolfgang unten am Boden zu beobachten. Durch das Fernglas sehe ich, wie Wolfgang sich angeregt mit einer jungen Frau in einem bauchfreien Top unterhält, während er die Hände hinter dem Rücken verschränkt hat und heimlich seinen Ehering vom Finger dreht. »Divorcio ...«, hallt eine mexikanische Stimme in meinem Kopf wider.

> Anneliese, das mit dem Ring hab ich nur gemacht, um ihn der scharfen Tante zu zeigen! Damit die mich in Ruhe lässt!
>
> Ach sooo, Wolfgang, natürlich!
>
> Aber erinner' mich doch bitte dran, dass ich irgendwann amal nachschlag, was die dicke Mexikanerin eigentlich mit diesem „Divorcio" meinte!
>
> Das werde ich tun, Wolfgang, kannst dich drauf verlassen!
>
> Dank Dir!

Wir verlassen die rheinischen Jecken (aufpassen: in Köln sagt man zur Karnevalszeit »Alaaf«, nicht »Helau!«) und fahren erst mal in Richtung Osten.

> Ach, du meine Güte ...

Tour 6
Rhein-Berg-Märchen-Route

Lindlar, Bad Pyrmont, Steinhuder Meer

Nord

W + O

S

Niedersachsen

Nordrhein-Westfalen

Bielefeld

Münster

Niederlande 54 km

Bottroper Tetraeder

Ruhrgebiet

Wolfgang rettet den Planeten

Graf Berg

START

Lindlar

Köln

Siebengebirge 19 km

Siebengebirge

176

Braunschweig

Bad Pyrmont

*Anneliese weiß wo's langgeht:
links!*

Göttingen

Kassel

Hessen

Anneliese schreibt

Wo die Wälder noch rauschen

Liebe Leser, so langsam ist es an der Zeit, einmal kurz zu verschnaufen. Wir sind schließlich schon ganz schön rumgekommen, und zwar bis ungefähr in die Mitte unseres herrlichen Landes. Oder besser gesagt: die äußerste Mitte links.

Unter uns Männern und CB-Funkern — sie meint: im Westen.

Uns hat's dabei aus dem herrlichen Bayern mit seinen imposanten Bergen, herrlichen Seen und prachtvollen Menschen weit ins andere Deutschland verschlagen, ins Land der Nicht-Bayern. Und was soll ich sagen? Es ist insgesamt gesehen eine wirklich wunderbare Erfahrung. Ich weiß bloß nicht, ob das all die lieben Menschen, die unsere Wege gekreuzt haben, umgekehrt auch so sehen. Schließlich war der Wolfgang immer mit dabei – und leider nur selten zu überhören und zu übersehen.

Aber wissen S' was, liebe Leser? Ich mag mich nicht dauernd für ihn entschuldigen. Wir Bayern mögen's halt gelegentlich a bisserl deftiger. Dafür schätzt und liebt man uns ja auch. Wie sagt meine Mutter immer: »Wer den Bayern nicht liebt, hat's mi'm Herrgott versiebt.«

Ich persönlich habe mich jedenfalls entschlossen, das Leben an der Seite von Wolfgang ab heut mit noch mehr Humor zu nehmen. Was bleibt mir auch anderes übrig. Aber sei's drum: Mit frischem Spaß (und neuem Mut) möchte ich also nun an der Seite meines verrückten Wolfgang das Bergische Land erobern. Und wir beginnen den Feldzug auf einem ebensolchen – dem Acker im Freilichtmuseum Lindlar!

Der Herr der Ringe

Wolfgang verfährt sich gerne noch ganz altmodisch nach Straßenkarte.

Wolfgang schreibt

Wohlgemut rauf auf'n bergischen Acker

Die Anneliese hat euch ja schon verraten, dass das Siebengebirge nicht wegen seiner sieben Berge so heißt. Aber jetzt setz ich noch einen drauf, Freunde! Das Bergische Land heißt auch nicht Bergisches Land, weil's so bergig ist, sondern wegen der Grafen von Berg! Ganz genau. Bis 1815 war nämlich der ganze Landstrich das Großherzogtum Berg. Wieder was vom Kecki gelernt, gell?

Beziehungsweise von der Anneliese, die es dem Kecki erklärt hat.

Rund 25 Kilometer östlich von Köln geht's runter von der A4 und mitten durch Örtchen mit klingenden Namen wie Immekeppel hinein ins Bergische Land, in dem ich hoff, auf eine der berühmten Bergischen Kaffeetafeln zu stoßen. Mmmhhh.

Geht's mir weg mit den damischen Klettergärten!

Unser erstes Ziel im Bergischen Land ist Lindlar, eine Gemeinde an der Schnittstelle vom Rheinisch-Bergischen zum Oberbergischen. Da soll's nicht nur ein schönes Schlösschen geben, in dem die »Bergische Kaffeetafel« serviert wird (Wolfgang redet seit Köln von nichts anderem), sondern auch eine echte touristische Perle des Bergischen Landes: Ein Freilichtmuseum! Da hat sich sogar der Wolfgang ein bisschen drauf gefreut … bis er in den Reiseunterlagen auf folgenden Absatz gestoßen ist: »Und im Freilichtmuseum Lindlar gibt es neben einem Restaurant mit regionaler Küche und Biergarten auch einen HOCHSEILGARTEN!«

> Ja, Herrschaftszeiten,
> schon wieder so ein hundsmiserabliger Klettergarten!
> Wollt's ihr mich umbringen oder was?
> Sigrid, Stefania — entweder war das Absicht — dann
> habt's ihr eine Menge Wohlwollen meinerseits verspielt.
> Oder es war keine Absicht — dann war's schlampig
> organisiert.
>
> In beiden Fällen ist mir schleierhaft, wie ich da noch
> ever Weihnachtsgeld vor meiner Frau rechtfertigen soll.
> Und ihr wisst's fei scho, wer von uns beiden da den
> Daumen drauf hat …

Klettergarten hin oder her – das Freilichtmuseum in Lindlar ist wirklich einen Besuch wert. Da können S' sich anschauen, wie die Leut im Bergischen Land früher gelebt und gearbeitet haben. Im Museumsshop, auf dem Acker oder in Originalwerkstätten wie einer Seilerei oder einer Lumpenreißerei – Sie können S' sich direkt vor Ort in alte Zeiten entführen lassen …

> Noch besser wäre:
> Die Alte eine Zeit entführen lassen — und derweil im
> Biergarten eine anständige Halbe trinken — oder was
> immer die da im Rheinland anbieten!

Im Freilichtmuseum gibt's eine Menge zu schauen. Und eine Menge zu lernen. Selbst der Wolfgang weiß jetzt, was ein »Bessemsbenger« ist.

> Nee. Was denn? Hatten die das da erklärt?

Eines der seltenen Fotos von unseren lieben Freunden Norbert und Sue ohne Maske und Kostüm.

Ein Bessemsbenger

ist ein Lindlarer Besenbinder. Er ist die Symbolfigur Lindlars, zurückzuführen auf Zeiten, als die Bürger überwiegend in den örtlichen Steinbrüchen schufteten (Wandertipp: der sog. *Steinhauerpfad*).

(Ja, wenn die versucht haben, die Steine mit 'nem Besen aus dem Fels zu fegen, ist das kein Wunder, dass die geschuftet haben!)

In Not- und Winterzeiten hielten sich die Menschen mit anderen Arbeiten über Wasser, u.a. dem Besenbinden. Deshalb wurden seinerzeit Lindlarer in der Region oft allgemein »Bessemsbenger« gerufen.

(Ach so.)

Die Lindlarer Besen: Aus Rehheide oder Birke gefertigte Reiserbesen, die für ihre gute Verarbeitung bekannt waren.

(Ich hab direkt einen gekauft. Für die Anneliese, zum Reiten, hehehe.)

Der sog. Bessemsbenger Orden: Wird in der Gemeinde Lindlar an Personen verliehen, die sich in humorvoller Weise kulturell und sozial engagieren.

(Das heißt: Bisher wurde noch keiner verliehen! Hahaha, Spaß muss sein.)

Die Anneliese wollt ja mit mir noch ewig und drei Tage durch das Gelände latschen. Ihr könnt's euch denken, wie kurz meine Antwort darauf ausgefallen ist. Zum Glück hatt ich rechtzeitig einen Blick ins Veranstaltungsblatt geworfen. Und jetzt ratet's mal, was ich da entdeckt hab! Nein, *wen* ich da entdeckt hab!

Ich verrat's euch: den Norbert und die Sue, unsere alten Schlagerfreunde, mit denen wir quasi gerade noch in Karlsruhe auf der Bühne standen! Ja, ist des denn die Möglichkeit! Ich hab direkt die Sigrid, die Stefania und den Jürgen Fantasy angerufen, ob die da was gedeichselt haben, aber die wussten gar nicht, wovon ich spreche. Anscheinend ist es einfach nur ein riesiger Zufall! Tja, liebe Freunde, ich sag's ja immer wieder: Die Welt ist so klein – die passt glatt in den BH von der Stefanie Hertel.

Na ja, Wolfgang – sooo klein ist die Welt nun auch nicht.

Was für eine fröhliche Laune des Schicksals: Da haben unsere Freunde Norbert & Sue doch tatsächlich einen Auftritt gleich um die Ecke im Park vom Schloss Heiligenhoven. Seit ihrem sensationell gefloppten Doppel-Album *Norbert & Sue singen Gregorianische Choräle* von 2008 müssen die beiden jeden Auftritt mitnehmen, den sie kriegen können. Der Norbert hat mal erzählt, letztes Jahr hatten sie über 200 Auftritte – und das in einem Monat.

Na ja, jedenfalls ist das Schloss Heiligenhoven eigentlich eine ehemalige Burg – uralt, die gab's schon 1363. Heute sieht man noch die Vorburg und ein Herrenhaus (das ist nicht ganz so alt …) mit Wassergraben. Der Schlosspark mit Weiher und sehr altem Baumbestand ist im Stil englischer Landschaftsparks angelegt.

Bei der Aussicht auf ein zünftiges Konzert musste ich die Anneliese nicht lange überreden, die Wanderschuhe im Kofferraum zu lassen und stattdessen direkt zum Schloss Heiligenhoven zu fahren. Aber wer ist nicht da, als wir dort ankommen? Der Norbert und die Sue. Die sind nämlich laut einem völlig verzweifelten Veranstalter in der Dorfschänke versackt, im Gasthaus *Zur Helling*. Also wieder ins Auto und mit Vollgas (90 km/h) ins Dorfzentrum. Freunde, den Rest des Abends dürft's ihr euch in den schillerndsten Farben ausmalen!

Als wir in die Kneipe kommen, tanzt die Sue schon auf dem Stammtisch, und der Norbert legt mit dem Wirt namens Balu einen Sirtaki aufs Parkett. Und das, obwohl weder der Norbert noch der Balu Sirtaki tanzen können. Und plötzlich stehen auch noch die Anneliese und der verrückte Wolfgang in der urigen Wirtsstube. Mei, Freunde, das gab vielleicht ein Riesenhallo! Und weil der Balu (der nicht nur a ganz a süßer Kuschelbär ist, sondern auch ein ganz, ganz großer Volksmusikfan) drauf bestanden hat, haben der Wolfgang, die Sue, der Norbert und ich für das so erlesene wie trinkfeste Lindlarer Publikum ein Minikonzert gegeben und oben auf dem Stammtisch Norbert & Sues Superhit »Das dünne Eis, das Liebe heißt« gesungen!

Liebe Mitzecher – Klaus, Büggel, Olli – der Balu hat mir um genau 2:41 Uhr versprochen, er gibt nächsten Samstag eine Lokalrunde auf den verrückten Wolfgang, weil ihr das ganze Lied durchgehalten habt! Heeey!

Wenn Oberpfälzer Sirtaki tanzen ...

Anneliese bläst »**Das dünne Eis, das Liebe heißt**«.

Unser Lied

Das dünne Eis, das Liebe heißt

Auf dem dünnen Eis der Liebe
gleiten wir zu zweit dahin.
Auf dem dünnen Eis der Liebe
macht zu lieben doppelt Sinn.

Denn wenn das Eis,
das unsre Liebe trägt,
unter unsern Füßen taut,
wissen wir: Unsre Liebe
ist auf dünnem Eis gebaut.

Norbert:
**Ich weiß noch immer,
wie du aussahst,
als ich dich damals traf.
Enge Hose, Pudelmütze -
ich fand dich sofort scharf.**

Sue:
**Ich hab dich angesprochen,
und mir wurde sofort heiß.
Seitdem fahren wir zusammen
über dieses dünne Eis.**

Auf dem dünnen Eis der Liebe
gleiten wir zu zweit dahin.
Auf dem dünnen Eis der Liebe
macht zu lieben doppelt Sinn.

Denn wenn das Eis,
das unsre Liebe trägt,
unter unsern Füßen taut,
wissen wir: Unsre Liebe
ist auf dünnem Eis gebaut.

(Musik: Sue Durlach, Text: Norbert Durlach)

Wolfgang schreibt

Ihr könnt's euch vorstellen, liebe Schlagerfreunde: Danach war das Stimmungsbarometer natürlich heftig am Anschlag – wie immer, wenn der verrückte Wolfgang zulangt. Zum Glück hat die Anneliese uns noch ein Hotelzimmer zum Ausschlafen besorgt. Und am nächsten Tag hab ich dann auch endlich eine echte Bergische Kaffeetafel testen können. Und zwar direkt nach dem Frühstück!

Anneliese schreibt

Ich habe Ihnen ja schon einmal beschrieben, dass es kein schöner Anblick ist, dem Wolfgang beim Essen bzw. beim Schlingen zuzuschauen. Und alle, die bei Wolfgangs Bergischem-Kaffeetafel-Gemetzel dabei waren, werden das bestätigen können. Kurzum: Man war nicht besonders traurig, als wir unsere Weiterfahrt ankündigten ...

Aber bevor wir das immergrüne Bergische Land verlassen, habe ich mir noch das Kuriositätenmuseum »Haus Safari« angeschaut. Wolfgang ist im Wagen geblieben, »um zu verdauen«. Und da hatte er auch wirklich einiges zu tun.

Geheimfunz

Haus Safari –
auch: »Haus der guten Laune«. Kuriositätenmuseum in Lindlar im Bergischen Land.

Schon im Vorgarten erwarten den Besucher Kanonen, Fledermäuse, Dinosaurier und andere Monster – und von einem Balkon aus grüßen die beiden Muppet-Show-Opas Waldorf & Statler.
Im gelben Haus selbst stellt Besitzer Georg Herrmann eine irrwitzige Sammlung verrückter Gegenstände aus. Bei einer Führung durch den »verrückten Professor« persönlich werden die Ausstellungsstücke mit nicht immer ernstzunehmenden »historischen Geschichten« vorgestellt:
Da ist das Originalkorsett der Prinzessin Sissi, die burmesische Gebetsmühle aus Yakknochen

(ein Geschenk von Reinhold Messner), eine Uhr, die Zukunft und Vergangenheit anzeigt, es gibt elektrische Orchestrions mit Holzfiguren, die Lieder der Beatles singen, und vieles mehr.
Sollte »Schorsch« Herrmann dann noch seine Geheimschublade aufziehen, werden dem Besucher Kostbarkeiten enthüllt, wie der Rasierer und ein Kaugummi von Elvis Presley.
(Der King — er war der Allergrößte! Aber unter uns Betschwestern: Wenn's der Rasierer von der Priscilla Presley wär, würd's mich noch mehr interessieren, he he!)

Wo?
Schützenstraße 26
51789 Lindlar-Altenrath

Rezept für

Bergische Kaffeetafel

Es finden sich im Bergischen verschiedene Varianten, was alles auf den Tisch gehört für eine Bergische Kaffeetafel. Hier eine weitverbreitete Version:

Zubehör:

Die Kaffeekanne ist bei dieser Tafel das Prunkstück: Die sog. »Dröppelmina« ist eine dreibeinige Kanne aus Zinn mit seitlichem Hahn, aus dem zu Zeiten ohne Kaffeefilter der Kaffee wegen Verstopfungen oft nur »dröppelte«. Daher der Name.

Und was gehört noch auf die Tafel? Eine feine, regionaltypische Auswahl an Köstlichkeiten:

Wir brauchen:

- Kaffee
- Hefeplatz
- Schwarz- und Graubrot
- Honig, Apfel- oder Rübenkraut
- Butter, Quark, Käse
- Wurst und Schinken
- Milchreis mit Zucker und Zimt
- Waffeln mit Sauerkirschen
- Und zum Schluss gibt's einen Bergischen Korn oder Magenbitter!

Also, Freunde, ich verrat euch einen Trick, wenn ihr euch bei den Leckereien nicht entscheiden könnt: Nehmt den Bergischen Korn zuerst, arbeitet euch dann alphabetisch durchs Essen, lasst den Kaffee weg – und rundet die Mahlzeit mit einem Magenbitter ab. Nein, zwei Magenbitter – doppelt hält besser. Wohlsein!

PS: Beinahe hätt ich das Zweitwichtigste vergessen! Für die Waffeln braucht's ihr dringend Sahne – sonst schmeckt's ihr die Sauerkirschen zu sehr durch!

PPS: Übrigens: Ich dachte lange Zeit, „Dröppelmina" – des wär der Spitzname von der Oma Funzfichler. Grüße an dieser Stelle in das Altersstift Faltenberg!

Anneliese schreibt

Nach Kaffee und Kultur mit Panne und Pils nach Pyrmont ...

Beim Thema »Ruhrgebiet« habe ich Sigrid und Stefania gesagt: »Durchfahren ja, Halt machen nein!« Das bereue ich nun ein bisschen. Wenn man nämlich mitten durchs Bergische Land Richtung Sauerland und Ruhrgebiet fährt, wird einem plötzlich klar, dass Schornsteine und Abgase hier längst Vergangenheit sind. (Gut, für die Abgase hatte ich den Wolfgang neben mir. Stichwort: Verdauung der Bergischen Kaffeetafel.) Was ich sagen will, liebe Leser: Es grünt so grün, wo einst die Kohlen glühten.

Zu meiner Entschuldigung muss ich sagen, dass die bergischen Waffeln tatsächlich mit sehr viel Luft gebacken werden!

Ganz ehrlich: Ich hätte spontan einen Besichtigungstag in Dortmund, Duisburg oder Essen eingelegt, wenn Wolfgangs Lieblingsopel nicht wieder das getan hätte, was er am liebsten tut: Sprit schlucken, mich ärgern und kurz vorm Ziel streiken.

Während der ADAC-Mann versucht, den Wagen wieder flottzumachen, schauen wir uns die Raststätte Ohligser Heide an der A3 an. Auf die sind wir nämlich ausgerollt.

Wolfgang und sein Opel –
beide haben einen gewaltigen Durst.

Auf unserer Fahrt auf der A3 nähern wir uns dem berühmten Ruhrgebiet (zumindest laut Landkarte). Das erkennt man zum Beispiel daran, dass man an Plakaten vorbeifährt, auf denen Sprüche wie: »Investieren Sie in die Zukunft, investieren Sie in Steinkohle« stehen. Haha, sehr gut, den muss man sich erst mal trauen, so einen Gag!

Auf dem Rastplatz Ohligser Heide entschließe ich mich dazu, den Opel einem Routinecheck zu unterziehen, und siehe da: Eine Zylinderkopfdichtung verlangt nach Aufmerksamkeit. Gut, dass der schlaue alte Wolfgang aufgepasst hat. Auf einer dieser *Sanifair*-Toiletten, wo man beim Bezahlen einen Bon bekommt, dessen Gegenwert man sich dann zum größten Teil beim Bezahlen vom Weißbier wieder gutschreiben lassen kann (prima Idee!), mache ich eine interessante Entdeckung: In der Toilette sind diese neuartigen wasserlosen Pissoirs installiert, die ohne Spülung auskommen (was der verrückte Wolfgang schon seit vierzig Jahren schafft!).

Das kann ich leider bestätigen. Genau wie die Tatsache, dass Wolfgang der letzte weiße Mann ist, der immer noch im Stehen pinkelt. Und was jetzt folgt, ist dermaßen infantil und deppert, dass ich es nicht weiter kommentieren möchte!

Auf den Pissoirs steht eine interessante Information: »Wussten Sie, dass Sie mit einem Urimat im Jahr ca. 100 000 Liter Wasser einsparen können? Zurzeit werden jährlich weltweit über acht Milliarden Liter wertvolles Trinkwasser mit unseren Urinalen eingespart!«

Liebe Schlagerfreunde, denkt's ihr das Gleiche, was ich denke? Acht Milliarden Liter wurden eingespart. Und von wem? Von den Menschen, die ein Pissoir benutzen, nämlich uns Männern! Oder habt's ihr schon mal ein wasserloses Sitzklo auf den Frauentoiletten gesehen? Ganz genau, ich auch nicht.

So retten wir unseren Planeten.

Das heißt: Einzig und allein dem Umstand, dass wir Männer im Stehen pinkeln, ist es zu verdanken, dass heute JEDES JAHR ACHT MILLARDEN Liter »wertvolles Trinkwasser« gespart werden. Durch unser Im-Stehen-Pinkeln retten wir unsere gute alte Mutter Erde! Und wird uns dafür gedankt? Nein, im Gegenteil. Seit Jahren werden wir beschimpft und gedemütigt, weil ab und zu mal ein Tropfen sterilen Urins auf dem Schüsselrand landet. Und von wem werden wir angefeindet, gedemütigt und beschimpft? Richtig: von den Menschen, die dafür verantwortlich sind, dass BIS ZUM HEUTIGEN TAGE jährlich weiter ACHT MILLARDEN LITER WERTVOLLES TRINKWASSER sinnlos das Klo runtergespült werden, nur weil sie sich hartnäckig weigern, im Stehen zu pinkeln: Den FRAUEN.

Jetzt habt ihr's schwarz auf weiß, liebe Schlagerfreunde: Die Weiber sind die größten Umweltsünder auf diesem Planeten. Wenn euch also das nächste Mal irgendeine Öko-Ziege in Ledergamaschen bei einem harmlosen Bierfest anschreit, weil ihr von außen ans Zelt pinkelt, oder wenn eure Ehefrau auf dem Beifahrersitz rummeckert, dass euer Oldtimer ach so viel Benzin verbraucht, dann könnt's ihr mit einem wissenschaftlich fundierten guten Gewissen entgegnen, dass sie schön die vorlaute Goschen halten soll, solange sie noch im Sitzen pinkelt und wertvolles Trinkwasser für Afrika im Klo verschwendet.
Dieser Aufruf geht an alle Männer, die sich von depperten Biofaschistinnen zu Sitzpinklern haben degradieren lassen: Burschen! Steht's wieder auf, pinkelt nach Herzenslust – und dann Finger weg von der Spülung! Unser Planet wird's euch danken.

Tut mir leid, liebe Leser, aber ich muss doch etwas dazu sagen: Wolfgang, du glaubst doch nicht, dass du mit deinem verschwurbelten, an Gehirnwäsche grenzenden Geschmiere auch nur einen einzigen logisch denkenden Menschen überzeugst, oder?

> Und ob, Anneliese! Es wird ein Ruck durch unser schönes Deutschland gehen, du wirst schon sehen. Und im Übrigen: Wer ausfallend wird, gibt zu, dass er unrecht hat!

So! Der Wagen ist wieder fit – und wir machen doch noch einen Abstecher ins Ruhrgebiet. Wenn man nicht auf die Ortsschilder achten würde, könnt man meinen, das gesamte Ruhrgebiet ist eine einzige, riesige Stadt. Freunde, es ist ja sonst nicht meine Art, so was zu kommentieren, aber eins ist doch bekannt: Wenn eine Stadt zu Ende ist, haben dahinter Wiesen mit Kühen drauf zu sein! Und eine einsame Landstraße mit höchstens ab und zu mal einer Bushaltestelle meinetwegen. Vielleicht noch eine Scheune und dahinter ein paar verwahrloste Dorfjugendliche mit Mofas, die an Terpentin schnüffeln. So wie daheim bei uns in Bayern. Dann weiß ich, ich bin aus der einen Stadt heraußen, und in zwölf Kilometern, da gibt's die nächste. Aber nicht so im Ruhrgebiet. Hier fahr ich aus Duisburg raus, bin in der nächsten Sekunde in Oberhausen und eine Minute später, wenn ich nicht höllisch aufpasse, schon in Bottrop.

Wir fahren an rußgeschwärzten Fassaden vorbei. Laut Anneliese sind das die typischen Zechenhäuser, in denen damals die Bergarbeiter-Kumpel gewohnt haben. Wahrscheinlich leben die auch heut noch da – bloß ohne Job. »Weg hier, Anneliese«, rufe ich, »bloß weg!«

Aber gerade in dem Moment entdeckt die Anneliese ein Hinweisschild zum »Haldenereignis Emscherblick«. Dahinter verbirgt sich das angeblich »berühmte Bottroper Tetraeder«, sagt Anneliese. Und da will sie nun unbedingt hin. Und weil direkt daneben ein Schild auf das »Alpincenter Bottrop mit Après-Ski-Hütte« hinweist, das anscheinend ganz in der Nähe ist, tue ich meiner Frau ausnahmsweise den Gefallen.

Eine geschlagene halbe Stunde muss euer armer Wolfgang seinen Astralkörper über die Serpentinen eines steilen Wanderweges wuchten, bevor wir endlich auf dem Gipfel der Halde sind (woher kommen eigentlich mitten im Ruhrgebiet solche Berge?) und vor einem angsteinflößenden Stahlmonster stehen. Wir klettern einmal hoch, vergewissern uns, dass das Ruhrgebiet, wie vermutet, hässlicher ist als unser schönes Bayern, gehen wieder runter und fahren weiter. Das war's. Bums, aus die Maus. Wenn Anneliese etwas anderes schreibt, ist das frei erfunden. Glaubt's ihr kein Wort, liebe Reisefreunde und Volksmusik-Freaks!

Geheimfunz

Bottroper Tetraeder –
Aussichtsturm in Form einer dreiseitigen Pyramide auf einer stillgelegten Halde in Bottrop-Batenbrock. Eröffnet 3. Oktober 1994 und seitdem ein echter Publikumsmagnet. *(Lockt jedes Jahr mehr Besucher an als Bottrop in den 20.000 Jahren davor.)* Mehr Besucher hat lediglich die Après-Ski-Halle des nahen Alpincenters, wo man ganzjährig Indoor-Ski fahren kann.

Zahlen und Fakten: Die 210 Tonnen schwere Stahl-Pyramide hat eine Seitenlänge von 60 m, ist rund 60 m hoch und ruht auf vier 9 m hohen Betonpfeilern. Bei klarer Sicht ist das Tetraeder sogar vom Essener Hauptbahnhof aus zu erkennen.

Besucher erreichen über Treppen mehrere in die Konstruktion eingehängte Aussichtsplattformen. Sowohl Plattformen als auch Treppen bestehen aus Lichtgittern und Lochplatten, die einen freien Blick nach unten gewähren.

(Was unserem Wolfgang schwer zu schaffen machen wird …)
(Alles erstunken und erlogen – glaubt ihr kein Wort!)

Über eine Art aufsteigende Hängebrücke erreicht man die erste Plattform (18 m hoch). Weiter zur zweiten Plattform (32 m hoch) führt eine steile Treppe hinauf, bevor schließlich die dritte Ebene (38 m hoch) über eine Wendeltreppe erklommen werden kann. Diese dritte Plattform besteht aus einem Ring von 8 m Durchmesser mit einer Neigung von 8 Grad.
Weil die Treppen und Podeste im Tetraeder an Stahlseilen aufgehängt sind, kann es bei starkem Wind zu Schwankungen kommen …

Wo?
Halde Beckstraße in Bottrop-Batenbrock

I ch glaube, ich hatte schon an anderer Stelle erwähnt, dass Wolfgang Funz-fichler so ziemlich der einzige Bayer mit Höhenangst ist. Dementsprechend zetert er schon rum, als wir die paar Stufen der Halde erklimmen. Er wundert sich, woher im Ruhrgebiet eigentlich solche Berge kommen ... Zufällig schnappt ein uns entgegenkommender Einheimischer diese naive Frage auf. Und da der Mann ein Grundschulrektor a. D. ist, erklärt er das Ganze so kindgerecht, dass selbst Wolfgang es zu verstehen scheint: Die sogenannten »Bergehalden« sind künstliche Aufschüttungen, die aus Nebengestein bestehen, das beim Bergbau anfällt. Und der Wortteil »Berge« im Wort Bergehalde ist gar nicht der Plural von »Berg«, sondern der Fachausdruck für »taubes Gestein«, was wiederum das Gestein ist, das die Bergleute aussortieren müssen, weil's zu nix zu gebrauchen ist – wie der Wolfgang. Ganz früher hat man versucht, die »Berge« nicht mit zutage zu fördern, aber dann kam diese ganze Mechanisierung auch im Bergbau an – und schon hat die »Berge« fast die Hälfte vom geförderten Gestein aus-gemacht. Mei, da war die große Frage: Wohin mit den ganzen Steinen? Das dumme Zeugs war ja größtenteils nicht mal gut genug, um's zu verbauen. Was haben die Leut also gemacht? Aufgehaldet haben s' es! Und so sind die teilweise über hundert Meter hohen Berge im Ruhrgebiet entstanden, liebe Leser!

Laaangweilig, Anneliese! Nach all den Jahren solltest du langsam gelernt haben, was „Entertainment" bedeutet!

Das hab ich, Wolfgang – und ich denk, der nächste Abschnitt wird für unsere Leser an Entertainment nicht zu überbieten sein.

Anneliese, ich hab dich inständig darum gebeten, diesen Tetraeder-Quatsch aus dem Manuskript zu nehmen. Wir hatten eine Abmachung.

Du hast die Geschichte mit den Eisenbahnfreunden ja auch nicht rausgenommen, also halt die Goschen!

Als wir oben ankommen, pfeift Wolfgang auf dem letzten Loch. Ich wundere mich immer wieder, wie schlecht seine Kondition tatsächlich ist, obwohl mir das schon seit den 70er Jahren, als wir noch unregelmäßig Sex hatten, bekannt ist.

Herrgott, Anneliese, das gehört nun wirklich nicht hierhin! Ich erzähl den Lesern ja auch nicht von deinen Botoxpartys mit der Iris und der Jenny.

Das Bottroper Tetraeder ist ein wirklich beeindruckendes Bauwerk und natürlich möchte ich ganz hinauf, zur obersten Plattform. Wobei mir klar ist, dass Wolfgang sich wieder einmal drücken wird. Ich sage also: »Wolfgang, ich geh kurz rauf auf die oberste Plattform. Ich nehme an, du bleibst lieber hier, gell?« Und freu mich schon auf Wolfgangs Ausrede, die auch prompt folgt: »Ja, Anneliese, im Prinzip würd ich gern mit hoch, aber seit wir im Ruhrgebiet sind, hab ich so Schwierigkeiten zu atmen. Wahrscheinlich ist es besser …« Weiter kommt Wolfgang nicht, weil in diesem Moment ca. fünfzehn skandinavische Studentinnen hinter ihm auftauchen und uns erkennen. (Unsere extra für das Zweite Schwedische Fernsehen produzierte Show Nämen snälla älg! (dt. Ach, du lieber Elch) war 2008 die meistgesehene Sendung in ganz Skandinavien.) Ich muss zugeben, dass diese jungen Schwedinnen vom lieben Gott tatsächlich unverhältnismäßig gut mit äußerlichen weiblichen Attributen ausgestattet sind. Und da es ein heißer Sommertag ist und die Studentinnen dementsprechend auf ein Großteil ihrer Textilien verzichtet haben, tritt dieser Umstand recht deutlich zutage – was, wie Sie sich vorstellen können, auch von meinem Wolfgang nicht unbemerkt bleibt.

Zwei alte Bottroper zeigen uns den Weg zum Tetraeder.

Es ist schon immer arg lustig, den Wolfgang dabei zu beobachten, wie er versucht, mir weiszumachen, dass er die Frauen eben nicht anstarrt, indem er möglichst beiläufig dreinschaut. Doch es wird noch besser: Nachdem die Studentinnen zusammen mit uns Handyfotos gemacht und alle ein Autogramm bekommen haben, fragt eins der jungen Dinger Wolfgang auf Englisch:

»Mr. Funzfichler, do you go up there, too?« Wolfgangs Lippe fängt an zu zittern. Zum einen ist sein Englisch nicht besonders gut (er hatte nur ein paar private Englischstunden bei Günther Oettinger), zum anderen weiß er nicht, was er jetzt antworten soll. Also antworte ich für ihn: »No, Mr. Funzfichler can't go up there, he is afraid of heights!« Die Studentengruppe fängt an zu kichern. »Oh, really?«, fragt die junge Frau, und ich sehe Wolfgangs Gesicht schon an, was jetzt zwangsläufig kommen muss. »Ach, Schmarrn!« Mein Mann lacht gekünstelt.

»My wife tries to make fun. A Wolfgang Funzfichler is afraid of nothing. Klar, go I up there. Come on, let's go together!« Wolfgang hakt die junge Studentin unter, wirft mir einen schnippischen Blick zu und beginnt die Treppe hochzusteigen. Der Rest der jungen Schwedinnen folgt johlend. Einige von ihnen zücken sofort ihr Handy und filmen den fröhlich vor sich hin brabbelnden Wolfgang auf dem Weg nach oben. Ungefähr bei der fünfzehnten Stufe guckt Wolfgang versehentlich nach unten. Und verstummt schlagartig. Die Studentin erkundigt sich, ob alles in Ordnung sei. Ich höre ein zittriges: »Yes, yes, let's go on, Maderl!«

Der Wolfgang zwingt sich, nicht runterzuschauen, schafft's aber nicht. Kurz vor dem ersten Plateau beginnt er zu taumeln, krallt sich am Geländer fest und zieht sich mit zusammengekniffenen Augen Stufe für Stufe nach oben. Ich höre die Studentin sagen: »Mr. Funzfichler – you ARE afraid of heights!«

»No, no, no«, brabbelt mein Mann. »That is völliger Quatsch.«

In der nächsten Sekunde beginnt er zu schreien. Er und die Studentinnen sind jetzt auf dem ersten Plateau, das sich in achtzehn Metern Höhe befindet. Die Hälfte der Studentinnen kichert inzwischen hysterisch und filmt, wie Wolfgang auf allen vieren zentimeterweise über das Bodengitter robbt. Inzwischen verfolgt auch am Fuße des Tetraeders eine Menschentraube fasziniert das Spektakel. Man fragt mich, ob das winselnde Häufchen Mensch dort oben wirklich der verrückte Wolfgang sei ...

Plötzlich beginnt der Wolfgang so laut nach mir zu rufen, dass mein Name bestimmt im ganzen Ruhrgebiet zu hören ist. Ich beschließe, dass er jetzt seine Lektion gelernt haben müsste, und steige hinauf. Zusammen mit sechs der schwedischen Studentinnen trage ich Wolfgang nach unten, wo wir unter dem johlenden Applaus von einer mittlerweile beachtlichen Menschenmenge in Empfang genommen werden.

Kaum hat der Wolfgang sich wieder gefangen, verbringt er eine halbe Stunde damit, den amüsierten Touristen Geld dafür anzubieten, dass sie die aufgenommenen Filme und Fotos sofort löschen. Aber lediglich ein Rentner aus Stuttgart nimmt das Geld an. (Später hat sich rausgestellt, dass der alte Mann überhaupt keine Kamera dabeihatte.)

Natürlich hatte der geldgierige alte Sack eine Kamera dabei. Außerdem ist die ganze Geschichte – wie schon mehrfach erwähnt – komplett von der Anneliese erlogen!

Wolfgang schreibt

Von Bad Pyrmont auf heißen Steinen zum süßen Peterle

Auf geht's: Da mich das Ruhrgebiet landschaftlich nicht überzeugen kann, steigen wir wieder in den *Rekord* und fahren auf das Weserbergland zu. Entlang an endlos vielen Windrädern gelangt man über die A44 (sehr viel einspurig) und die A33 (sehr viel tote Katzen) nach Paderborn – eine Stadt, die schon beim Blick von der Autobahn aus so elendig aussieht, dass wir uns einen Besuch sparen und kurz dahinter auf eine Bundesstraße abbiegen, die uns in die beschauliche Kurstadt Bad Pyrmont führt, wo wir unser Nachtlager aufschlagen wollen. Angeblich hat der Goethe (oder war es der Schiller?) hier früher auch schon gewohnt. Und was unserem Dichterkollegen gut genug war, kann für die Funzfichlers nicht schlecht sein, gell?

Und jetzt wird's ganz verrückt: Auf der Bundesstraße, da steht so ein Schild: »Straße der Weserrenaissance«. Aber ganz gleich in welche Richtung ich weiterfahr – jede Straße heißt »Straße der Weserrenaissance«. Versteh einer die Weserbergländer.

Wolfgang verweigert die Besichtigung des »Hylligen Born« in Bad Pyrmont.

Nachdem Wolfgang sich mindestens fünfmal verfahren hat, erreichen wir am Spätnachmittag die Kurstadt Bad Pyrmont, eine Stadt, die, wie wir erfahren, wesentlich mehr Quellen besitzt als Gerolstein, nämlich neunzehn verschiedene an der Zahl (dazu gleich noch mehr).

Bevor man sich's versieht, steht man auch schon vor dem Pyrmonter Schloss, in dem ein Museum beheimatet ist, das über die illustre Stadtgeschichte informiert. Außerdem weist ein Plakat darauf hin, dass Gunter Gabriel eine Woche später hier auftritt (Gunter, wenn du das hier liest – du schuldest uns noch 3 000 DM!) und unsere lieben Freunde Norbert & Sue einen Tag vorher hier aufgetreten sind. Ja, ist es denn die Möglichkeit! Norbert, Sue, wenn wir uns gleich hier in Bad Pyrmont irgendwie treffen, dann müsst's natürlich einen ausgeben.

Im Museum erfahre ich einige interessante Dinge über diese kleine, aber wunderschöne alte Stadt (Wolfgang ist im Auto geblieben, um, wie er sagt, »eine kleine Siesta« von der anstrengenden Fahrt zu machen): Bad Pyrmont ist ein staatlich anerkanntes Heilbad, dessen heilende Quellen offenbar schon die alten Römer im 3. Jh. vor Christus für sich entdeckt hatten, was der Fund einer altrömischen Schöpfkelle aus dieser Zeit beweist. Am populärsten war Bad Pyrmont aber im Mittelalter, als im Jahr 1556 über 10 000 Menschen aus ganz Europa zum »großen Wundergeläuf« nach *Piremonte* – so der alte Name – kamen, um Heilung durch die »wundertätige Quelle« zu erleben. Der »Hyllige Born« (die heilige Quelle) ist eine von mehreren Quellen Bad Pyrmonts, von denen sechs in einer 1923 errichteten Wandelhalle zusammenfließen. Um ihr Wasser zu kosten, bekommt der Kurgast einen zusammenfaltbaren Becher, den man für drei Euro am Kiosk erstehen kann. An einer Wand mit kleinen Hähnen kann man dann von den Heil- und Mineralquellen probieren. Und jetzt raten Sie mal, wie die einzige Quelle heißt, die schmeckt wie drei Wochen getragene Sportsocken und selbst von den hartgesottensten Heilquellen-Fans nur, wenn es unbedingt notwenig ist, getrunken wird? Richtig: die »Wolfgangquelle«! Ich sag's immer wieder, liebe Leser: Es gibt keine Zufälle.

> Die armen Schweine, die von der „Anneliesequelle"
> gekostet haben, weilen leider nicht mehr unter uns —
> sie ruhen in Frieden, hehehe …

Doch Bad Pyrmont hat noch viel mehr zu bieten: zum Beispiel einen der schönsten Kurparks Deutschlands, mit einem berühmten Palmengarten, der angeblich die größte Palmenfreianlage nördlich der Alpen ist.

> Heißt das, in den Alpen stehen auch Palmen oder was?
> Also, jetzt kenn ich mich gar nimmer aus …

Interessant ist auch die »Dunsthöhle«, wo seit Jahrhunderten Kohlendioxid aus dem Boden an die Oberfläche steigt. Die heilende Wirkung des Kohlendioxids hat aber erst 1712 der pfiffige Pyrmonter Brunnenarzt Dr. Johann Philipp Seip entdeckt, der das Phänomen jahrelang untersuchte. Dabei kam er zu der Erkenntnis, dass man das austretende Kohlendioxid besser nicht einatmen sollte. Denn dann hatte es nicht nur eine heilende, sondern leider auch eine tödliche Wirkung. Diese Erfahrung machte jeder von Seips Mitarbeitern, der sich länger als drei Minuten innerhalb des unsichtbaren Dunstes aufhielt. Die armen Burschen schliefen friedlich ein und wachten nie wieder auf. Das sprach sich natürlich rum. Und so gehört es zu den weniger bekannten Kapiteln der Stadt, dass Bad Pyrmont nicht nur ein Wallfahrtsort für Menschen auf der Suche nach Heilung, sondern auch ein Mekka für Selbstmordkandidaten wurde. Erst in den 70er Jahren baute die Stadt über das Erdloch der Dunsthöhle eine geschlossene Kuppel, die Lebensmüde daran hinderte, sich schonend den Garaus zu machen.

Heute finden in der Dunsthöhle interessante Führungen statt, die das Phänomen demonstrieren. Praktischerweise steigt das Gas, weil es schwerer ist als Luft, nie über eine gewisse Höhe, so dass die Besucher heutzutage die Dunsthöhle auch wieder lebend verlassen können.

Dieses Bad Pyrmont ist wirklich ganz hübsch, aber leider auch ziemlich verschnarcht (wahrscheinlich zu viel Kohlendioxid). Ich geh in eine Lottoannahmestelle (fünf Rubbellose und mein inzwischen 35 Jahre alter Lottotipp: Die 1, die 2, die 3, die 4, die 5 und die 49 – Freunde, den macht keiner, ich schwör's euch: den Jackpot krieg ich allein!), da erzählt mir der Verkäufer, dass das Durchschnittsalter der Bad Pyrmonter bei 63 Jahren liegt. Und vielleicht ist genau des ja das Erfolgsgeheimnis von Bad Pyrmont als Kurstadt: Hier fühlen sich sogar die 50-Jährigen als junge Hüpfer. Und wenn sie merken, dass das gar nicht so ist, können's immer noch in die Dunsthöhle gehen – so wird a Schuh draus.

In diesem Bad Pyrmont befindet sich aber noch eine weltbekannte Institution, die uns direkt einen *Geheimfunz* wert ist:

Geheimfunz

Das berühmte Kurheim Dr. Otto Buchinger
befindet sich seit 1935 in Bad Pyrmont. Nach Gründer Otto Buchinger ist das weltberühmte *Buchinger-Heilfasten* benannt.
Nach Buchingers Überzeugung reinigt Heilfasten den Organismus und aktiviert die Selbstheilungskräfte – was er »Entschlackung« nennt.

(Mei, klingt schon widerlich, oder?)

Alkohol- und Tabakkonsum lehnte er strikt ab – wichtiger waren ihm die »innere Hygiene« und die Geistesbildung. Deswegen empfahl er seinen Patienten auch »geistige Nahrung« wie zum Beispiel biblische Psalmen oder die Werke Goethes und Rilkes.

(Man kann also summa summarum sagen, dass der alte Onkel Otto alles andere als eine Spaßrakete war.)

Otto Buchinger nannte sein Konzept den »Königsweg der Heilkunst«. Dieser »Königsweg« wird in der Klinik mittlerweile in der 3. Familiengeneration weitergeführt.

(Schon klar – Königsweg ... Solltet's ihr Lust verspüren, 2-3 Monatsgehälter über den Tresen zu schieben, um am Tag ein Glas Wasser und einen halben Apfel zu bekommen – dann auffi nach Bad Pyrmont! Der Rest kommt bitte zum Ochsengrillen bei einem schönen Obergärigen zum verrückten Wolfgang. Eure Entscheidung!)

Wo?
Klinik Dr. Buchinger
Forstweg 39
31812 Bad Pyrmont

Bevor wir weiterreisen, braucht der Mann am Steuer, euer Käpt'n Wolfgang, ein bisschen Entspannung, und zwar in Form einer ausgedehnten Massage. Viele Männer wenden sich in solchen Fällen an die eigene Ehefrau, aber da es mir ja um Entspannung und nicht um zusätzliche Schmerzen geht, entscheide ich mich lieber für eine Professionelle (den Scherz an dieser Stelle denkt's ihr euch einfach). Zum Glück gibt es in Bad Pyrmont die Hufelandtherme, die, behauptet Anneliese jedenfalls, ein sogenanntes »Solebad« ist, also ein »Sonnenbad«. Ich bin gespannt.

„Solebad" bedeutet nicht „Sonnenbad", sondern „Salzbad", du Hornochse. Eins der Becken der Hufelandtherme hat nämlich einen besonders hohen Salzgehalt.

„O Sole mio" heißt also „Oh, mein Salz"? Des wusst ich gar nicht.

Wenn der so weitermacht, schubs ich ihn in die Dunsthöhle.

Abgesehen von einem kleinen Fauxpas im Saunabereich war der Besuch der Hufelandtherme eine gute Entscheidung. Was es da nicht alles gibt: So eine ayurvedische Ganzkörpermassage (da muss man ja studiert haben für!), Fitnessmassage, aromatisierte Salzpeelingmassage, Hamam-Hot-Stone-Massage, Honig-Rosenöl-Massage, Duo-Massage … was? Eine Massage für Zwei? Aber auf gar keinen Fall! Die Anneliese hat sich dann so eine Fitness-Massage verpassen lassen, ich hab mich für die heißen Steine entschieden.

Und was soll ich sagen, liebe Freunde? Richtige Entscheidung vom verrückten Wolfgang! Während sie der Anneliese bis zu zwanzig einge-klemmte Rückennerven freigelegt haben (so oft habe ich sie jedenfalls schreien hören), hat meine bezaubernde Masseurin mir für ein halbes Stündchen bewiesen, dass der Herrgott heroben manchmal doch ein Einsehen mit gestressten und vom Schicksal gebeutelten Volksmusikanten hat, die im Dienste ihrer Fans dieses große Land bereisen.

Eins ist gewiss: Heiße Steine im Gesicht hört sich erst mal verrückt an, aber verrückt ist der Kecki allemal, und, Freunde, es war einfach herrlich! Vor allem, weil es parallel dazu eine Fußmassage mit Grapefruitöl gab. Und die Ewelina hat dabei ganz leise ein russisches Volkslied gesungen. Leider konnt ich sie dabei nicht sehen, weil ich auch Steine auf den Augen hatte. Aber ich hab mir vorgestellt, ich läg im Himmel auf einer Wolke und ein russischer Engel spielt mit meinen Füßen Harfe …

Schad, dass du nichts sehen konntest, dann hättest nämlich gesehen, dass deine engelsgleiche Masseurin nur eine Assistentin war, die die Steine aufs Gesicht gelegt hat – massiert wurdest von einem Zwei-Meter-Mann mit Holzfällerbart!

Waaas? Anneliese, spinnst jetzt oder was?

Auch in Bad Pyrmont schafft es mein Gatte, einen schlechten Eindruck zu hinterlassen, was mit einer Massage in der Hufelandtherme, der Verwechs-lung einer Frauen- und Männersauna und zu viel Durchblutung beim kleinen Kecki zu tun hat. Mir ist es wirklich zu peinlich, darüber zu berichten.

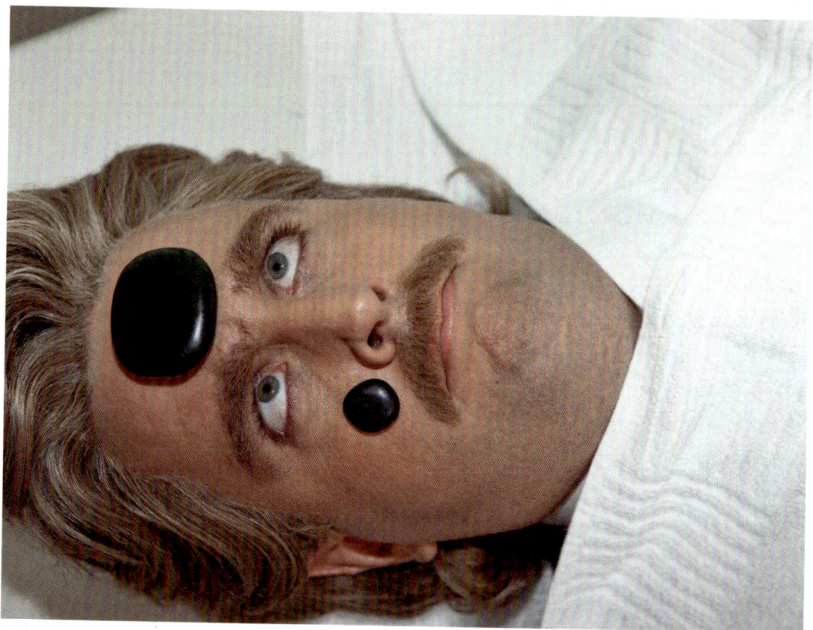

Das nennt man dann wohl eine versteinerte Miene machen, hehehe.

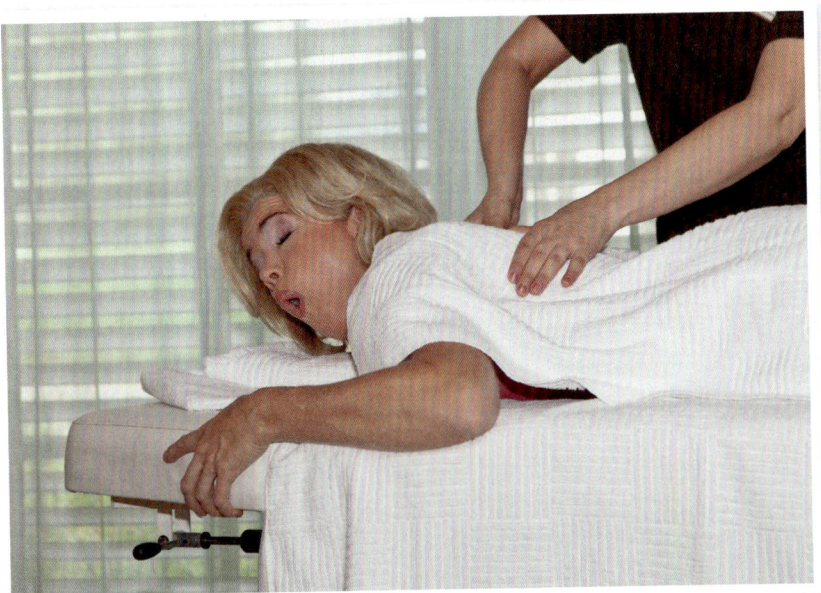

Warum zahlt man für die schönen Dinge des Lebens immer mit Schmerzen?

ach der Massage hab ich mich noch fünf Minuten ausgeruht, dann beschließe ich, in der Sauna die Anstrengungen der letzten Tage einfach auszuschwitzen. Ich kann mir schon vorstellen, was die Anneliese dazu geschrieben hat: Dass ihr alles unglaublich peinlich ist und dass wir mit wehenden Fahnen die Stadt verlassen mussten. Das stimmt zwar, aber ich möcht an dieser Stelle auch amal eine Lanze für einen natürlichen Umgang mit dem eigenen Körper und gegen die Prüderie brechen. Herrgottsakrament, eine Sauna ist nun mal ein textilfreier Bereich, und wenn ich schon zwischen Herren- und Damensauna unterscheiden soll, dann muss der Inhaber das bittschön deutlich kenntlich machen. Ja, ich bin versehentlich in die Damensauna gegangen, aber ich war sehr höflich und habe alle anwesenden Damen mit einem geselligen: »Grüßt's euch, Maderl, ich bin der Wolfgang« begrüßt.

Und wenn nun gewisse Teile meines Körpers zu diesem Zeitpunkt besonders gut durchblutet waren, dann lag das einzig und allein an der Massage. Und dass ich das nicht gemerkt hab, lag daran, dass ich sehr entspannt war. Das ist die Wahrheit!

Und deswegen fand ich die ganze Hysterie, die dann aufkam, in höchstem Maße unangemessen und überflüssig. Sauna ist Sauna, da kann so was mal passieren. Und wenn ihr Frauen Körperteile hättet, die ab und zu mal größer werden, weil sie gut durchblutet sind, anstatt mit den Jahren einfach immer tiefer herunterzuhängen, dann würdet's ihr verstehen, dass das etwas ganz und gar Natürliches ist. Dumme Ziegen. Ist doch wahr.

Und dass ich von einem Mann massiert wurde, ist eine Lüge von der Anneliese!

Ist es nicht. Und du BIST homophob!

Und wenn schon!

Anneliese schreibt

Ohne heiße Steine zum Steinhuder Meer

Wer unseren letzten *Fröhlichen Frühling* gesehen hat, der weiß nicht nur, dass SAT.1 sehr lange Werbeunterbrechungen hat, sondern auch, was für ein stattliches Mannsbild aus dem süßen Peterle geworden ist, den wir schon in unserer ersten Ausgabe vom *Fröhlichen Frühling* 1977 zu Gast hatten. Fünf Jahre war er damals grad einmal alt, der kleine Peter Güde, aber er hat das »Ave Maria« so wunderschön gesungen, dass Millionen von Zuschauern zu Tränen gerührt waren. Selbst der Wolfgang war damals so ergriffen, dass er hinter der Bühne leise in sein Weißbier geweint hat.

Und auch 34 Jahre später hat das süße Peterle beim *Fröhlichen Frühling* wieder alle Zuschauer bewegt! Sie werden S' sich bestimmt erinnern.
Ein paar Zuschauer meinten zwar, das Peterle hätte bei seinem Auftritt unter Alkoholeinfluss gestanden, aber der Peter selbst hat das später vehement abgestritten: Er hat uns versichert, da wären ganz andere Drogen im Spiel gewesen.

> Komisch, bei unserem dritten Weißbier,
>   ganz kurz vor dem Auftritt, da hat er
> auf mich noch völlig normal gewirkt ...

Und nach der Show, da haben wir uns mit dem Peterle noch einmal zusammengesetzt. Wir wollten natürlich wissen, wie's ihm in all den Jahren so ergangen ist, ob er selbst kleine Sängerknaben gezeugt hat, wie er mit seinen Bewährungsauflagen zurechtkommt, und und und. Leider war das süße Peterle nicht mehr so recht in der Lage, sich klar zu artikulieren. Aber eins hat er noch geschafft: nämlich uns einzuladen ins Clubhaus seines Motorradclubs *MC Stonehuder Streetfuckers* am Steinhuder Meer in der Nähe von Wunstorf. Und wer die Funzfichlers kennt, der weiß: Wer uns einlädt, der muss mit unserem Besuch rechnen – auch, wenn er's sich inzwischen anders überlegt hat!

Wolfgang schreibt

on Bad Pyrmont aus geht's nach Norden, liebe Schlagerfreunde. Natürlich befinden wir uns immer noch auf der »Straße der Weserrenaissance«, aber im Gegensatz zur bisherigen Strecke bekommen wir die Weser jetzt tatsächlich auch mal zu Gesicht. Joaaa, hab schon beeindruckendere Flüsse gesehen, aber besser als nix. Wenn man an der Weser entlangfährt, kommt man zwangsläufig in die Rattenfängerstatt Hameln. Falls ihr die Rattenfängergeschichte noch nicht kennt – die ist im Prinzip wie die Weser: Man kann sie sich durchaus amal anschauen, muss man aber nicht. Ich entscheide mich für Letzteres.

In der Nähe von Hameln. Foto mit zwei Flaschen …

Die Geschichte vom Rattenfänger von Hameln ist unglaublich spannend, liebe Reisefans, und hat nach all den vielen hundert Jahren nichts von ihrer Faszination verloren. Deswegen kennen diese Geschichte angeblich auch über eine Milliarde Menschen, also ein Sechstel der Erdbevölkerung.

Trotzdem Schmarrn ...

Falls Sie – wie der Wolfgang – zu den fünf Milliarden anderen gehören: Im Jahr 1284 gab es in Hameln eine große Rattenplage. Plötzlich kam ein in bunte Tücher gehüllter Mann in die Stadt ...

Ein Mann in bunten Tüchern? Das war bestimmt die Claudia Roth, muoooaaahahaha!

Er versprach, die Stadt von den Ratten zu befreien, gegen einen entsprechenden Lohn. Verzweifelt, wie die Hamelner waren, engagierten sie ihn. Also zog der Mann eine Flöte aus der Tasche und begann zu spielen. Und siehe da: Aus allen Häusern strömten die Ratten. Der Rattenfänger führte die Ratten runter zu dem Fluss Weser, in dem sie alle ertranken. So. Und an dieser Stelle machten die Hamelner einen kleinen Fehler. Denn sie dachten sich: Ja mei, die Ratten sind ja weg, dann schicken wir den Rattenfänger doch einfach zum Teufel. Und zwar ohne ihn zu bezahlen. Gesagt, getan: Der Rattenfänger bekam statt einer Gage einen Tritt in den Hintern und wurde aus der Stadt gejagt. Wie gesagt: ein Fehler. Denn der Mann kam zurück. Und während alle Erwachsenen in der Messe waren, zückte er seine Flöte und begann zu spielen. Dieses Mal folgten ihm allerdings keine Ratten, sondern alle Hamelner Kinder. Er führte sie aus der Stadt in einen tiefen Wald hinein. Und niemand sah ihn und die Kinder jemals wieder ...

Und was lernen wir draus? Flöte ist ein Scheiß-Instrument! Hab ich schon immer gesagt.

Von Hameln aus geht es weiter zum Steinhuder Meer. Wie gesagt, unser Freund, das süße Peterle, hat uns ja eingeladen, damit wir ihn dort mal in seinem Motorsportverein besuchen. Und so stehen wir jetzt in einem idyllischen Industriegebiet bei Wunstorf vor einem hohen blickdichten Zaun mit allerlei Totenkopfmalereien und einem kameragesicherten Einfahrtstor. Es scheint, als hätten das Peterle und seine Männer sich's da drinnen richtig gemütlich gemacht. Klar, die Lage so nah am Steinhuder Meer ist natürlich sehr begehrt.

Info

Das Steinhuder Meer
ist der größte See Nordwestdeutschlands (ca. 29 km²
Fläche). Er ist das Kernstück des Naturparks Steinhuder Meer (insg. 310 km²). Hier gibt es Auwälder,
Torfmoore und Feuchtwiesen mit vielen seltenen
Tier- und Pflanzenarten. Touristen können Pflanzen
und Tiere von mehreren Aussichtstürmen aus beobachten. Am Nordufer befindet sich ein Sandstrand
mit Badegelegenheit.
(Obacht – keinerlei Aussichtstürme.)
Bootfahren, Segeln, Surfen, Wandern und Radfah-
ren ist möglich. Einfach nur sitzen auch.

Lage: 30 km nordwestlich von Hannover.
Wassertiefe: Durchschnittlich 1,35 m.

Vatertags-Highlight: Besuch der künstlich angelegten »Badeinsel Steinhude«. 35.000 m² mit Sandstrand, Liegewiesen und Spielplätzen.
*(Genießt bei Besuchern an Christi Himmelfahrt
großes Ansehen – mit exzessivem
Alkoholkonsum, öffentlichem Urinieren und
etlichen Gewaltdelikten. Der Eintritt ist frei.)*

Die Sichtung eines Belugawals im Steinhuder Meer stellte sich als Zeitungsente heraus.

Weil keiner aufmacht, nachdem wir ans Tor klopfen, nimmt der Wolfgang schließlich einen Pflasterstein und wirft ihn über den Zaun. Glücklicherweise trifft er damit ein Fenster, das so laut zerschmettert, dass sie uns letztendlich doch noch hören, die *Stonehuder Streetfuckers*. Mei, das war ein Hallo!

Jetzt fragen S' sich sicher, wie's denn da aussieht, in so einem richtigen Rockerheim. Man hat ja ganz bestimmte Klischeebilder im Kopf: Überall liegt Dreck herum, der Boden ist übersät mit Zigarettenkippen und leeren Bierdosen, an den Wänden hängen Poster von nackerten Damen, dazu laute Rockmusik und hinter der Theke wahrscheinlich noch ein Arsenal von Waffen. Das war bei den *Streetfuckers* aber zum Glück ganz anders – denn Bierdosen gibt es in den Supermärkten ja gar nicht mehr. Und der Waffenschrank war auch nicht hinter der Theke, sondern gleich neben der Tür. Klar, da ist er ja sehr viel leichter zugänglich. Praktisch san s' schon veranlagt, die Herren Rocker.

E ins muss man sagen: Die Jungs mögen für den Allgemeingeschmack eine Spur zu zünftig daherkommen, aber im Prinzip sind das alles ganz liebe Buam. Egal, ob das der Peter ist, der Gringo, der Kotzi, der Dr. Rosine, oder wie sie alle heißen. Als Erstes haben wir uns noch mal den Auftritt vom süßen Peterle beim *Fröhlichen Frühling* gemeinsam auf Video angeschaut. Das war für die Vereinskameraden vom Peterle natürlich a Mordsgaudi. Bloß dem Peterle selbst war's a bisserl unangenehm, er ist halt ein ganz bescheidener Bub. Und ich glaub, er hatte zu dem Zeitpunkt auch schon wieder ein paar Glaserl zu viel von den Cocktails getrunken, die der Dr. Rosine für uns gemixt hat. Erst wollt er's nicht rausrücken, sein Rezept, aber als ich ihm versprochen hab, dass die Anneliese später noch nackert auf dem Tisch tanzt, da hat er's mir gleich gegeben.

> *Unmöglich, oder? Für ein Cocktailrezept verhökert der Wolfgang seine eigene Frau! Na ja, er wusst halt, dass ich niemals irgendwo nackert auf dem Tisch tanze.*

> *Eben, Anneliese, eben.*

Rezept für

Stonehuder Blood

Wir brauchen:

- 2 cl Jägermeister
- 2 cl Wodka
- 4 cl Preiselbeersaft

- 1 cl Apricot Brandy
- 1 cl Tabasco
- Tonic Water

Zubereitung:

- Alle Zutaten (ohne Tonic Water) auf Eis im Shaker schütteln

- Mischung auf Eiswürfel in ein Longdrinkglas gießen

- mit Tonic Water auffüllen

- für die ersten beiden Runden Gläser mit Schirmchen dekorieren, ab Runde 3 interessiert das keinen mehr.

In seiner Freizeit führt Dr. Rosine auch einfache Zahn-OPs durch.

Dr. Rosine hat netterweise ein paar Bilder mit unserer Kamera gemacht ...

Nachdem wir unsere Show gesehen und ein paar leckere Cocktails von dem Dr. Rosine getrunken haben (warum er so genannt wird, weiß er selber nicht, nur dass es irgendwas mit seinem Gehirn zu tun hat), ist die Stimmung auf dem Höhepunkt. Um ganz ehrlich zu sein, liebe Leser: Ihre Anneliese hatte einen richtig schlimmen Schwips. Ich weiß nur noch, dass wir alle zusammen um eine brennende Mülltonne gestanden und ein ganz lustiges Trinkspiel gespielt haben. Ab da bricht meine Erinnerung ab.

Das Nächste, woran ich mich erinnere, ist, dass ich morgens neben Wolfgang auf dem Sofa des Clubhauses aufwache. Anscheinend war ich irgendwann so müde, dass ich mich hingelegt habe. Was ich mir allerdings nicht erklären kann, ist, warum ich nix anhab wie das Totenkopf-T-Shirt vom Kotzi, warum lauter kleine Glassplitter in meinen Fußsohlen stecken – und etliche Geldscheine in meinem Schlüpfer.

Ja, es ist immer schwer, gemeinsam erlebten Spaß nachzuerzählen. Lasst's mich einfach so sagen, liebe Leser: Es war für alle ein rundum gelungener Abend bei den *Stonehuder Streetfuckers*. Vielen Dank an die spaßigen Buam. Und Dr. Rosine, an dieser Stelle noch mal der Hinweis: Ein Wolfgang Funzfichler hält, was er verspricht!

Mein Gott, ich hab nicht wirklich oben ohne auf dem Tisch getanzt?

A geh, Anneliese! So viel kann doch keiner trinken, dass er das freiwillig anschauen würd!

Gott sei Dank. Ich dacht schon …

Tour 7
Grüne-Küsten-Route
Über Coppenbrügge, Emden, Travemünde

Nord

W · O

S

Schnarch!

Schnarrrch! Chn-Püh!

Emden

Opa Hinnerk

Oldenburg

Bremen

~~Wolfgang~~ Münchhausen

Tour 7
Grüne-Küsten-Route

Travemünde

Hamburg

Niedersachsen

Hannover

Braunschweig

START

Coppenbrügge

217

Anneliese schreibt

Gestrandet ohne Christstollen

Bevor wir uns unserem nächsten Zielort widmen, müssen wir kurz geographisch werden. Wir alle kennen ja Städte, Dörfer, Gemeinden, ja, der eine oder andere kennt sogar Weiler – aber dass sich ein Ort »Flecken« nennt, das wusste *ich* zumindest noch nicht. Aber die Stadt Coppenbrügge, die heißt offiziell eben nicht »Stadt«, sondern »Flecken«. Und im Tourismusbüro erklärt man mir auch, warum: Ein »Flecken« ist nämlich ein Ort, der für die Dörfer aus der Umgebung quasi so etwas wie das Mutterdorf ist. In Niedersachsen konnte ein Flecken bis ins 19. Jahrhundert Sitz eines königlichen Amtes sein und hatte teilweise städtische Privilegien. Zum Beispiel durfte man in einem Flecken einen Markt abhalten, was sie im Dorf daneben nicht durften, weil's eben kein Flecken, sondern bloß ein Dorf war.

Der Niedersachse

ist geprägt von der Vielfalt der Mentalitäten und Religionen: Protestanten, Moslems, Katholiken, Ostfriesen, Ammerländer und Welfen, die Skorpions und Diane Kruger (vielen besser bekannt als Diane Krüger). Landmenschen und Stadtmenschen – das alles ist im Niedersachsen vereint.

Wie äußert sich diese Vielfalt? In Einfalt. Behaupten böse Zungen aus Nordrhein-Westfalen. Was natürlich Unsinn ist. Der typische Niedersachse ist entweder bauernschlau oder streetsmart – wobei der bauernschlaue Niedersachse mit dem neudeutschen Begriff *streetsmart* wenig anzufangen weiß.

Mit der Moderne setzt sich der durchschnittliche Niedersache erst seit wenigen Jahrzehnten auseinander. Besonders deutlich wird dies am Beispiel der friesischen Sportart »Boßeln«: Sie ist entfernt mit Kegeln, Bowling oder Boccia verwandt, aber eigentlich doch ganz anders. Grob zusammengefasst ist das Ziel dieses Teamsports, mit Kugeln auf einer Straße eine festgelegte Strecke mit möglichst wenigen Würfen zurückzulegen. Charakteristisch ist jedoch, dass die Sportbekleidung bis vor rund 50 Jahren aus langen

Unterhosen und Wollsocken bestand. Und niemand hatte ein Problem damit. Die Toleranz des Niedersachsen ist augenfällig.

Um im Rest der Republik nicht als Ansammlung von Sonderlingen dazustehen, legen die Regierenden der diversen niedersächsischen Städte, Flecken und Gemeinden stets Wert auf die Pflege von überregional anerkanntem Kulturgut. Deswegen hat der Niedersache Schützenfeste. Und weil etwa den feinen Hannoveranern die Boßelsportler gelegentlich ein wenig peinlich sind, veranstalten sie im Juli das größte Schützenfest Deutschlands mit über anderthalb Millionen Besuchern jährlich. Der klassische Niedersachse setzt sein Geld generell möglichst außenwirksam ein. Der Niedersachse mag Mettbrötchen und Grünkohl mit Mettwürstchen. Überraschenderweise sogar von Kindheit an. Das unterscheidet niedersächsische Kinder von anderen Kindern. Dieses Anderssein bleibt dem Niedersachsen auch im Erwachsenenalter als vages Unbehagen unter Fremden erhalten. Der Niedersachse wirkt dadurch etwa auf einen Bayern recht steif und arrogant. Aber das ist dem Niedersachsen völlig schnuppe. Wen interessieren schon die Bayern?

Coppenbrügge ist für die Millionen Fans unserer Volksmusik-Sendungen natürlich kein Neuland. Bestimmt erinnert's ihr euch alle noch an die erste Ausgabe von *Fröhliche Weihnachten*, als der Ferze …

… unser lieber Freund, der Reporter Rainer Ferzinger!

… live aus Coppenbrügge berichtet hat, wo die Bäckerei Braun und die Konditorei Stumpf gegeneinander angetreten sind, um den kleinsten Christstollen der Welt zu backen. Gewonnen hat damals die Konditorei Stumpf, weil die Schlauberger einfach keinen Christstollen gebacken hatten und der nicht vorhandene Christstollen der Konditorei Stumpf nach dem aktuellen Regelwerk natürlich kleiner war als der 0,87 Millimeter große Christstollen der Bäckerei Braun. Ja, das hat damals im Nachhinein für große Diskussionen in der Fachpresse gesorgt, die allerdings kaum jemand gelesen hat.

Auf unserer schönen Reise wollten die Anneliese und ich nun auch mal die anderen Seiten von Coppenbrügge kennenlernen. Und zu unserer großen Überraschung haben wir festgestellt, dass es diese anderen Seiten nicht gibt. Dafür kann man hier *ihn* kennenlernen, den typischen Niedersachsen.

Bevor Wolfgang etwas anderes behauptet: Natürlich hat auch Coppenbrügge für Touristen, die sich hierher verlaufen, einiges zu bieten: Zum Schwimmen gibt es hier ein schönes Hallenbad (wird gerade saniert), zum Wandern den 21 Kilometer langen »Bergmannsweg« und zum Geschichtsluft-Schnuppern gibt es die imposante Burg Coppenbrügge, die schon 1303 erbaut wurde und ausnahmsweise mal nicht auf einem Berg steht, sondern rentnerschonend

Romantik im Burgpark – Wolfgang ist allerdings
ungefähr 1,5 Sekunden nach dem Klick
vom Selbstauslöser schon wieder aufgestanden …

Mei, die Peterlinde ist nicht nur sehr
dick, sondern auch sehr hoch.

inmitten des Ortes. Allein der idyllische Park, der die Burg komplett umgibt, ist
schon eine Reise wert und darin besonders die sogenannte Peterlinde. Die steht
nämlich auf dem Burgwall und ist zwischen 500 und 700 Jahre alt.

Gepflanzt von Annelieses Mutter!

*Hahaha – Mensch, Wolfgang, ich hab so a Schwäche für
Männer, die originell und witzig sind. Schad, dass ich dich
geheiratet hab.*

Allein der Stamm der Peterlinde umfasst beinahe sechs Meter! Wenn S' da mit
den Armen rumlangen, ist das wie wenn S' einen von den Wildecker Herzbuben
umarmen!
Und wer schon in Coppenbrügge ist, der sollt auch noch schnell um die Ecke
nach Bodenwerder fahren, denn dort kann man einen alten Bekannten vom
Wolfgang treffen …

Also das Münchhausen-Dings, das war mal ein Museum nach meinem Geschmack. Ich bin ja selbst ein freistaatlich anerkannter Schwadroneur und Meistererzähler – kein Wunder, ich hab natürlich auch viel erlebt und viel zu erzählen. Einmal Possenreißer, immer Possenreißer – da schaut's her:

Wie nennt man einen Spanier ohne Auto?
Carlos

Versteht's ihr? Car-los? Hahaha, also, ich weiß nicht, wie's euch geht, aber ich hau mir gerade die Lederhosen wund.

Geheimfunz

Das Münchhausenzimmer
ist ausnahmsweise keine Lüge: Er hat tatsächlich gelebt, der Baron von Münchhausen. Und tatsächlich kann man sich auch noch anschauen, wo!
Der sogenannte »Lügenbaron« hieß Hieronymus Freiherr von Münchhausen und wurde am 11. Mai 1720 in Bodenwerder an der Weser geboren. An diesen Geburtsort kehrte er mitsamt seiner Ehefrau auch 1750 zurück, nach einem wilden Abenteurerleben in Russland, im Türkenkrieg und in Litauen. Bereits in der Garnisonsstadt Riga, in der er lange lebte, war sein Erzähltalent bekannt. Im Freundeskreis in Bodenwerder jedoch erblühte seine Fabulierkunst derart, dass Gäste von weither zum Gut des Landedelmannes reisten, um seine Geschichten zu hören. Zu Papier gebracht hat er jedoch keine seiner Erzählungen.

(Bis hierher identisch mit der Geschichte vom Tony Marshall)

Doch einer seiner Gäste, Museumsdirektor Raspe, geriet auf die schiefe Bahn, flüchtete nach England und schrieb dort einige der von Münchhausen erzählten Reiseabenteuer und Anekdoten auf, um damit Geld zu verdienen. Das Buch wurde ein großer Erfolg und 1786 ins Deutsche übersetzt. Hieronymus Carl Friedrich Freiherr von Münchhausen wurde weltberühmt – allerdings als »Lügenbaron«, worüber er sich den Rest seines Lebens ärgerte. Er starb am 22. Februar 1797.
In seinem Geburtshaus kann man Erinnerungsstücke aus dem Besitz des Barons besichtigen, es gibt zahlreiche Bilder, Dokumente und Skulpturen sowie ein Zimmer mit verschiedenen Gegenständen, die in den berühmten Erzählungen vorkommen: Etwa der Hase mit den acht Beinen (je zwei Paar oben und unten, für den Fall, dass eine Seite müde wird). Bodenwerder nennt sich also nicht umsonst »Münchhausenland« …

Wo?
Münchhausenplatz 1
37619 Bodenwerder

Wolfgang schreibt

Ritt auf der Kanonenkugel bis Emden

So, liebe Freunde, von Bodenwerder geht's auf der Kanonenkugel pfeilgradaus bis nach Emden an der Ostsee.

An der Nordsee, Wolfgang. Emden liegt an der Nordsee. Und ist sogar die westlichste Hafenstadt Deutschlands.

Ja, Sakra, und wieso liegt es dann in Ostfriesland? Jetzt kenn ich mich gar nicht mehr aus.

Weil Westfriesland noch weiter westlich liegt und deswegen schon zu Holland gehört. Beides liegt aber an der Nordsee!

Emden liegt mitten in Ostfriesland. Man merkt sofort, dass man nach Ostfriesland kommt, denn sowohl das Land wie auch die Oberweiten des weiblichen Teils der Bevölkerung werden urplötzlich unglaublich flach.

Aber nicht annähernd so flach wie Wolfgangs Kommentare!

Anneliese, ich bin noch nicht fertig!

Jetzt bin ich natürlich gespannt, ob die Menschen hier tatsächlich so deppert sind wie in den ganzen Ostfriesenwitzen.

Wenn nicht, verkaufen wir in Ostfriesland schon mal keins unserer Bücher!

Egal, die können hier wahrscheinlich eh nicht lesen.

In Ostfriesland gibt es auch heute noch viele Reet gedeckte Häuser.

Und hier, liebe Schlagerfreunde, meine drei Lieblings-Ostfriesenwitze:

Platz 3:
Warum nimmt der Ostfriese abends immer ein Maßband mit ins Bett?
Damit er morgens nachmessen kann, wie tief er geschlafen hat.

Platz 2:
Warum laufen die alten Ostfriesen vor Weihnachten ohne Gebiss rum?
Weil es die Frauen zum Plätzchen ausstechen brauchen!

Platz 1:
Unterhalten sich zwei Ostfriesen. »Pass auf«, sagt der eine, »Ich habe hier Geld in der Hand, wenn du errätst, wie viel es ist, dann gehören die zwei Euro dir!« Sagt der andere, »Nee. Wegen lumpiger zwei Euro zerbrech ich mir nicht den Kopf!«

Allesamt Knaller! Und es gibt sogar einen speziellen Witz über Emden:
Warum essen die Emdener kein eingemachtes Obst?
Weil sie mit dem Kopf nicht ins Glas kommen!

Na, das macht doch neugierig auf einen Besuch. Ich hab ein bisserl was vorbereitet, mit dem die Anneliese nicht rechnet. Die Anneliese schaut ja manchmal diese greisliche Sendung mit der blonden Rabaukin aus Hamburg, *Inas Nacht*. Ich kann da überhaupt nichts mit anfangen, weil ich betrunkene Frauen im Fernsehen nicht ausstehen kann. Deswegen hab ich früher auch nie die Talkshow von der Christiansen gesehen. Jedenfalls: Bei *Inas Nacht*, da singt immer so ein Chor, der vorm Kneipenfenster steht, ein sogenannter Shanty-Chor. Und den findet die Anneliese richtig gut. Ob nun wegen den grauhaarigen friesischen Kerlen, den blauweißgestreiften Hemden oder den alten Seemannsliedern, das weiß ich beim besten Willen nicht. Aber ich hab mir gedacht: Es wär für die Anneliese bestimmt a Riesenüberraschung, wenn sie mal in einem waschechten friesischen Shanty-Chor mitsingen darf. Und das war es dann auch. In Emden sind wir also am Spätnachmittag mit den *Schicken Shanties* verabredet. Das sind über zwanzig Mannsbilder im Alter von 19 (Jens »MC«

223

Schlüter) bis 81 Jahren (Opa Hinnerk), von denen die meisten tatsächlich aussehen wie die Hauptdarsteller der Ostfriesenwitze, die ich weiter oben zum Besten gegeben habe. Zwar arbeiten die Jungs im wahren Leben bei Versicherungen, in der Tourismusbranche oder bei Ludger Stewens auf dem Bioeier-Hof, aber mit ihren blauen Hosen und ihren gestreiften Hemden erinnern die *Schicken Shanties* zumindest entfernt an Seeleute. Ganz besonders lebensnah wirkt auf jeden Fall ihre Alkoholfahne.

Anneliese freut sich auf die *Schicken Shanties*.

Mei, das war mal eine Überraschung vom Wolfgang, dass er das mit dem Shanty-Chor organisiert hat. Ich muss ja zugeben, dass ich Männer in Uniformen schon gerne anschauen mag.

> Na, da bin ich ja froh, dass wir nicht in den 40er Jahren durch unser schönes Reich getingelt sind.
>
> Wolfgang, das ist jetzt wirklich geschmacklos.
>
> Na, und? Das ist dein Gemüseeintopf auch. Haaahaaa ...

Und wenn ich mir so vorstelle, wie diese jungen, sonnengebräunten Matrosen mit freiem Oberkörper ihre Muskeln spielen lassen, während sie singend die schweren Taue einholen – das hat schon was. Die *Schicken Shanties* sind zwar größtenteils gar keine echten Matrosen, aber singen können sie, und das ist ja jetzt erst mal das Wichtigste. Allerdings dauert es leider nicht lange, bis Wolfgang für dicke Luft bei den *Schicken Shanties* sorgt. Und das nur wegen ihres Namens.

Info

Das Shanty

ist ein Seemannslied. Die Lieder stammen aus Zeiten der Seefahrer und sind in verschiedenen Sprachen getextet, meist aber auf Englisch. Ursprünglich waren es Arbeitslieder der Matrosen, die bei der gemeinschaftlichen Arbeit an Bord gesungen wurden. Dadurch wurden die Arbeitsabläufe koordiniert und erleichtert.

(Also, im Prinzip wie in dem Film mit der Bo Derek beim Bolero, wuhahahaaa!)

Vergleichbar sind die Shanties mit den Sklavenliedern, die auf Plantagen zur Arbeit gesungen wurden (Sklavenhütten im Süden der USA wurden bezeichnenderweise auch *shanties* genannt, vgl. aber auch französisch *chanter* für *singen*). Die musikalischen Ursprünge des Shantys lassen sich bis ca. Mitte des 15. Jh. zurückverfolgen.

(Unsichere Quellen behaupten, im modernen Versicherungswesen wird wieder verstärkt auf Shanties zurückgegriffen, um Mitarbeiter im Gleichtakt zu halten und zu motivieren, etwa bei Hamburg Mannheimer-Bonusreisen mit Klassikern wie: „Auf, grüner Jung, reck deine Glieder" oder „Blow, boys, blow".)

Vorsinger der Matrosen auf dem Schiff war der sog. *Shantyman*, der oft auch einen Soloteil sang. Wegen der unterschiedlichen Arbeiten gibt es auch unterschiedliche Shanty-Kategorien, etwa zum Ankerlichten oder zum Segelsetzen.

(Gab's auch einen Shanty zum Liedersingen?)

Aber auch typische Seemannsthemen wie Abschiednehmen, die Abenteuer auf See, Heim- und Fernweh werden in Shanties – gern in geselliger Runde – besungen. In den Häfen der Welt verbreiteten sie sich naturgemäß rasch; inhaltlich vermischten sich im Shanty oft Seemanns- und Volkslieder. Bekannte Shanties: *What shall we do with the drunken sailor* oder *De Hamborger Veermaster*.

Heutzutage werden traditionelle Shanties vor allem in Norddeutschland von sog. *Shanty-Chören* gesungen, oft auch zur touristischen Unterhaltung.

(In Süddeutschland gab es in den späten 80ern Versuche, berühmte Shanties mit Kuhglocken nachzuspielen, vgl. auch heute z. B. Klöthentaler Bimmelbuam. Aufgrund mäßiger Nachfrage seitens des Publikums wurde diese Erweiterung des musikalischen Spektrums in jener Region allerdings bald wieder aufgegeben.)

Mit den SCHICKEN SHANTIES
in der Nordseehalle Emden:

Wolfgang:	*Mei, Burschen, eins müsst ihr mir amal erklären: Was habt's ihr euch denn bei dem Namen gedacht? Der macht doch gar keinen Sinn!*
Opa Hinnerk:	*Ersma: Moin mitnanner, du överkandidelten Studeerten!*
Wolfgang:	*Was? Hast du verstanden, was der gesagt hat, Anneliese?*
Anneliese:	*Nein, aber jetzt löcher die armen Leut doch nicht gleich mit deinen Fragen!*
Wolfgang:	*Anneliese: Schicke Shanties – das bedeutet ja, dass die Shanties schick sind, nicht die Leute, die es singen! Bursch'n, wisst's, was ich mein? Schicke Shanties is Quatsch – ihr singt's ja nur die Shanties, aber seid's des ja net!*
Anneliese:	*Also, Wolfgang, mir ist das wirklich ganz egal! Erst mal grüß Gott, die Herren! Ich bin wirklich überrascht und freu mich ganz arg, mit euch zu singen!*
Chor:	*Moin, Deern!*
Opa Hinnerk:	*Dunnerschlag, de Deern hett aber mol Holt för de Dör!*

Der Chor lacht.

Wolfgang:	*Anneliese, der Name ist schon unlogisch – des musst zugeben!*
Anneliese:	*Wolfgang, jetzt reiß dich z'sammen! Ich dachte, wir wollen mit den Burschen a Liedl zusammen singen.*
Wolfgang:	*Ich wollt's bloß gesagt haben, weil's immerhin alles in einem Buch gedruckt wird, und da will ich am Ende nicht als der Depp dasteh –*
Anneliese:	*Pscht, jetzt!*
Opa Hinnerk:	*Watt mi wunnert, is, dat de beiden nich mol een bitje vernünftig proten könn!*
Wolfgang:	*Anneliese, ich werd das Gefühl nicht los, dass der Opa sich über dich lustig macht.*
Anneliese:	*Wenn schon, dann über dich!*
Wolfgang:	*A Schmarrn! Ich biete doch gar keine Angriffsfläche für so was.*

Opa Hinnerk:	*Wohrschienlich hät sik dat lebennig Rumfatt mit dem Snodderbrems inne Snuut siene Fru dato overdübelt, sik disse Sement-Titten moken to laten.*

Erneut lachen die Chormitglieder lauthals.

Anneliese:	*Entschuldigung, was hat der ältere Herr gerade gesagt?*
Wolfgang:	*Das würd ich jetzt auch gern wissen!*

Jens Schlüter:	*Opa Hinnerk hat gesagt, er kann es gar nicht abwarten, mit Ihnen zu singen!*
Anneliese:	*Mei, da hat er recht. Wir reden und reden. Dabei wollten wir doch a Shanty singen. Und los geht's!*
Opa Hinnerk:	*Een, twee, dree, veer …!*
Chor, Wolfgang, Anneliese:	*Blow, boys, blow, from Californiooo …*

A lso, ich bleib dabei, so einen Namen können sich nur die depperten Ostfriesen geben. Das wär ja so, wie wenn die Regensburger Domspatzen nicht Regensburger Domspatzen hießen, sondern »Die Regensburger Requiems«. Oder wenn die Wiener Philharmoniker sich »Die witzigen Walzer« nennen würden.

Das macht ja nun überhaupt keinen Sinn.

Ja, genau das ist ja mein Punkt, Anneliese!

Aber sei's drum – Hauptsache, die Anneliese hatte ihren Spaß.

Der Jüngste aus dem Chor, der MC Schlüter, hat der Anneliese anschließend als Erinnerung ein typisches Shanty-Chor-Hemd und die dazu passende Mütze geschenkt. (Ich hab komischerweise nichts gekriegt!) Und dieser Opa Hinnerk hat der Anneliese anschließend sogar noch zwei dicke Schmatzer auf die Backen gedrückt. Anneliese glaubt ja, dass ich spinn, aber ich bin mir sicher, dass er ihr dabei absichtlich an die Brüste gelangt hat. Und danach hat er sich zu seinen Kollegen umgedreht und gelacht. Ich sag's euch: Wenn die alte Hundskrippe nicht schon so

»Blow boys, blow, from Californiooo…«

klapprig gewesen wär, hätt ich ihm seine affige Seemannsmütze über die Ohren bis runter zu den Knöcheln gezogen. Irgendwie bin ich das Gefühl nicht losgeworden, dass der alte Saufsack sich über uns lustig gemacht hat. Auf der anderen Seite – wie soll man sich über uns lustig machen? Vor allem, wenn man Ostfriese ist!

Übrigens: Unser Gastspiel bei den *Schicken Shanties* wurde sogar aufgezeichnet. Ja, da staunt's ihr, gell? Ich war auch ganz überrascht, dass die da oben schon Tonbandmaschinen kennen. Jedenfalls haben s' mir die Aufnahme dann auf so einem Computer-Stick mitgegeben, und der Jürgen Fantasy, der hat des dann irgendwie ins Internet geschickt. Wenn's ihr mal reinhören wollt, dann haut's das hier in eure Tastatur:

www.wolfgang-und-anneliese.de/keckis-klangwelten.net/deutschlandreise/Norden/beidendeppertenostfriesen/shantyschwachsinn/

Letztlich war es dann doch noch ein schöner Nachmittag bei den *Schicken Shanties*, und zum Abschied bekomme ich sogar noch ein echtes Shanty-Hemd und eine original Shanty-Mütze geschenkt. Und was der Opa Hinnerk mir bei der Verabschiedung ins Ohr geflüstert hat, das bleibt unser kleines Geheimnis, zum Teil auch deswegen, weil ich sein Plattdeutsch nicht verstehen konnte. Aber ich hab genug verstanden, um zu verstehen, dass die ostfriesischen Männer ihre Frauen anscheinend mit wesentlich mehr Respekt behandeln als die bayerischen Männer!

> Kreuzsacklzement! So a Frechheit – an die Brüste grapschen wollte dir der alte Bock, mehr nicht!

> Und wenn schon. Mein eigener Ehemann interessiert sich ja eher für die Brüste anderer Frauen!

> Deine sind mir halt zu hart!

> Stefania, Sigrid, erinnert mich doch daran, dass ich im Notariat vom Dr. Fleischhauer mal einen Pro-forma-Termin mache. Auch wenn ich bis zum Erscheinen des Buchs vieles vergessen habe – auf gewisse Dinge sollte eine moderne Frau grundsätzlich vorbereitet sein.

> Was heißt das denn jetzt schon wieder?

> Nix, Wolfgang.

> Dann ist ja gut.

Um möglichst viel von der schönen ostfriesischen Landschaft zu sehen, zwinge ich Wolfgang, von Emden aus einen großen Bogen zu fahren: Zunächst geht es über Westgroßefehn und Ostgroßefehn (Nord- und Südgroßefehn wiederum gibt's nicht – bisschen komisch sind diese Friesen schon) bis nach Aurich, das auch das grüne Herz Ostfrieslands genannt wird …

> Oder Traurich, he he …

… und dann weiter bis zur Stadt Norden (die heißt wirklich so). Und mei, liebe Leser, was war das für eine fröhliche Fahrt! Mitten auf einer dieser friesischen Landstraßen haben wir nämlich ein Schild Richtung Bremen gesehen. Und da mussten wir beide gleichzeitig an unseren *Wetten, dass..?*-Auftritt damals 2009 in Bremen beim Thommy Gottschalk denken.

Erinnern Sie sich noch, wie der Hugh Grant auf der Couch mit mir geflirtet hat wie ein Schulbub und der Wolfgang hilflos daneben saß wie ein … –

Hilflos daneben gesessen? Ich hab mich aus Rücksicht vor dem Thommy und der Michelle beherrscht. Im Prinzip kann der Inselaffe froh sein, dass er heute noch mit einem Unterkiefer rumläuft.

Lass gut sein, Wolfgang. Den heißblütigen Liebhaber nimmt dir nun wirklich keiner mehr ab.

Schade. War'n Versuch wert.

Und dann kam es zur Einlösung unseres Wetteinsatzes, wo wir uns zum ersten Mal seit zwanzig Jahren wieder einen Kuss geben sollten. Sie haben richtig gehört: In 'nen Riesensenftopf springen kann jeder – aber das, das hätte wirklich Überwindung gekostet! Und dann kam die große Funzfichler-Überraschung – der Wolfgang und ich hatten uns nämlich abgesprochen:
Kurz bevor sich unsere Lippen berührten, hat sich der Wolfgang die Michelle geschnappt und ich den Thommy, und statt uns zu küssen, haben wir die beiden abgeknutscht. Mei, des war ein Spaß!

Das können wir gerne mal wiederholen. Die Michelle schmeckt ganz wunderbar nach italienischem Schinken.

Echt? Der Thommy schmeckt im Prinzip genauso wie sein Bruder.

Anneliese!

Ein Spaß, Wolfgang … zwinker, zwinker.

All diese schönen Erinnerungen an unseren *Wetten, dass..?*-Auftritt kommen uns wieder in den Sinn, als wir das Schild *Bremen* sehen. Und was liegt da für uns fröhliche Reisegesellen näher, als den Eröffnungssong von damals noch einmal anzustimmen!
Den letzten Refrain haben wir dann sozusagen am Nordseestrand ausklingen lassen, liebe Leser! Mei, um die frische Seeluft, da beneide ich die Ostfriesen ja. Und auch um ihre wunderschönen breiten Strände, die bei Ebbe noch viel breiter werden und plötzlich den Blick auf das Wattenmeer freigeben.
Leider kann ich Wolfgang nicht zu einer Wattwanderung überreden, weil er Angst hat, im Treibsand zu versinken. Auch nachdem ich, ein Wattenmeerführer und mehrere Touristen ihn ausgelacht und erklärt haben, dass es im Wattenmeer

Der Thommy schmeckt im Prinzip genauso wie sein Bruder.

Unser Lied

Wetten, dass..? Auftritts-Lied

Intro:
Wir sag'n Hallo, wir sind bei Wetten, dass..?
Wir waren grad noch bei Versteh'n Sie Spaß
Wir freu'n uns auf 'ne richtig tolle Show
Und auf die Riesengage sowieso

Ihr Leut daheim, wir freu'n uns,
dass ihr schaut
Stellt doch mal jetzt die Hörgeräte laut
Heut sprengen wir den Rathausplatz
Als Thommys letzten Wetteinsatz

Refrain:
Ja ja, bei Wetten, dass..?
Da gibt's für jeden was
Der Gottschalk ist so schick
Er kauft halt gern bei KiK

Ja ja, bei Wetten, dass..?
Da hat der Papa Spaß
Die Kameras sind mitten
Auf Michelles großen Füßen.

Strophe 1
Die Wetten, die sind immer toll
Bloß fragt man sich oft, was das soll
Bagger, Kinder, Stiefel-Lecken
Gottschalk springt ins Senftopf-Becken

Strophe 2
Hoff ma, dass Hugh Grant
Nicht auf der Couch wegpennt
Und dass der schöne Schweiger-Til
Nicht schon um neun nach Hause will

Bridge
Die Superstars ham wenig Zeit
der Jet steht draußen schon bereit
des is 'ne Riesengaudi
Bezahlt von den Gebühren

Refrain
Ja, hier ist Wetten, dass..?
Hier gibt's für jeden was
Die Beckham kriegt man schlecht
Dann kommt halt Ochsenknecht

Ja, nur bei Wetten, dass..?
macht Überziehen Spaß
jetzt kommt der größte Gag
wir müssen leider weg!

Heeey ...

(Text und Musik: J. Fantasy, W. & A. Funzfichler)

keinen Treibsand gibt, weigert er sich. Ich glaub einfach, dass er nicht vor anderen Leuten barfuß gehen möchte, weil ihm seine Spreiz-Senk-Füße so peinlich sind. Deswegen braucht er ja diese hohen Korrektursohlen!

Anneliese, das geht erstens keinen was an, und zweitens hast du sie vergessen!

Ja ja, natürlich ...

Immerhin kann ich ihn zu einem Besuch der vielen Windmühlen überreden, die es hier oben gibt. Zum Beispiel »De Vrouw Johanna« in Emden oder die »Mühle Wiegboldsbur« in Südbrookmerland. Die ist sogar Heimatmuseum und Backstube in einem. Die Mühle ist aus dem Jahre 1812 und wird seit 1991 vom »Mühlenverein Wiegboldsbur« betreut. In dem Mühlenmuseum zeigen die Friesen alte Ernte- und Dreschmaschinen, eine urige Tischlerwerkstatt und seltene Schlittschuhe, die früher noch Gleitschuhe hießen.

Irgendwann in der Zukunft wird es also vielleicht eine „Schlittcreme" geben, wuohahaaaaa. Spaß muss sein, liebe Leser. Ich bin auch nur ein Mensch!

Das muss ich nicht verstehen, oder?

Nein, das kannst du nicht verstehen, Anneliese!

Diese Windmühlen waren schon ganz putzig. Nicht zu glauben, in was für ungemütlichen Betten die damals geschlafen haben. Ich hab mich in dem Museum mal in eines Probe gelegt, bis ich vom Mühlenwärter persönlich wieder rausgejagt wurde, weil das *angeblich* verboten war. Seltsamerweise bin ich – obwohl das Bett, wie gesagt, sehr ungemütlich war – sofort eingeschlafen.

Ich sag's euch: Dass die Seeluft müde macht, ist kein Gerücht. Und dass sie hungrig macht, erst recht nicht. Und das ist der zweite Pluspunkt, den ich den Flachlandindianern hier geben muss:
Der Fisch in den Restaurants hier schmeckt gar nicht mal so schlecht. Sicherlich – ein Dorsch ist keine Schweinshaxe und eine Scholle kein Krustenbraten. Eine Makrele ist keine Rindsbratwurst und die Heringe sind keine Nürnberger Rostbratwürstchen.

Eine Windmühle ist immerhin keine Burgruine.

Aaaber: Entsprechenden Hunger und das Fehlen der oben genannten bajuwarischen Spezialitäten vorausgesetzt, kann man auch mit diesen Tieren den gröbsten Appetit im Zaum halten.

So, die Restaurants sind leer gegessen, dann kann's weitergehen in den Nordosten der Republik, wo jetzt auf einmal doch die Ostsee zu sein scheint, wie ich es ja von Anfang an gesagt habe.

Ja, weil wir dann auch – wie du ja selber geschrieben hast – in den Nordosten der Republik gefahren sind. Gib doch einfach mal zu, wenn du einen Fehler gemacht hast.

Merkt's ihr das, liebe Leser, wie die Anneliese einem das Wort im Mund umdreht?

Aaaahhhhhhh …

Wir fahren also von Norden Richtung Hamburg und überqueren dabei die Grenze von Niedersachsen nach »Scheußlich-Holstein«, wie es die Ostfriesen im Spaß nennen. Gefällt mir – zumindest ein Ansatz von Humor.

Und wenn man lang genug durch Scheußlich-Holstein fährt, dann kann es passieren, dass man irgendwann denkt: Ja, bin ich plötzlich in Amerika oder was?!

Geheimfunz

Kalifornien

heißt nicht nur ein Traumland in den USA, sondern auch ein kleiner Ort in Schleswig-Holstein. Genauer gesagt: in der Gemeinde Schönberg im Kreis Plön.

Kalifornien ist ein Ostseebad zwischen Laboe und Stakendorf an einem 20 km langen Sandstrand. Mit dem amerikanischen Namensvetter hat das Ostsee-Kalifornien nicht nur Sand, Meer und Beachcafés gemeinsam, sondern auch beste Surfbedingungen und die allgegenwärtige Urlaubsatmosphäre – hier allerdings inmitten Holsteinischer Natur.

(Die wichtigste Frage ist doch: Wenn die schon einen Strand haben, gibt es dann auch diese sagenumwobenen Spring-Break-Partys, von denen mir der Karl Moik nach seiner Musikantenstadtl-Tour in Amerika einige hochinteressante Geschichten erzählt hat?)

Wie aber kam der Ort zum besonderen Namen? Man erzählt sich, dass ein Fischer am Strand sich eine Hütte aus Strandgut baute. Und unter diesem ange-schwemmten Holz befand sich auch eine Planke mit der Aufschrift »California«, die wahrscheinlich von einem gesunkenen Schiff stammte. Der Fischer verband mit diesem Namen den Goldrausch und nagelte das Brett als Glücksbringer über seine Hüttentür.

Anders als auf der Landkarte liegt übrigens in dieser Gegend gleich neben Kalifornien Südamerika. Seinerzeit dachte sich nämlich ein neidischer Fischer, der sich etwas weiter östlich niedergelassen hatte: »Was du kannst, Mr. California, kann ich schon lange!« und malte *Brasilien* auf sein Türschild.

Aus diesen beiden Kreativleistungen der Fischer entstanden schließlich die beiden berühmtesten Ortsteile Schönbergs.

(Da haben die Fischer aber Glück gehabt, dass da kein Schild angeschwemmt wurde, auf dem „Arsch der Welt" stand! Hehe, Spaß muss sein!)

Wo?

25 km nordöstlich von Kiel
24217 Kalifornien
Gemeinde Schönberg

Anneliese schreibt

Leinen los, Frau über Bord in Travemünde

Als ich ein kleines Mädchen war ... *Wie die Jahrhunderte dahinrasen* ... habe ich mit meinen Eltern in den großen Ferien immer Urlaub in den Bergen gemacht. Das war wunderschön. Vor allem, weil wir sowieso schon in den Bergen wohnten und es deshalb nicht weit hatten.

Lange Autofahrten und Ferienstaus bei brütender Hitze bleiben einem so erspart, hat mein lieber Papa immer gesagt. Praktischerweise konnten wir sogar in unserem eigenen Haus bleiben und mussten nicht in ein ungemütliches Hotel ziehen – schon wieder eine schlaue Idee von meinem Papa. Bloß ein einziges Mal sind wir tatsächlich ganz woanders hingefahren, weil meine Mama unbedingt ans Meer wollte. Sie hatte nämlich gehört, dass einem die Salzluft beim Abnehmen hilft.

> *Das hätt dann aber schon extrem salzige Luft sein müssen ...*
> *Wolfgang, still bist!*

Mein Papa hat sich dann den alten Benz von unserem Nachbarn ausgeliehen (damals hatte er noch nicht den *Rekord*) und ist mit uns Richtung Norden gestartet. Ich erinnere mich noch wie heut, als der Papa dann den Nachbarn von einer Raststätte aus angerufen hat (da gab's noch Telefonzellen, keine Handys), um ihm zu

Die Ostsee ist ein beliebtes Reiseziel auch bei jungen Kölnern.

sagen, dass er das Auto nicht bei der Polizei als gestohlen melden muss, weil – wir hätten uns das ja nur kurz ausgeliehen, und er bekäme es in zwei Wochen wieder. Mei, da hatte mein Papa doch glatt vergessen, dem Nachbarn Bescheid zu sagen, dass wir uns seinen Wagen ausleihen. Das war vielleicht ein Schussel manchmal.

A armer Irrer war's!
Kreizdunnerwedder! Still bist, hab ich g'sagt!

Damals ist mein Papa mit uns rauf an die Ostsee, an den berühmten Timmendorfer Strand und nach Travemünde gefahren. Und genau da sind der Wolfgang und ich von Friesland aus über Kalifornien ebenfalls hingeprescht. Uns ist nämlich eingefallen, dass ein paar ganz liebe Fans von uns dort oben ein Boot haben. Und das wollen wir uns mal genauer anschauen ...

Info

Travemünde

ist ein 1187 gegründeter Stadtteil von Lübeck, ca. 20 km vom Stadtzentrum entfernt. Travemünde wird auch »Lübecks schönste Tochter« genannt.

(Was ich hiermit ausdrücklich verneinen muss: Lübecks schönste Tochter ist die Gisela vom Club Kokett in der Innenstadt. Also, zumindest nach dem, was man auf den Bildern im Schaukasten am Eingang sieht. An dem ich zufällig vorbeigekommen bin, als ich aus Versehen die falsche Straße genommen habe, als ich dringend eine Toilette gesucht habe!)

Das Seebad Travemünde liegt direkt an der Ostseemündung der Trave und ist berühmt für seine urigen Altstadtgassen, die historische Fassadenfront entlang der Trave und den breiten Sandstrand.

(Und das ist nicht das Einzige, was an Travemünde breit ist – Stichwort: Jugendliche und Alkopops. Wobei mir die Jugendlichen egal sind, aber nicht das Deutsche Reinheitsgebot von 1516!)

Leuchtfeuer: Das Travemünder Leuchtfeuer ist das höchste Europas und befindet sich an ungewöhnlicher Stelle: in 117 m Höhe auf dem Dach des Maritim-Hotels. Es zeigt nicht nur Schiffen den Weg nach Travemünde, es ist auch noch in der Altstadt Lübecks mit bloßem Auge zu erkennen.

(Wobei an Wochenenden etliche Besucher der Altstadt mit bloßem Auge nicht mal mehr ihr eigenes Feuerzeug erkennen, wenn sie versuchen, eine Kippe anzuzünden.)

Geschichte: Die Travemünder Bevölkerung lebte über Jahrhunderte ausschließlich von der Fischerei und der Schifffahrt. Erst im 19. Jh. kam mit den Dampfschiffen der touristische Aufschwung ins Ostseebad. Erste Anlaufstelle für Besucher war dabei stets das Kurhaus. Die Erholungsmöglichkeiten von Travemünde zogen auch bald die Prominenz an. Was mit Sicherheit auch an der Spielbank lag, in der man sein Geld seit 1833 beim Roulette verspielen konnte. Immerhin wurden die Einnahmen des Casinos damals für soziale Zwecke verwendet. Nach einer jahrzehntelangen Spielbank-Schließung kann der Travemünde-Besucher sich seit 1949 wieder bei Roulette, Baccara oder Black Jack amüsieren und sein Geld verspielen.

(Und deswegen darf die Anneliese da auch nicht rein.)
(Wieso? Ich hab doch noch die goldene Uhr, die du mir damals nach der ersten Brust-OP geschenkt hast!)
(Anneliese, das gehört nicht hier hin!)
(War doch nur Spaß, du hast mir damals nix geschenkt!)
(Ach so.)

Wolfgang schreibt

D ie Ellen, also, das ist eine Dame mit irrsinnigem Vorbau, wirklich einer Menge Holz, wenn's ihr versteht, was ich meine. Ha! Jetzt seid's ihr dem verrückten Wolfgang ganz schön auf den Leim gegangen. Die *Ellen* ist nämlich ein Boot! Wobei das eigentlich ganz ein falscher Ausdruck für das Riesending ist. Das ist schon mehr ein richtiges Schiff, die *Ellen*. Mit Mast und Planken und so. Genau kenne ich den Unterschied zwischen »Boot« und »Schiff« nicht – ist ja auch egal.

Nein, es ist nicht egal. Aber ganz so falsch hast ausnahmsweise gar nicht gelegen! Grob gesagt:

Ein Boot ist ein eher kleineres Wasserfahrzeug wie ein Ruderboot (daher auch der Name Ruderboot), eine Jolle oder ein kleines Motorboot, ein Schiff ist wesentlich größer dimensioniert.

Früher, als es noch keine Motorboote gab, nannte man Segler mit ein oder zwei Masten Segelboote, Segler mit mehr als zwei Masten Segelschiffe.

Danke für den erneuten Beitrag aus der „Klugscheißeria Funzfichler". Erklären lassen kann ich es mir auch.

Machst du aber nicht, weil du zu faul dazu bist.

Das stimmt wiederum.

Anneliese schreibt

A uf der *Ellen* wurden wir bereits von den Hansens und den Jansens erwartet. Denen gehört nämlich das Boot, oder besser: das Schiff. Und die hatten sich bereit erklärt, den Wolfgang und mich ins kleine Einmaleins der Seefahrt einzuweihen. Dummerweise ist mir auf der *Ellen* ein wenig übel geworden.

So ging's mir früher immer auf der Anneliese, einer uralten bayerischen Fregatte. Komm, Anneliese, der bot sich an ...

Ich sag ja gar nichts ... du bläda, damischer rotbackerter Bauernfünfer!

Tja, ich fürchte, die Anneliese ist nicht zum Leben auf dem Wasser geboren. Das leichte Schaukeln bei der Fahrt durch den Hafen hat schon gereicht.

Ich wette, dem Wolfgang war genauso schlecht. Der hat sich bloß zusammengerissen, weil er sich vor unsern Gastgebern nicht blamieren wollte. Aber so war ich eben die Erste, die sich als waschechte Landratte entpuppte.
Tja, plötzlich wollte es unbedingt frische Luft schnappen, mein Essen …

Details erspar'n wir uns an dieser Stelle, dafür geb ich Ihnen lieber noch ein paar Reste aus meinem Wissensschatz zum Thema »Seefahrt« mit auf den Weg:

Info

Annelieses Matrosen-Einmaleins:

Lee	ist die vom Wind abgekehrte Seite des Schiffs
Luv	ist die dem Wind zugewandte Seite
Backbord	= links
Steuerbord	= rechts, jeweils vom Heck aus gesehen
Heck	ist der Hinterteil des Bootes
Achtern	ist da, wo's Heck ist, nämlich hinten (hinten sagt man aber nicht!)
Bug	ist der Vorderteil des Boots (oder des Schiffs)
Anluven	macht man, wenn man das Boot in den Wind dreht, also nach Luv
Abfallen	ist das Gegenteil
Bilge	das ist der tiefste Raum in einem Boot

(Und deshalb so interessant für die fleißige Bootsfrau, weil sich in der Bilge Wasser und Schmutz sammeln!)

Kentern	ist das Umkippen des Bootes (sollte man sich sparen)
Kilometer	pro Stunde sagt man nicht, dafür gibt's ja:
Knoten	(30 Knoten sind ca. 55 km/h)

(Kotzen = Schiffsdiät für Landratten — und eine besondere Spezialität von Anneliese!)

Nachdem ich mich das erste Mal über die Reling erleichtert hatte, ging es mir eigentlich wieder viel besser. Und das hab ich dann direkt ausgenutzt, um den Wolfgang zu überreden, mit mir am Bug schnell noch meinen Lieblingsfilm nachzuspielen (na, wissen S' noch, was der Bug ist? genau: das Gegenteil von Heck).

Und mein Lieblingsfilm, das ist – ganz klar: *Titanic*. Gell, den kennen Sie auch, liebe Schlagerfreunde! Hach, den *Titanic* hab ja ich mindestens dreizehnmal gesehen, meistens zusammen mit meinen Freundinnen. Und dabei haben wir uns immer vorgestellt, dass nicht der Leonardo Di Caprio die Hauptrolle gespielt hat, sondern der Hansi Hinterseer. Mei, so wurd der Film gleich noch mal doppelt so schön.

Sie können sich vorstellen: Mit dem Wolfgang brauch ich so einen romantischen Film gar nicht erst sehen. Fernsehen heißt bei dem Fußball, und Romantik ist für den, wenn vorm Länderspiel die Hymne gesungen wird und der Thomas Müller ein Tränchen in den Augen hat.

Aber immerhin hat der Wolfgang mir nach langem Bitten und Betteln den Wunsch erfüllt und mit mir die berühmte Szene aus *Titanic* nachgespielt. Ich stand in der Spitze des Bugs und hab die Arme ausgebreitet, während der Seewind mir ins Gesicht blies. Und der Wolfgang stand hinter mir und hat mich festgehalten.

Zum garantiert allerletzten Mal!
Herrgott, Wolfgang, da konnte ich doch nichts zu!

Ausgerechnet in dem Moment, wo wir da so romantisch stehen wie die Kate Winslet und der Hansi Hinterseer, wird mir urplötzlich wieder schlecht. Tja, der starke Fahrtwind tat ein Übriges, und deswegen konnte ich nicht verhindern, dass der Wolfgang … Sie können S' sich denken.

Ich notiere mir in mein Notizbuch unter dem Eintrag: »Nie wieder mit Anneliese eine Spielbank betreten!« den fett unterstrichenen Zusatz: »Und nie wieder ein Schiff betreten!« Was hatte ich mich auf die Fahrt auf der *Ellen* gefreut. Und das, obwohl mir selbst speiübel war. Aber ich hab mich immerhin zusammengerissen und heimlich unter Deck in die Sitzpolster gereihert.

Waaaas? Kein Wunder, dass sich die Hansens nicht mehr melden!

Und was macht's die Anneliese? Nervt erst so lange, bis ich mit ihr diese strunzlangweilige Schmierenkomödie *Titanic* nachspiele, und zum Dank vomiert sie ihrem eigenen Ehemann mitten ins Gesicht. Kann sich das einer vorstellen?

Ich hatte extra drauf geachtet, es nicht ausdrücklich zu benennen!

Gegen Seekrankheit hilft oft nur ein Glas Sekt. Oder zwei.

Als hätte ich das auf der Ellen allen Ernstes extra gemacht, sitzt er jetzt – zwei Stunden später – im Auto neben mir und ist immer noch beleidigt. Auf der anderen Seite gibt es nichts Schöneres, als wenn der Wolfgang mal eine Stunde lang den Schnabel hält. Und so wird's eine erholsame Fahrt zu unserem nächsten Ziel: Rügen! Und auf dem Weg ans berüchtigte Kap Arkona, da besuchen wir (also ich) noch eine ganz besondere Familie: die Zirkusfamilie Malmström.

Geheimfunz

Malmström-Museum –
Zirkusmuseum über eine fast 300 Jahre existierende Artistenfamilie. Im Haus, in dem die Sippe seit 1916 beheimatet ist, erfährt man (fast) alles über die berühmte Zirkusfamilie (nur nach Absprache geöffnet).

Die Malmströms begannen einst als Seiltanzgruppe. Wobei einer der Urväter seine Kunst angeblich derart perfekt beherrschte, dass er auf dem Seil über einen anderen Seiltänzer hinweg springen konnte. Im 20. Jahrhundert traten Artisten der Malmström-Familie in 35 Ländern auf und konnten ihre Künste vor beinahe drei Millionen Zirkusbesuchern zeigen. So kam sogar ihre Heimat Güstrow in den Genuss einer gewissen internationalen Bekanntheit.

(Und das ist in der Tat eine bemerkenswerte Leistung!)

In zwei Zimmern und einem über hundert Jahre alten Zirkuswagen findet der Besucher nun Dokumente, Fotos, Plakate, Requisiten und vieles mehr aus dem abenteuerlichen Leben der Malmströms.
All diese Ausstellungsstücke sind von mehreren Generationen zusammengetragen und aufbewahrt worden. Im Museum wird auch der reiche Anekdotenschatz der Familie gepflegt. So etwa die Geschichte von den Drei Malmströms, die als die besten Trapezkünstler ihrer Zeit galten, bis Hermann, einer der drei, herunterfiel und von da an alles doppelt sah.

(Danach nannten sich die drei dann die Sechs Malmströms, hahaha!)

Wo?
Malmström-Museum
Zu den Wiesen 17
18273 Güstrow

Tour 8
Seen-Alleen-Bäume-Route

Über Kap Arkona, Neustrelitz,
Werder/Havel, Spreewald, Wittenberg

FKK

Nord

W — O

S

Mecklenburg-Vorpommern

Hamburg

Niedersachsen

Gute alte Grenze

Wolfsburg

Das kann tödlich sein

Hannover

Magdeburg

Sachsen-Anhalt

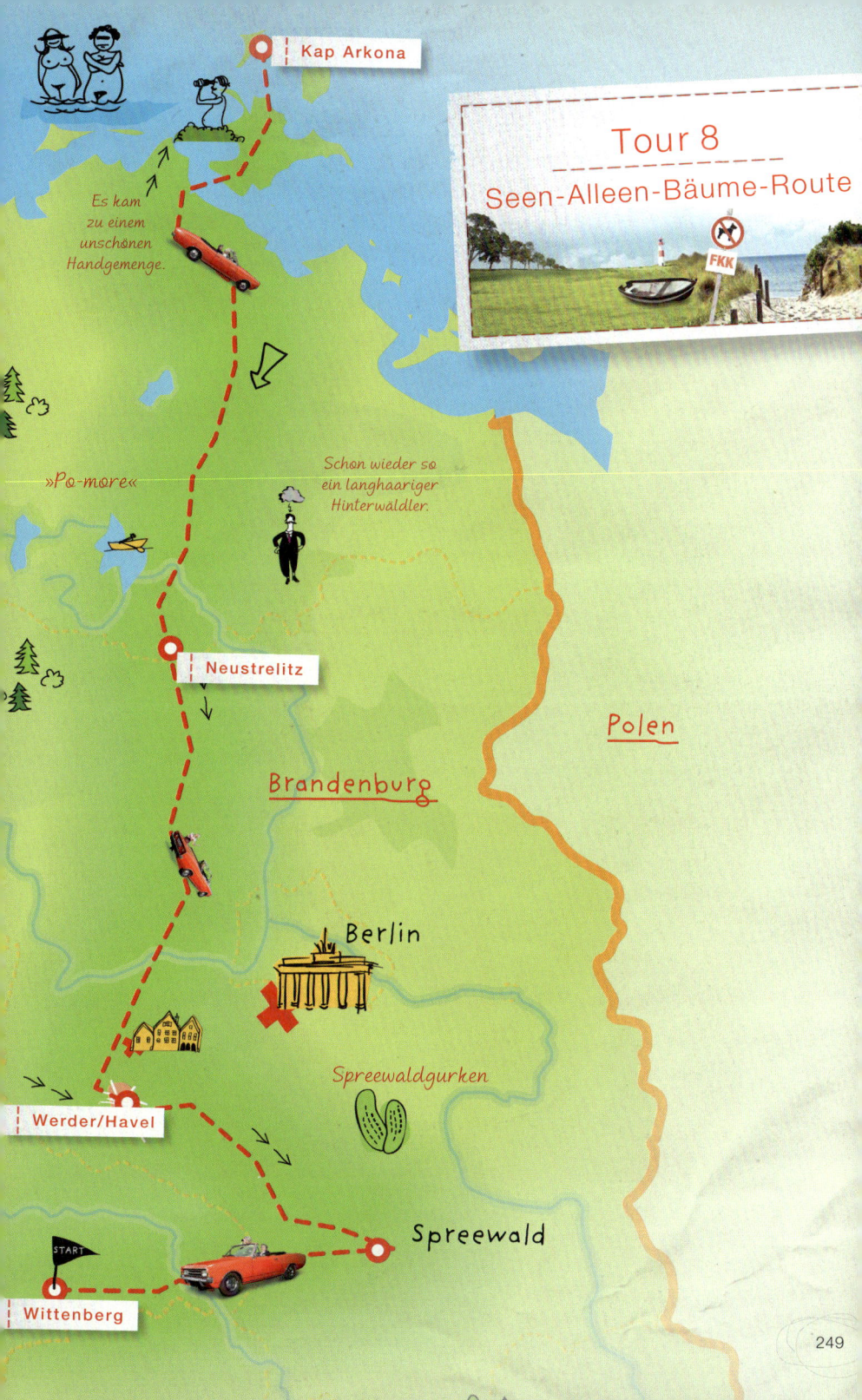

Kap Arkona

Tour 8
Seen-Alleen-Bäume-Route
FKK

Es kam
zu einem
unschönen
Handgemenge.

»Po-more«

Schon wieder so
ein langhaariger
Hinterwäldler.

Polen

Neustrelitz

Brandenburg

Berlin

Spreewaldgurken

Werder/Havel

Spreewald

START

Wittenberg

Wolfgang schreibt

Bäume, Bäume und … Bäume

F ür mich persönlich kommen wir im letzten Drittel unserer Reise zu einem absoluten Höhepunkt: Rügen! Und das, obwohl mir durchaus bewusst ist, dass diese Insel im Osten unserer Republik liegt, in den fünf mittlerweile gar nicht mehr so neuen Bundesländern. Ja, liebe Schlagerfreunde, über zwanzig Jahre ist die Wende nun schon wieder her, aber die schrecklichen Bilder, die hat man immer noch im Kopf.

Anneliese freut sich ja wie ein Schneekönig auf den Osten, ich bewahre mir da lieber eine gewisse natürliche Skepsis. Man darf halt nie vergessen, liebe Schlagerfreunde, dass diese Menschen jahrzehntelang der Gehirnwäsche einer einzelnen Partei ausgeliefert waren, die ihre Bewohner rücksichtslos nach ihrer hinterwäldlerischen Weltanschauung geformt hat. Wenn ich mir vorstelle, dass es bei uns daheim in Bayern auch nur eine einzige Partei gäbe, die ihre Bürger derart … – ja, gut, das ist jetzt vielleicht ein schlechtes Beispiel, aber das ist natürlich auch nicht vergleichbar. Ich hab da ja eine ganz persönliche Theorie, was die angebliche

Demokratisierung des Ostens betrifft. Aber die muss ich aus Sicherheits-
gründen vorerst für mich behalten! Ich sag's rundheraus: Solange die
Anneliese und ich im Osten sind, macht euer Wolfgang nachts nur ein
Auge zu – man kann nie wissen …

*Wolfgang, jetzt fang nicht schon wieder mit dem Schmarrn an!
Das ist ein Reisebericht, kein politisches Manifest!*

*Anneliese, denk, was du willst.
Wenn ich in fünf Jahren mit meiner Theorie an die
Öffentlichkeit geh, werden sich alle bedanken.*

Nichtsdestotrotz, liebe Musikfreunde: Auf Rügen freue ich mich genauso
wie meine Frau. Und das nicht nur, weil's laut Anneliese die größte
deutsche Insel ist, sondern auch, weil ich hoffe, hier einen der berüch-
tigten FKK-Strände der ehemaligen DDR begutachten zu können.
Ja, als Reisejournalist muss man auch dahin gehen, wo's weh tut. Und
da ich meine Aufgabe sehr ernst nehme – genau wie die des fürsorgli-
chen Ehemanns –, überlege ich sogar, diesen Ausflug alleine zu unternehmen. Vielleicht während die Anneliese ihren Mittagsschlaf hält …

Wag es, mir noch einmal Schlaftabletten in den Prosecco zu rühren!

Nur Spaß, Anneliese, nur Spaß!

Vergnügen auf Rügen.

Wolfgang schreibt

Textilfrei auf Rügen und auf Wiederseen in Meck-Pomm

Zum großen FKK-Abenteuer kommen wir später. Bleiben wir noch ein wenig bei den oberflächlichen Schönheiten Rügens, bevor's unter die Gürtellinie geht. Also, nur im übertragenen Sinne selbstverständlich (entschuldigt's, liebe Leser, manchmal gleiten mir die Metaphern im Eifer des Gefechts ein bisserl gewagt von der Hand). Rügen galt ja einmal als die »Badewanne Berlins«, wusstet ihr das? Mist, in Annelieses Unterlagen verblättert! Das war ja Usedom. Und Rügen? Ah ja, Kreidefelsen! Und ein Nationalpark namens Jasmund.

Habt's ihr auch tolle Reiseerlebnisse im Nationalpark Jasmund gehabt, die ihr mit anderen teilen wollt? Dann schreibt's uns doch unter:

www.wolfgang-und-anneliese.de/nervige-reiseberichte/nichtlesen-nurschrott/automatisiertes-dankschreibenabsenden/undloeschen

Was ist also los auf Rügen (außer ein paar Booten, deren Vertäuung der verrückte Wolfgang etwas gelockert hat … hey, nur Spaß!)? Man kann hier wandern, segeln, surfen, sonnenbaden (auch angezogen), radeln und

Sehenswürdigkeit

Jasmund –
Halbinsel mit Schutzgebiet, das seit 1990 als kleinster Nationalpark Deutschlands gilt. Es ist 3000 ha groß und besteht aus bewaldeter Fläche, Steilküste, Strand, Mooren, Wiesen und Weiden. Der höchste Punkt Rügens, der 161 m hohe Piekberg, gehört ebenfalls zur Schutzzone. Seit Juni 2011 zählt der Buchenwald auf dem Höhenrücken des Parks zum UNESCO-Weltnaturerbe.

Lage des Nationalparks: Im Nordosten der Insel Rügen/Mecklenburg-Vorpommern, genauer: im Osten der Halbinsel Jasmund zwischen Sassnitz im Süden und Lohme.

Besonderheit: die Kreidefelsen direkt am Meer. Diese bis auf 118 m aufragenden Kreidekliffs des Königsstuhls sind einmalig in Deutschland. Bei Stürmen brechen oft große Felsstücke aus den Kreidefelsen, wobei auch Fossilien freigelegt werden.

(Besonders gefährlich für norddeutsche Grundschullehrerinnen während der Kreideernte, hahaha!)

alles, was schwäbische Rentner sonst noch gerne im Urlaub machen. Anspruchsvollere Mitmenschen wie ich kommen aber auch auf ihre Kosten, denn es gibt eine flächendeckende Versorgung mit Imbissen und ähnlichen Restaurationsbetrieben. Und außerdem sehr schön und aufwendig gestaltete Plätze, wo man bloß auf einer Bank sitzt und sich eindrucksvoll davon überzeugen kann, wohin anscheinend Großteile des Solidaritätszuschlags geflossen sind.

Liebe Ossis, der Wolfgang meint das im positiven Sinne!
Der wollte Sie nicht verunglimpfen!

Im äußersten Norden liegt Kap Arkona. Und weil es weit weg ist, will die Anneliese da natürlich hin. Ihr teuflischer Wanderplan sieht diesmal wie folgt aus: Von Putgarten aus, wo wir im *Rügenhof* in einer Ferienwohnung untergekommen sind, will sie zu Fuß nach Kap Arkona und sich dort einen ehemaligen Marinepeilturm, dann einen Leuchtturm (35 Meter hoch) und gleich daneben auch noch den sogenannten »Schinkelturm« anschauen (wieso krieg ich bei »Schinkel« schon wieder so ein Hungergefühl?).

Der ist seit 1905 außer Dienst und heißt so, weil die ersten Skizzen für den Backsteinbau von Karl Friedrich Schinkel stammen.

Laaangweilig!

In dem dritten Turm, dem Schinkelturm, findet's ihr übrigens auch noch ein Leuchtturm-Museum. Für meinen Geschmack etwas viel Leuchtturm auf einmal, aber sei's drum. Aber weil's bis zu den Türmen fast anderthalb Kilometer sind und ich dank der Anneliese, wie ihr euch erinnert, keine Korrektursohlen dabeihabe – und sie noch nicht mal bereit ist, zum Ausgleich meinen Rucksack mit Proviant zu tragen …

Laaangweilig!

… müssen wir uns notgedrungen von einem netten Herrn, der auf dem *Rügenhof* arbeitet, zum Kap Arkona chauffieren lassen. Er holt extra noch mal seinen Dienstwagen raus.

Anneliese schreibt

Der *Rügenhof* ist ein ehemaliger Gutshof. Heut kann man sich hier in sehr hübsche Ferienwohnungen einmieten, traditionelle Handwerkskunst anschauen, Produkte der Region kaufen (meine Empfehlung) oder einfach nur ins gemütliche Café setzen und die Bilder des Sportteils der Zeitung durchschauen (Wolfgangs Empfehlung).

Vom *Rügenhof* sind es gerade mal 1,5 Kilometer bis ans Kap Arkona, aber selbst diese lächerliche Strecke müssen wir uns dank der üblichen Ausreden (Korrektursohlen, Rucksack zu schwer, Unwetterwarnung) fahren lassen – in einem klapprigen Transporter voller leerer Milchkannen. Dafür werde ich aber dann bei bestem Wetter mit einem sensationellen Ausblick vom Schinkelturm und einem überaus interessanten Besuch im Leuchtturm-Museum belohnt. So vertieft bin ich in die Museumsexponate, dass ich nicht merke, dass ich Wolfgang seit unserer Ankunft am Kap Arkona gar nicht mehr gesehen habe.

Wolfgang schreibt

Der Besuch am Ort der vielen Leuchttürme zahlt sich letzten Endes doch noch aus. Kaum steh ich draußen am Kap, da bittet mich ein Tourist mit Mütze um ein Autogramm. Zu meiner großen Freude ist er auch noch großer Fan meines unterschätzten Soloalbums *Endlich nur Wolfgang* von 1982. Und er erweist sich darüber hinaus als 1-a-Informationsquelle in Sachen FKK. Der Pfundskerl kennt wirklich jeden Busch an jedem Nacktbadestrand aus eigener Anschauung, allein an der nord-nordwestlichen Küste weiß er von über einem Dutzend FKK-Abschnitten. Und einer der interessantesten ist anscheinend ganz in der Nähe …

Bei unserer Ankunft am Kap Arkona war die Welt noch in Ordnung ...

Auf frischer Tat ertappt!

Nach eineinhalb Stunden bekomme ich meinen Ehemann dann wieder zu Gesicht. Ich bin noch im Museum, als ich draußen einen Polizeiwagen mit Martinshorn vorfahren höre. Plötzlich herrscht große Aufregung und alle stürmen nach draußen. Dort spielen sich unbeschreibliche Szenen ab: Rund ein Dutzend spärlich bekleidete FKK-Badegäste übergeben gerade einen gefesselten Mann mit Mütze der Polizei. Daneben steht Wolfgang, hebt entschuldigend die Arme. Der gefesselte Tourist schreit Wolfgang als »Verräter« an. Und als er ins Polizeiauto gedrückt wird, kurz bevor die Tür zufällt, höre ich noch: »Und Ihr Soloalbum ist scheiße!«

Folgendes war wohl passiert: Während ich mich im Museum über den Ausbau der Hanse im späten Mittelalter informierte, ließ sich mein Mann von einem geistesgestörten Spanner, der sich als Fan ausgab, zu einem nahe gelegenen FKK-Strand führen, wo sie sich im Gebüsch versteckten, um ahnungslose Nacktbader zu begaffen.

Das ist so nicht richtig! Bitte lest's unbedingt meine Version der Ereignisse weiter unten!

Weil sie sich dabei extrem tollpatschig angestellt haben, wurden sie schon nach kurzer Zeit entdeckt und von den wütenden Nackten aus dem Gebüsch gezogen. Wolfgang redete sich damit raus, dass der Mann ihm lediglich den Strand zeigen sollte. Er wusste angeblich nicht, dass der »Tourist« ein stadtbekannter Spanner war – und er sei gerade im Begriff gewesen, den Mann zu melden.

Und genauso war's auch!

Und weil er ein Prominenter ist und die rhetorische Fähigkeit besitzt, Situationen im Nachhinein nach Belieben zu seinen Gunsten auszulegen, hat man ihm geglaubt. Ich allerdings bin aufs Tiefste beschämt, dass mein Mann uns in eine derart prekäre Situation gebracht hat.
Ich hätte dieses Kapitel auch liebend gerne aus dem Buch herausgelassen. Aber bevor es in der Presse komplett falsch dargestellt wird, stelle ich die Sache lieber selbst klar.

Liebe Schlagerfans, ihr kennt's euren verrückten Wolfgang. Der ist beileibe kein Kostverächter und weltliche Genüsse sind ihm alles andere als fremd, aber bittschön: alles im moralisch-ethisch korrekten Rahmen! Ich kann mir schon vorstellen, wie die Anneliese die ganze Sache beschreibt, aber wie ich schon an früherer Stelle schrieb: Die Anneliese hat durch ihre religiöse Erziehung eine gestörte Beziehung zu ihrem Körper und damit einhergehend auch ein ins Absurde gesteigertes Schamgefühl.

> *Gestörte Beziehung zu meinem Körper? Wenn überhaupt, hab ich eine gestörte Beziehung zu DEINEM Körper und das aus gutem Grund – Stichwort: Funzfichler-Fass!*

> *Anneliese, hör auf! Ich hab in deinem Text auch nicht dazwischengeschrieben!*

> *Hast du wohl!*

> *Aber nur zweimal!*

Und dieses unnatürlich gesteigerte Schamgefühl ist der Grund dafür, warum die Anneliese der Freikörperkultur nichts abgewinnen kann. Im Gegensatz zu mir, der es genießt, ab und zu frei von allen gesellschaftlichen Zwängen (also auch Kleiderzwängen) einfach mal er selbst zu sein – nämlich so wie Gott (oder wer auch immer) ihn geschaffen hat (siehe Kapitel Bad Pyrmont).

Euer verrückter Wolfgang war nur aus einem einzigen Grund auf dem Weg zum FKK-Strand: um einmal in Ruhe er selbst zu sein. Und deswegen war ich auch ehrlich entsetzt, als dieser kleine Irre sich plötzlich in den Büschen verschanzen wollte, um die Menschen zu begaffen, von denen ich im Prinzip ja selbst einer bin. Und gerade in dem Moment, als ich dem Mann dafür gehörig die Leviten lesen wollte, wurden wir entdeckt, und es kam zu einem unschönen Handgemenge. Allerdings haben die Nackerten meine Version der schrecklichen Ereignisse sofort geglaubt. Wie auch die Polizei mir sofort geglaubt hat. Nur eine Person hat's mir mal wieder nicht geglaubt – und das war meine eigene Ehefrau, der Mensch, von dem man eigentlich das meiste Vertrauen erwarten sollte.

Und jetzt, liebe Schlagerfreunde und Rechtsstaatler, frag ich euch, wer hier eigentlich das Opfer ist. Übrigens, wenn's ihr ebenfalls Verfechter eines natürlichen Umgangs mit dem eigenen Körper und ein Bewunderer der

Schönheit von Gottes schönstem Kunstwerk seid, dann interessiert's ihr euch vielleicht für das ebenso emotionale wie erotische literarische Werk von Wolfgang Funzfichler. Und ich kann euch flüstern: Dieser besoffene Bukowski wurde seinerzeit für weitaus Obszöneres mit Literatur-Preisen zugedonnert. Wenn's ihr neugierig geworden seid, dann schaut's mal unter:

www.keckisgeheimeseite.de/dichtungundwahrheit/dichtung/the_number_of_the_beast/xxx/

Passwort gibt's beim Verlag – aber sagt's net der Anneliese weiter!

Ist schon gelöscht, die Seite!

Was ist mit der Pressefreiheit? Was ist mit der dichterischen Freiheit? In was für einem Land leben wir eigentlich?

Wer ist hier eigentlich das Opfer?

Nachdem wir Rügen am nächsten Morgen verlassen *durften*, ging es zunächst einmal mitten durchs schöne Mecklenburg-Vorpommern in Richtung Neustrelitz. Wussten S' eigentlich, dass das Wort »Pommern« einen slawischen Ursprung hat? »Po more« heißt nämlich »am Meer«. Aus nachvollziehbaren Gründen erspart mir Wolfgang an dieser Stelle mal einen launigen Kommentar zum Ausdruck »po more«, und bald sehen wir auch schon die ersten Gewässer der berühmten Mecklenburger Seenplatte, zum Beispiel den Tollensesee im Tollensetal! Toll, oder? Am Nordufer liegt außerdem noch das schöne Neubrandenburg – es gibt also keinen Grund, dort keinen Kaffee zu trinken.

Doch. Dort ein Bier zu trinken ist ein Grund, dort keinen Kaffee zu trinken.

Und Kuchen backen können s' auch, die Neubrandenburger. Bevor wir uns aber Neustrelitz und dem Nationalpark Müritz widmen, ist's noch mal Zeit für einen *Geheimfunz*, liebe Leser. Und diesmal haben wir etwas ganz Besonderes für Sie, nämlich ein echtes Sklavendorf!

Geheimfunz

Das Slawendorf Neustrelitz
ist ein 1994 neu erbautes Dorf am Zierker See. *(Stichwort: Soli-Zuschlag!)* Die Siedlung soll das Dorfleben der Region widerspiegeln, wie es zu Zeiten der slawischen Besiedelung aussah (Mecklenburg-Vorpommern war etwa vom 7. Jahrhundert bis zur Mitte des 12. Jahrhunderts von slawischen Stämmen bevölkert).
Das Gelände ist rund anderthalb Hektar groß und zur Landseite von einem aus ca. 1300 Baumstämmen bestehenden Palisadenzaun, zum See hin durch einen ca. 180 m langen Flechtzaun begrenzt. Backhaus, Schmiede, Wachturm (12 m hoch, mit Aussicht auf den Zierker See) – etliche unterschiedlich gestaltete Gebäude und Unterstände vermitteln einen urtümlichen Eindruck slawischen Stammeslebens. In der »Kulthalle« befindet sich eine Ausstellung zum Dorf.

Besucher aus aller Welt können im Slawendorf Mitarbeitern bei der Ausübung altertümlicher Handwerke zusehen – oder sich selber einmal in der jeweiligen Handwerkskunst versuchen – Kinder können z.B. selbst Specksteine schleifen. (Achtung: Samstag & Sonntag geschlossen!)
Nach getaner Arbeit kann man sich mit Gegrilltem, zünftigen Suppen oder Schmalzstullen stärken (mit Brot aus dem dorfeigenen Lehmbackofen).
Auf dem Zierker See liegt außerdem das Slawenboot »Nakon« bereit und wartet auf Fahrgäste. Das Dorf ist auch Schauplatz diverser außergewöhnlicher Feste, z. B. von Ritter- oder Wikingerfesten oder Sonnenwendfeiern.

Wo?
Useriner Straße
17235 Neustrelitz

Mei, 'tschuldigen S' vielmals, liebe Leser, natürlich waren wir in einem *Slawen*dorf, keinem *Sklaven*dorf. Und ich kann Sie beruhigen: Es hat auch kaum jemand eine Ketten umhängen dort.

Wenn man mal die klobigen Perlenketten (Soli!) der alten Großmütterchen nicht mitrechnet!

Bei uns hat's leider ein wenig geregnet beim Besuch. Aber die Aussicht vom Turm aus war trotzdem schön. Auf dem Parkplatz, wo unser Auto stand, kam uns eine Touristengruppe entgegen, die irgendwie sehr deprimiert wirkte. Wir haben dann rausgefunden, dass es ein Ausflug von Mitgliedern des Vertriebenenverbands war.

Mei, wenn jemand schlechte Laune hat, da müssen der Wolfgang und ich ja immer sofort eingreifen. Und deswegen haben wir den Vertriebenen zur Stimmungsaufbesserung direkt unseren schönen Hit »Heimat« gesungen. Weil's auch noch so schön gepasst hat!

In Neustrelitz besuchen wir ein nachgebautes Slawendorf, wo eine traurige Gruppe Ossi-Studenten in Mittelalter-Tracht am Eingang sitzt und so einen geschraubten Schmarrn daherredet wie: »Vier Taler sullt yhr berappen, meyn Herr!« Was mich daran aufregt: Wenn die sich schon in die albernen Ledersachen schmeißen, sollen s' gefälligst auch ihre doofen Brillen abnehmen. Da ist doch sonst die ganze Illusion beim Teufel. Ich trete schließlich auch nicht ohne Schnurrbart auf.

Auf dem Parkplatz treffen wir eine übellaunige Touristengruppe, die sich als Mitglieder eines Vertriebenenverbands herausstellen. Anneliese und ich fassen uns ein Herz und singen ihnen spontan unseren Superhit »Heimat«, um ein bisschen gute Laune zu verbreiten. Aber was machen diese Leute? Fangen an zu heulen und liegen sich plötzlich auf Schlesisch jammernd in den Armen. Also, solche Spaßbremsen hab ich ja noch nie erlebt. Jetzt weiß ich, warum die Vertriebenenverbände heißen: Die vertreiben jede gute Laune!

Dann müssten sie ja „Vertreiberverband" heißen und nicht „Bund der Vertriebenen".

Kreizbimbam, jetzt mach du die Stimmung nicht auch noch kaputt!

Unser Lied

Heimat

Bin ich in der Ferne
Dann wird mein Herz so schwer
Heimweh nach zu Hause
Du fehlst mir so sehr.

Geh ich auf die Reise
Fehlt von mir ein Stück
Doch der, der niemals fortgeht
Kehrt auch nie zurück.

H-E-I-M-A-T -
ja, das heißt Heimat
Da, wo man mich so gern hat
Wo jeden Tag die Sonne für mich scheint
Ja, damit bist nur du gemeint.

H-E-I-M-W-E-H –
ja, das heißt Heimweh
Es schmerzt, wenn ich dich nicht seh
Doch mein Trost ist tagaus und tagein
Bald bin ich wieder daheim.

Die Liebe meiner Heimat
Das weiß ich genau
Das, was sie bedeutet
Gibt mir keine Frau.

Die Menschen in der Ferne
Sind oft sehr gut zu mir
Doch das kann mich nicht heilen
Froh bin ich nur hier.

N-A-C-H H-A-U-S-E –
das heißt nach Hause
Die Hektik hat dort Pause
Such ich auch in der Fremde mal mein Glück
Die Heimat ruft mich stets zurück.

V-A-T-E-R-L-A-N-D-S-L-I-E-B-E –
ja, das heißt Vaterlandsliebe
Für den Ort, wo ich so gern bliebe
Wo Berge, Wälder und der Wind
Für mich wie beste Freunde sind.

U-N-G-A-S-T-F-R-E-U-N-D-L-I-C-H-K-E-I-T –
ja, das heißt
Ungastfreundlichkeit
Die bin ich fern von hier oft leid
Doch komm ich dann wieder hier an
Empfängt man mich mit off'nem Arm.

A-U-S-L-A-N-D-S-K-R-A-N-K-E-N-V-E-R-
S-I-C-H-E-R-U-N-G-S-V-E-R-G-L-E-I-C-H –
ja, das heißt Auslandskranken-
versicherungsvergleich
Da ist die Auswahl nicht so leicht
Ein guter Arzt tut in der Fern' oft Not
Wenn dich das Heimweh zu zerreißen droooht.

(Text und Musik: J. Fantasy, W. & A. Funzfichler)

Wolfgang, kurz vor seiner »Fußverletzung«!

Weil Neustrelitz ein wunderbarer Ausgangspunkt ist, um den Müritz-Nationalpark zu erkunden, beschließen wir (ich), einen ganzen Tag hierzubleiben, um uns in ein Naturabenteuer zu stürzen! Als ich Wolfgang von meinem Plan erzähle, kommt er natürlich sofort wieder mit seinen damischen Korrektursohlen, aber diesmal hab ich vorgesorgt und ihm durch das Hotelpersonal neue besorgen lassen! Ha, die Anneliese ist halt mit allen Wassern gewaschen.

Aber letztlich kann der Wolfgang dann doch nicht mitgehen: Ausgerechnet in dem Moment, in dem wir aufbrechen wollen, verknackst er sich auf dem Weg zum Ausgang den Fuß. Nein, so ein Pech, der arme Wolfgang. Jetzt muss er den ganzen Tag im Hotelzimmer bleiben und Fernsehen gucken, während sein Fuß heilt. Und mir bleibt nichts anderes übrig, als den Naturpark alleine zu erkunden.

Keine Angst, liebe Leser, natürlich hab ich ihm seine Räuberpistole mit dem verknacksten Fuß nicht abgekauft.
Aber mein Parkranger war so ein schmucker Bursche, dass ich froh war, allein mit dem Prachtkerl durch Wälder und Moore zu robben!

Verdammt.
Schon wieder so ein langhaariger Hinterwäldler.
Ich hätt skeptisch werden müssen, als die Anneliese nicht skeptisch wurde. I werd alt.

Mein attraktiver Fremdenführer, der Paddrig (ich hoff, ich hab den Namen jetzt richtig geschrieben, so hat er sich jedenfalls angehört), hat mir erst mal erzählt, was einen an der Müritz überhaupt erwartet. Zunächst sei die Müritz ja ein See der schon erwähnten Mecklenburger Seenplatte, und zwar ein sehr großer

See. Und dann ist der Paddrig richtig lyrisch geworden: »Frau Funzfichler«, hat er gesagt, »wir gehen jetzt dahin, wo der Seeadler im unendlichen Himmel seine Kreise zieht, sich aus schwindelnder Höhe in den See stürzt und dabei das Trompeten der Kraniche im Frühjahr und Herbst begleitet. Wir betreten eine Landschaft, die an die Märchen alter Tage erinnert. Diese Natur hat mit ihren tiefen Wäldern, glitzernden Seen und geheimnisvollen Mooren etwas Urtümliches, geradezu Wildes an sich, das unsere Ehrfurcht vor der Natur weckt. Lassen Sie uns die Ursprünglichkeit dieser Natur bewundern und bewahren – für uns und unsere Kinder.«

So, liebe Leser, lassen S' das mal sacken! Also, ehrlich gesagt, ich musste mich danach hinsetzen, so platt war ich.

> So ein hundsvarreckter Schleimer!

> Absolut, Wolfgang. Wie schade, dass du dir so unglücklich den Fuß verknackst hattest und ihm kein Paroli bieten konntest!

> Himmelherrgottsakramentkreizkruzefixnoamoinei, Anneliese!

Nach einer ersten Müritz-Inspektion – mei, da gibt's wirklich viiiel Wasser zu sehen! – hatte der Paddrig eine Wanderung angesetzt. Dabei hat er mir aber anscheinend nicht sehr viel zugetraut: Der »Spurenweg«, auf den er mich geführt hat, war nämlich ein Wanderweg für Blinde und Sehgeschädigte. Ja, tatsächlich! Auf dem Pfad zwischen Kratzeburg und Dambeck finden S' auf dreieinhalb Kilometer Infotafeln zum Fühlen und Ertasten in Brailleschrift – und der Weg ist so breit, da können S' sich auch quer hinlegen und ihn entlang-rollen, statt spazieren.

> Es gibt übrigens einen sehr lustigen Witz über ein Herrenmagazin in Blindenschrift, aber ich komm leider nicht mehr drauf, wie der geht. Muss den Emmerlich noch mal fragen. Vielleicht im nächsten Buch.

> Ganz sicher nicht!

Ja. Und das mit dem Fühlen, Ertasten, Hinlegen und Über-den-Weg-rollen, das haben der Paddrig und ich dann auch ausgiebig ausprobiert – wenn Sie wissen, was ich meine. Ich kann Ihnen sagen: Das war ein sehr aufregendes Naturerlebnis.

Mein Gott, Anneliese, jetzt findest du's schon aufregend,
an irgendwelchen Blindentafeln rumzufummeln —
du wirst wirklich alt!

Sicher, Wolfgang, sicher!

Nach acht Stunden hat mich der Paddrig dann wieder zurück nach Neustrelitz gebracht, zum Wolfgang ins Hotel. Und dem hab ich dann direkt erzählt, wie viel ich vom Paddrig über Moorfrösche, Kraniche, große Rohrdommeln und Fischadler gelernt habe. Aber interessiert hat's ihn natürlich nicht. Dafür war sein Fuß auf wundersame Weise wieder geheilt. Halleluja!

Erschöpft und zufrieden nach acht Stunden Paddrig

Dank Soli kann man sich im Ressort Schwielowsee gleich drei Uhrzeiten leisten.

Anneliese ist auch auf dem Schwielowsee die schlechteste Fahrschülerin, die ich je hatte.

So, liebe Freunde, nachdem die Anneliese sich so schön auf dem Blindenweg im Nationalpark ausgetobt hat und mein Fuß gottlob wieder einsatzfähig ist, übernimmt der gute alte Kecki nun wieder die Führung! So wie es die Natur gewollt hat.

Also, die Koffer wieder in den guten alten *Opel Rekord* gepackt, die Anneliese auf den Rücksitz gelegt (die Wanderung scheint sie körperlich extrem mitgenommen zu haben) und dann mit Vollgas über Oranienburg und Werder an der Havel direkt an den Schwielowsee. Da haben unsere Mädels aus dem Büro uns nämlich auf meine Anweisung hin ein Zimmer im *Resort Schwielowsee* gebucht. Und auf welche Namen? *Wolfgang und Anneliese Hemingway*! Und warum das? Haltet's euch fest, jetzt wird's verrückt, liebe Schlagerfreunde: Die ganze Hotelanlage einschließlich der Ferienhäuser und Restaurants ist im amerikanischen Stil der 30er Jahre gebaut – eine Hommage an den genialen Schriftsteller Ernest Hemingway, dessen großartigen Roman *Der alte Mann und das Bier* ihr bestimmt alle aus der Schule kennt.

Der Roman heißt „Der alte Mann und das Meer", Wolfgang!

Echt? Wusste ich nicht. Hab's nie gelesen, ich fand immer nur den Titel interessant.

Pfeilgradraus gesagt, Freunde: Mir gefällt's hier richtig gut - Soli-Grab hin oder her. Sogar mit dem Boot sind wir auf dem Schwielowsee geschippert. Ich hatte erst Angst, der Anneliese könnt schon wieder schlecht werden, aber sie hat diesmal vorher zwei *Vomex* eingeschmissen, und alles war gut.

Diese Tabletten nehm ich sonst nur im Flugzeug oder wenn ich auf öffentlichen Anlässen mit Wolfgang tanzen muss – die wirken Wunder!

Abends haben wir dann im *Restaurant Ernest* einen herrlichen Hummer gegessen, und danach hab ich mir eine vorzügliche Zigarre in der *Havanna Bar* genehmigt – natürlich eine echte Havanna. Der Barkeeper hat mir dann noch die interessante Geschichte erzählt, dass inzwischen sogar die kubanische Hauptstadt nach dieser Zigarrensorte benannt wurde. Wer hätte das gedacht: Selbst euer verrückter Wolfgang lernt nie aus.

Ich schreib da jetzt mal nichts zu ...
Ja, was auch?!

V om Schwielowsee aus (ja, ich geb's zu: Außer faulenzen und lecker essen, haben wir dort nicht viel getan …) fahren wir weiter und besuchen das urige Städtchen Werder, das auf einer kleinen Insel in der Havel liegt.

Liebe Leser, das muss man gesehen haben! Erstens ist fast immer gutes Wetter da (tut mir leid, Freiburg und Karlsruhe!), zweitens ist es ein »staatlich anerkannter Erholungsort«, und drittens findet da jedes Jahr ein Baumblütenfest statt. Ich zitiere aus dem aktuellsten Buch, das ich vor Ort finden konnte, dem »Märkischen Heimatführer« von 1937: »Ein kleines märkisches Inselstädtchen, umspült von den bald aufgeregten, bald spiegelglatten Wassern der seenartig verbreiterten Havel, umsäumt von einem Hügelkranz bewaldeter Höhen, über die zweimal im Jahr der Schnee fällt; im Winter das Geriesel Frau Holles; im Frühjahr der weiße, weiche Flaum zur Erde getragener Blütenträume.«

> Gut, ich hätt's ein bisserl schöner ausgedrückt, aber als Künstler muss man sich auch mal zurücknehmen können, gell? He he …

Mei, liebe Freunde, was soll ich sagen: Es ist wirklich so schön in Werder. Nur das Baumblütenfest mit dem großen Festumzug, das haben wir leider verpasst, denn das ist immer am letzten Wochenende im April. Und übrigens: Nach dem Oktoberfest ist es das zweitgrößte Volksfest Deutschlands mit einer halben Millionen Besuchern!

> Sigrid, Stefania — wie konnte jetzt das wieder passieren? Man muss doch die wichtigsten Termine von Festivitäten bei der Routenplanung mit einkalkulieren. Ihr wisst's doch ganz genau, dass die Leser und mich die Tradition und Historie hinter solchen Feierlichkeiten besonders interessieren.
> Also, euer Weihnachtsgeld ist soeben dramatisch geschrumpft, meine Damen! Bin stinksauer!

Wolfgang schreibt

S o. Und als wär das nicht schon Pech genug, laufen die Anneliese und ich auf dem Marktplatz noch mitten in eine Schar schnatternder Tanten auf Fahrrädern, die uns brutal einkesseln und auch nicht eher wieder gehen lassen, bis wir jedem Mitglied ihres Fahrradclubs

»Graue Mäuse e.V.« ein Autogramm gegeben und schätzungsweise 200 Fotos gemacht haben. Freunde, für euch mögen diese Digitalkameras und Fotohandys ja eine tolle Sache sein, aber für uns Superstars sind die eine Erfindung des Teufels. Früher, als jede Filmrolle noch ein Vermögen gekostet hat, da hat man sich dreimal überlegt, ob man ein Foto zu viel schießt. Das war ja bares Geld. Heute hat jede Oma in Brandenburg eine Digitalkamera am Rollator hängen und knipst bis zum Sanktnimmerleinstag, sobald sich jemand nähert, der entfernt an Karsten Speck erinnert. Und wir müssen stillstehen und gute Miene zum bösen Spiel machen. Und dann quatscht sich die Anneliese natürlich fest und fängt auch noch an, mit den Fahrradtanten Rezepte auszutauschen. Hätten wir besser mal einen Bogen um den Markplatz gemacht. Manchmal denke ich mir, ich wäre besser dran, wenn ich nicht so intelligent, prominent und attraktiv wäre.

Gott sei Dank hab ich mir noch meine Bescheidenheit bewahrt und bin auf dem Teppich geblieben. Und darauf muss man stolz sein – sagt der Heck auch immer!

Auf dem Marktplatz treffen wir eine Truppe freundlicher Damen vom Fahrradclub »Graue Mäuse«, die von Wolfgang wie üblich sofort gefragt werden, ob wir ihnen nicht Autogramme geben sollen und ob sie nicht gern ein paar Bilder mit uns machen möchten.

Die Ereignisse werden hier von Anneliese hundsgemein verzerrt wiedergegeben!

Herrje, wie er sich immer darin suhlt, wenn er im Mittelpunkt stehen kann. Aber das Treffen hat auch etwas Gutes, denn ich komme mit den netten Damen ins Gespräch. Wir tauschen unsere Lieblingsrezepte aus, nachdem ich ihnen gesagt habe, ich wünschte mir dringend eine typisch brandenburgische Spezialität für unser schönes Deutschlandbuch. Und da, waren sich alle Damen direkt einig, kommt eigentlich nur ein Gericht in Frage!

Und falls Sie nicht wissen, was Plinsen überhaupt sind (so wie der Wolfgang), dann machen Sie sich doch einfach schnell welche nach diesem original Brandenburger Rezept – und schlingen direkt acht oder neun in sich rein (so wie der Wolfgang). Ach, vielleicht machen S' letzteres lieber doch nicht, sondern genießen erst mal einen, wie das normale Menschen machen. Denn das lohnt sich auf jeden Fall!

Und wenn Sie die original Brandenburger Plinsen gemocht haben, dann probieren Sie doch auch mal die original Brandenburger Perbsen! Und die Pmöhren! Oder die Paubergninen! Haaahaaa ... Spaß muss sein.

Die berühmte Brandenburger Parpoffelpizza.

Rezept für

Brandenburger Rosinen-Quark-Plinsen

Wir brauchen:

- 225 ml Milch
- 1 Msp. abgeriebene
  Bio-Zitronenschale
- 60 g Rumrosinen
  (Fertigprodukt)
- 2 Eier
- 250 g Magerquark
- 50 g weiche Butter

- 80 g Zucker
- 250 g Mehl
- ca. 20 g Hefe
  (halber Würfel)
- Salz
- Butterschmalz oder
  Öl zum Braten
- Puderzucker zum Bestäuben

Zubereitung:

- Milch lauwarm erhitzen, Hefe zerbröckeln und mit 1 EL Zucker

  bestreuen, ca. ein Viertel von der lauwarmen Milch darübergießen.

  Abgedeckt 15 Min. gehen lassen.

- Butter mit übrigem Zucker mit dem Handrührgerät cremig rühren. Eier

  unterrühren, dann Quark und Zitronenschale unterheben. Das Mehl mit

  1 Prise Salz mischen, übrige lauwarme Milch und Hefeansatz unterrüh-

  ren. Alles gut verrühren und 30 Min. zugedeckt gehen lassen.

- Rosinen unter den Teig rühren. Reichlich Butterschmalz in einer

  beschichteten Pfanne erhitzen, Teig löffelweise hineingeben. Die

  Plätzchen bei mittlerer Hitze backen, bis die Oberseite fast fest

  ist und die Ränder leicht bräunen. Plinsen wenden und goldbraun

  fertigbacken. Fertige Plinsen im Ofen bei 60° warm halten.

Mit Puderzucker bestäubt warm servieren.

Wolfgang schreibt

Weiße Frauen, lange Kerle,
Luther und 'ne Bötchentour im Spreewald

Am nächsten Morgen brechen wir in Richtung aufgehende Sonne auf. Im Osten erwartet uns das *Spreewald-Biosphären-Reservat* und darin und drum herum ein besonders liebenswerter Menschenschlag, den wir ja die Tage davor schon kennenlernen durften!

Der Brandenburger

Ursprünglich bekannt als die *Langen Kerls* aus »good old Prussia«, zeigt sich heute, dass die Herren in Brandenburg doch eher kurz gewachsen sind.

(Gut, dafür sind sie aber auch etwas breiter gebaut.)

Der Mikrozensus (jährliche Befragung von 1% der Haushalte durch das Statistische Bundesamt) hat Ende der 90er Jahre ergeben, dass der Brandenburger 1,76 m groß ist und 81 Kilo wiegt, sein weibliches Gegenstück neigt mit 67 Kilo, die sich auf 1,64 m verteilen, ebenfalls zum Hüftgold.

Sprachlich kämpft der Brandenburger um die Unabhängigkeit vom Berliner. Die meisten Ausländer halten nämlich den brandenburgischen Regionalslang für echte Berliner Schnauze. Deshalb sagt sich der um Abgrenzung bemühte Brandenburger: »Unfreundlich kann ich besser!« und grantelt den Münchner Touri mit Straßenkarte nach allen Regeln der Kunst in Grund und Boden. Im Ur-Münchener findet er da allerdings schnell seinen Meister. Also stürzt er sich in der Regel auf wehrlose Opfer, etwa Paderborner oder Bielefelder.

In Küche und Bett geben sich Brandenburgerin und Brandenburger bodenständig. Der Westdeutsche Bundesbürger sollte hierbei allerdings nicht die ostdeutsche sexuelle Aufgeschlossenheit außer Acht lassen. Was in Brandenburg bodenständig ist, wäre in Bielefeld ausschweifend-orgiastisches Verhalten, in Paderborn schlichtweg undenkbar.

Am Herd zaubert der Brandenburger gerne mit frischem Fisch (die vielen Seen!), Gemüse (Spargel, Teltower Rübchen, Spreewaldgurken!) und, natürlich, Kartoffeln. Immerhin hat Friedrich der Große diesen Prachtknollen höchstpersönlich zum Durchbruch verholfen – im Klatschmarsch.

Und wenn dem Brandenburger irgendein dahergelaufener Franzose seine exquisiten Crêpes unter die Nase reibt, kontert er dies mit duftenden *Plinsen*.

Die Legende von den Langen Kerls aus Brandenburg wird heute nur noch selten eingelöst.

Anneliese schreibt

Unter einem Biosphärenreservat habe ich mir immer so eine Art Gewächshaus mit durchsichtiger Plastikkuppel und Wissenschaftlern, die dort drin in weißen Overalls rumlaufen, vorgestellt. Aber so ein Reservat ist am End doch ein bisserl größer. Außerdem hat's kein Plastikdach, und Menschen in weißen Overalls sieht man höchstens im Toilettenhäuschen am Parkplatz. Nein, ein Biosphärenreservat ist im Grunde genommen ein Naturschutzgebiet.

So, und jetzt alle: Laaaaangweilig!

Ich zitiere mal die offiziellen Leitlinien:
»Biosphärenreservate sind mehr als Schutzgebiete, es sind Modellgebiete, in denen der Ausgleich zwischen Erhaltung biologischer Vielfalt und dem Anspruch der Menschen auf wirtschaftliche Entwicklung erreicht werden soll.«

Soli, ick hör Dir trapsen!

Was erwartet uns also im Spreewald? Ich verrat's Ihnen: eine Landschaft, wie ich sie so noch nie gesehen hab! Vor allem nicht in den Alpen. Und wir wollen nun diese unglaublich schöne Landschaft aus allernächster Nähe erleben. Dazu trauen wir uns was ganz was Besonderes: Eine Fahrt mit einem echtem Spreewaldkahn durchs Flusslabyrinth der Lausitz!
Wir starten unsere Tour vom »Tor zum Unter- und Oberspreewald«: Das schöne, von Flüssen durchzogene Lübben in der Niederlausitz ist ein perfekter Startpunkt für eine Bootstour durch die Lagunenlandschaft. Insgesamt gibt es im Spreewald über 1500 Kilometer Wasserstrecke zu erkunden. Da können wir mit unserer begrenzten Zeit und Wolfgangs begrenzter Lust natürlich nur mal reinschnuppern.
So, jetzt haben wir Spätabend, liebe Leser, und ich berichte Ihnen mal, wie's war. Eins vorweg: Hier können wir uns auch nicht noch mal blicken lassen. Ist das vielleicht das nachträgliche Motto unserer ganzen Deutschlandreise?

Der Herr Wolpers, der von Lübben aus Spreewaldtouren organisiert, hat uns vor der Abfahrt erst einmal aufgeklärt: Man fährt im Spreewald nicht mit einem Boot, sondern mit einem *Spreewaldkahn*. Das sind kiellose Holzboote, in denen die Leute auf Querbänken sitzen. Und man fährt nicht auf Flüssen oder Kanälen, sondern auf *Fließen*. Dazu benutzt man eine Holzstange, mit der man stakt, die aber nicht Staken oder Stecken, sondern *Rudel* heißt. Damit man sich nicht überanstrengt und sich aufs Gucken und Durchatmen konzentrieren kann, übernimmt diese Arbeit der Kahnführmann, der natürlich auch eine Kahnführfrau sein kann, was eine reine Laune der Natur ist. Holzbrücken heißen im Spreewald *Bänke*. Und Bänke heißen im Spreewald: Bänke. Interessant. Nach dem Vortrag haben wir uns trotzdem entschieden, ohne den Herrn Wolpers und seine Vorträge loszufahren. Deswegen haben wir ein Ruderboot gemietet.

Du! Du hast ein Ruderboot gemietet. Ich wollte gar nicht erst los!

Noch sind wir AUF der Spree …

Nachdem uns so ein Heini aus dem Touristen-Büro (klassischer Ossi, Typ weltfremder Vogelkundler), eine halbe Stunde lang einen halben Ochsen ans Ohr palavert hat, dass Brücken hier nicht Brücken heißen und wie und wann man auf welche Art und Weise ihre komischen Spreewald-kähne lenkt, schlag ich der Anneliese vor, auf die Bootstour zu verzichten. Aber nein, Frau Funzfichler hat stattdessen eine noch gewagtere Idee, als einen Spreewaldkahn mit Spreewaldführer zu chartern, nämlich ein eigenes Boot *ohne* Spreewaldführer zu mieten. Und ich muss an dieser Stelle einmal betonen, dass ich vor dem Bezahlen der Bootsmiete noch gewarnt habe: »Anneliese, auf Booten wird dir schlecht. Anneliese, du hast keinerlei Orien-tierungssinn. Anneliese, du hast einen Dickkopf. Anneliese, diese Kombi-nation kann tödlich enden in der wilden Natur. Und zwar für uns beide.« Aber, ihr kennt's ja meine Frau: Was die sich einmal in den Kopf gesetzt hat, kriegt man da nicht mehr raus (z. B. Gemüse kann man auch grillen, Gleichstellung der Frau und all so ein Blödsinn). Gut, immerhin waren wir uns einig, dass wir diesen vermaledeiten Wolpers loswerden wollten. Aber ich hatte nicht für zehn Pfennig Bedarf, meine Arme zu Pudding zu rudern auf diesen verdammten, endlosen Spreewald*fließen*. Aber, liebe Leser, ihr ahnt, wie die Diskussion aus'gangen ist, und deswegen saßen wir keine halbe Stunde später ganz tief in der Spreewälder Tinte …

 Info

Das Spreewald-Biosphären-Reservat
ist ein rund 480 m² großes Schutzareal im Spree-wald (Gründung 1. Oktober 1990), das seit 1991 den UNESCO-Status hat. Im *Spreewald-Biosphären-Reservat* findet man eine Landschaft mit einem Netz von natürlichen und künstlichen Wasserläufen der Spree, Feuchtwiesen, Äckern und Wäldern, die rund 18.000 Tier- und Pflanzenarten beheimatet, wovon sich 585 auf der Roten Liste der gefährdeten Arten befinden.
(Seit Wolfgang F. aus S.-R. in B. beim Wasserlassen auf eine nestartige Ausbuchtung im Unterholz getreten ist, leider nur noch 584.)

Größte Touristenattraktion: Kahnfahrten. Hunderttausende Touristen bereisen jährlich das Fließlabyrinth im traditionellen Kahn oder Paddel-boot, in Kajaks und Kanus, aber auch auf Fahrrad- und Wandertouren.

Museen: Freilandmuseum Lehde, Spreewaldmuseum Lübbenau, Stadt- und Regionalmuseum im Schloss Lübben.

Kinder: lieben das »schwimmende Klassenzim-mer«, die NAUTILUST. Auf diesem Boot gibt es acht »Forscherplätze«, auf denen während einer Spree-kahnfahrt unter fachlicher Anleitung Experimente durchgeführt werden können.
(Seit Wolfgang F. aus S.-R. in B. einen der Forschungsplätze „aus Versehen" unter seinem Hintern begraben hat, werden erwachsene Forscher höchst ungern gesehen.)

Mei, liebe Leser, ich muss es leider zugeben: Nach einer halben Stunde Fahrt haben wir uns im Schilf tatsächlich ein wenig verfranst.

> Du! Du hast dich verfranst! Ich wollt ja gar nicht erst los! Himmelherrgottsakra! Kannst du eigentlich noch was anderes schreiben? Hättest du mich nicht die ganze Zeit alleine rudern lassen, wäre das vielleicht auch nicht passiert!

> Du weißt genau, dass ich seit meinem Kapselanriss beim Sulzbacher Ochsenschubsen meine Schulter erst mal nicht mehr belasten darf.

> Das war 1974, Herrgott!

> '75!

> Komischerweise hindert dich dein Kapselanriss nicht daran, vier Tage lang auf dem Oktoberfest ununterbrochen eine Mass in der Hand zu halten.

> Das ist von der Belastung her gar nicht vergleichbar!

> Ich dachte halt, auf so einem Fluss, Entschuldigung: so einer Fließe, da kann man nichts falsch machen. Wie soll man sich denn da verfahren?

> Die Frage ist nicht wie, sondern wer! Eine Frau am Ruder kann sich überall verfahren. Und meine Frau am Ruder würde sich auch noch verfahren, wenn das Boot verankert am Ufer liegt!

Und dann ist mir auch noch das Paddel ins Wasser geflutscht und als wir dann aufgestanden sind, um's Paddel wieder aus dem Wasser zu ziehen, da hat das Boot so stark angefangen zu schaukeln … Plumps, lagen wir drin in der Spree. Und die Spree war weitaus weniger warm, als ich gedacht hätte. Und gemüffelt hat sie auch ganz schön, die Spree. Tja, so kann's halt auch mal gehen. Da haben wir einfach mal ein paar falsche Entscheidungen getroffen.

> Du! Du hast eine falsche Entscheidung getroffen! Ich wollt ja gar nicht erst los!

> Kreizdunnerwedder, ich hab mich doch schon tausendmal bei dir entschuldigt. Jetzt hör halt auch amal wieder auf!

> Macht aber Spaß, hehehe …

> Wolf-gang Funz-fich-ler!

Tja, Freunde, was zieht man aus so einem drecksdammischensch… Tag für eine Lehre? Lass nie eine Frau ans Ruder? Erwart koa Hilf im Schilf? Neeein, ich verrat euch, was die Lehre aus so einer Pleite ist: Das dicke Ende kommt zum Schluss! Und damit mein ich nicht den kleinen Schnupfen, nein, da hätt ich mit leben können. Aber wenn du endlich tropfnass bei deinem geliebten *Opel Rekord* ankommst, den du seit über zwanzig Jahren bedingungslos liebst und von dem du gedacht hast, er lässt dich niemals im Stich – wenn du in quietschenden Schuhen vor Kälte schlotternd den Kofferraum öffnest und ein Handtuch aus dem Koffer ziehen willst, das du gar nie eingepackt hast –, und wenn in dem Moment, wo du die Klappe wieder schließt, der Auspuff einfach so zu Boden plumpst – dann ist des zu viel für einen anständigen Oberpfälzer, der nichts verbrochen hat, als überhaupt hierherzukommen! Du gottverlass'ner Spreewald – steck dir deine Fließen, Kähne, Rudel, Gurken und was sonst noch alles … XXXXX!

Liebe Leser. Unser Lektor und ich haben entschieden, dass wir dieses Kapitel nicht mit Wolfgangs Ausfälligkeiten beenden wollen, denn der Spreewald kann nun wirklich nichts dazu.

Deswegen verabschiede ich mich mit einem versöhnlichen „Adieu, Spreewald"!

Spreewald-Familie bei der traditionellen Gurkenernte.

Nach einer anstrengenden Fahrt (Wolfgang untersucht sich auf dem Beifahrersitz im Intimbereich nach Zecken) kommen wir gegen Mittag in Wittenberg an der Elbe an. Hier hat's angeblich den schönsten Marktplatz Sachsen-Anhalts oder gar Deutschlands. Aber das muss natürlich erst mal von den Funzfichlers überprüft werden ...

> Den schönsten Marktplatz hat Sulzbach-Rosenberg, egal, wie viel Soli die hier reingepumpt haben – da brauch ich nichts überprüfen!

Liebe Leser, falls der Wolfgang euch gleich eine Räuberpistole über mich und eine gewisse »Weiße Frau« im Wittenberger Schloss erzählt – ich bin mir relativ sicher, dass davon nur ein Bruchteil stimmen wird. Weil ich aber zu dem Zeitpunkt geschlafen habe (bzw. eben nicht, das ist ja das Problem), kann ich nicht mit Bestimmtheit sagen, was von seinem Bericht stimmt und was nicht. Wenn man aber den üblichen Wolfgang-Lügenfaktor von 90% abrechnet, dann dürfte an wahrheitsgemäßen Fakten von der Geschichte übrig bleiben, dass wir abends im Hotel schlafen gegangen und morgens wieder aufgewacht sind.

> Jaha, des wünschst du dir, Anneliese!

So, Schlagerfreunde, jetzt passt's amal auf – der verrückte Wolfgang hat nämlich noch eine viel verrücktere Geschichte für euch parat. Und die hat viel mit Wittenberg, aber zur Abwechslung einmal nicht mit dem langweiligen Herrn Luther zu tun, sondern eher etwas mit einer »Weißen Frau« und einer gewissen Anneliese, von der bislang nur *ich* wusste, dass sie ein waschechtes Nachtgespenst ist. Aber jetzt weiß es ganz Wittenberg, wuahahahaa. Ich freu mich jetzt schon, Freunde!

> Ziehen Sie lieber hundert Prozent ab!

Aber der Reihe nach. Als die Anneliese und ich am späten Nachmittag in Wittenberg ankamen, waren wir reichlich müde. Schließlich steckte uns noch die hundsvermaledeite Kahnfahrt im Spreewald in den Knochen. Überraschend erklärte sich die Anneliese einmal bereit, Wittenberg erst am nächsten Morgen zu erkunden und den Abend nur noch für eine umfangreiche Mahlzeit zu nutzen, um anschließend früh ins Bett zu gehen. Gesagt getan. Ich war schon heilfroh, dass am nächsten Morgen keine endlosen Fuß-märsche mehr zu erwarten waren (Stichwort: Spreiz-Senk-Füße), denn wir hatten uns sehr zentral in ein Hotel in der Schlossstraße eingemietet, dass quasi direkt neben dem Wittenberger Schloss liegt. Genau, deswegen auch Schlossstraße – euch kann man nichts vormachen, liebe Schlagerfreunde!

Am Abend im Hotel erzählt uns dann das Zimmermädchen (stramme Waden, Hummeltaille, trotzdem irgendwie süß), dass nebenan im Witten-berger Schloss ein Gespenst sein Unwesen treiben soll: die berühmte *Weiße Frau*, die irgendwann einmal irgendwem was versprochen haben soll (oder umgekehrt) und seitdem da rumspukt. Und seitdem heißt's, dass um Mit-ternacht im Wittenberger Schloss die Weiße Frau als Geist umhergeht. So. Ich denke, wir alle haben schon spannendere Gespenstergeschichten gehört als diese. Aber man muss auch sagen: Zu Wittenberg passt sie.

Info

Wittenberg

wird auch *Lutherstadt an der Elbe* genannt, weil hier der Reformator Martin Luther gelebt und gewirkt hat. Am 31. Oktober 1517 schlug Luther hier seine berühmten 95 Thesen gegen den Ablasshandel an die Tür der Schlosskirche. Wittenberg galt im 16. Jh. als eines der wichtigsten Zentren von Politik, Kultur und Kunst.

(Heute gilt Wittenberg vor allem als Zentrum der Luther-Pilgertouri-Abzocke! Den Touristen werden Lutherlikör, Lutherbierkrüge und sogar Luthersocken verscherbelt. Respekt, Wittenberg, immerhin ein Ansatz von freier Marktwirtschaft!)

Lage: rund 100 km südwestlich von Berlin, ca. 70 km nordöstlich von Leipzig im Bundesland Sachsen-Anhalt.

Einwohnerzahl: 2.000 (um das Jahr 1500), heute knapp 50.000.

Objekte der Touristenbegierde: Zum UNESCO-Welterbe gehören nicht nur die Schlosskirche, das Lutherhaus, die Stadtkirche St. Marien, sondern auch das Melanchthonhaus!

Was noch angucken? Cranachhäuser und Cranach-höfe aus der Renaissancezeit. Hier lebten und arbeiteten die bekannten Maler Lucas Cranach der Ältere und Lucas Cranach der Jüngere. Außerdem die Hundertwasserschule, die in den 90er Jahren nach Plänen des Künstlers Friedensreich Hundert-wasser umgebaut wurde.

Stichwort »Party«: Vor rund 500 Jahren heira-tete Luther die aus dem Kloster entflohene Nonne Katharina von Bora. Aus diesem Anlass feiern die Wittenberger jährlich im Juni »Luthers Hochzeit«. Man trägt Barett und Wams, stellt altes Handwerk zur Schau, musiziert im Renaissance-Stil und grillt Schweine am Spieß – die ganze Altstadt geht auf Zeitreise.

(Und wem das nicht reicht: Unbedingt „Wittenberg 2017" in den Kalender eintragen! Die große „500 Jahre Reformation-Party" wird bestimmt a Riesengaudi.)

(Und die dazugehörige Wolfgang & Anneliese TV-Show, „Fröhliche Reformation" läuft dann natürlich auch. Nur, ob's dann noch des SAT.1 gibt – das können wir natürlich nicht versprechen.)

Die Anneliese und ich genehmigen uns also noch einen kleinen Verdauungsschnaps (Obacht, die Minibar kühlt nicht richtig!), dann legen wir uns schlafen.

Mit einem Mal werd ich wach. Es ist kurz nach Mitternacht, und draußen hört man lautes Stimmengewirr. »Anneliese«, sag ich noch, »das ist mir zu laut, kümmer dich da mal drum!«

Aber nichts passiert. Und da erst bemerke ich, dass die Anneliese gar nicht in ihrem Bett liegt. Ich schau ins Bad und in den Kleiderschrank, aber auch da – keine Anneliese.

Draußen werden die Stimmen derweil lauter: »Die weiße Frau – da ist sie!«, ruft jemand, und dann rufen's plötzlich alle: »Die Weiße Frau! Die weiße Frau!«

Ich geh ans Fenster, um zu sehen, was da los ist. Und tatsächlich, liebe Freunde: Im fahlen Schein der nagelneuen Straßenlaternen (Soli!) vor dem Schloss geht die Weiße Frau in einem zerfetzten Nachthemd mit hängenden Armen, offenem Mund und wirren Haaren an der verängstigten Menschentraube vorbei, um kurz darauf in einer der dunklen Seitengassen zu verschwinden.

Einchecken im Hotel. Man sieht Wolfgang an, wie er sich auf Wittenberg freut.

Zwei ältere Damen und ein kleines Mädchen sind sofort in Ohnmacht gefallen, ein Mann Mitte 50 hatte einen kleineren Herzanfall. So stand es zumindest am übernächsten Tag in der Wittenberger Zeitung. Überschrift: *»Es gibt sie wirklich – Weiße Frau verängstigt Wittenberger Bürger!«*
Tja, liebe Schlagerfreunde, ihr könnt's euch denken, wer das Gespenst in Wirklichkeit war!
Ich bin dann schnell in meine Reisepuschen geschlüpft, runter in die dunkle Gasse gelaufen und hab meine Weiße Frau schließlich schlafend hinter ein paar Mülltonnen gefunden und schnell wieder aufs Zimmer gebracht. Seit Jahren sage ich ihr, dass sie auf Tournee schlafwandelt, aber nie glaubt sie's mir. Ich könnt mich nur ohrfeigen, dass ich kein Foto gemacht hab vom Wittenberger Schreckgespenst. Mei, des sah aber auch gruselig aus! Jetzt können wenigstens die Wittenberger nachfühlen, was ich durchmach, wenn ich die Anneliese morgens früh nach dem Aufstehen ungeschminkt sehe!

Ha! Schau mal selbst in den Spiegel, Herr Funzfichler!
Du hast morgens nach dem Aufstehen viel von einer Wasserleiche.
Und abends vorm Zubettgehen auch.

Ich geb hier nur Tatsachen wieder, Anneliese.
Kein Grund, beleidigend zu werden.

L iebe Leser, ich persönlich glaub von Wolfgangs Schlafwandel-Räuberpistole kein Wort. Ich kenn meinen Mann: Das war lediglich seine Rache für meinen kleinen Fauxpas bei der Bootsfahrt im Spreewald. Hier noch mal für alle Wittenberger: Die Weiße Frau war nicht ich!

Und warum hast du dem dicken Zimmermädchen spontan a Watschen gegeben, als sie morgens schreiend vor dir stand und: „Hiiilfe! Die Weiße Frau!" geschrien hat?

Weil ... ach, Wolfgang, du kannst mich einfach mal gern haben.

Hab ich doch, Anneliese, hab ich doch ... Zwinker, zwinker ...
Hör sofort auf mit dem bladen „Zwinker, zwinker"!

Jedenfalls – für mich war's eine Riesengaudi hier in Wittenberg, und ich persönlich werde diese Stadt in guter Erinnerung behalten, trotz Luther. Und deswegen geht's morgen auch mit bester Laune auf die letzte Etappe!

Tour 9

Klassiker-Route

Über Thale, Erfurt, Jena, Erzgebirge, Bayreuth

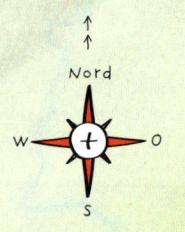

Nord

W O

S

Herrgott, es wird einem ja wohl mal schlecht werden dürfen!

Thale

START

Wolfsburg

Es ist bloß die Anneliese!

Erfurt

Laaangweilig.

In knapp drei Stunden können wir mit einem küh...
Weißbier daheim am Schwenkgrill stehen ...

286

Halle

Leipzig

mat der Gartenzwerge.

Chemnitz

Jena

450 Jahre Klöppeln.

Erzgebirge

Bayreuth

Felsenwunder und Hutständer

So, Freunde des ostdeutschen Nackttanzes, auffi geht's mal wieder. Und wie könnte man einen Tag besser beginnen als mit ein, zwei schönen DDR-Witzen:

Was wäre passiert, wenn man statt Kennedy Ulbricht erschossen hätte? Schwer zu sagen, aber der Onassis hätte bestimmt nicht seine Witwe geheiratet.

Hahaha. Nicht schlecht, was? Oder der hier:

Warum war das Klopapier in der DDR so rau? Damit auch der letzte Arsch rot wurde!

Hahaha, ich schmeiß mich weg. Leider ist nicht alles am Osten so lustig, denn was sich in Wittenberg schon andeutete, bestätigt sich jetzt leider auch in vielen anderen Städten: Das ganze Land ist vollgestopft mit Kultur. Alte Städte, Museen, Bücher, Theater und Opernhäuser – der ganze Weiberkram eben. Für Erfurt und Jena hat meine Frau sogar eine richtige Liste gemacht, was sie mir an kulturellen Höhepunkten so alles zeigen möchte: Angermuseum, Dom und Severikirche, Aquarium, Haus zum Roten Ochsen (klingt als Einziges interessant), den Japanischen Garten – und, Freunde, das ist nur die Liste von Erfurt gewesen. Was sich hinter den »Sieben Wundern von Jena« verbirgt, möchte ich gar nicht erst wissen …

Aus gegebenem Anlass – Sie werden später verstehen, was ich damit meine – möchte ich Ihnen an dieser Stelle schon kurz erklären, was es mit den *Sieben Wundern von Jena* auf sich hat, liebe Leser. Denn das sind sieben touristische Attraktionen, die Sie sich, im Gegensatz zu uns, nicht entgehen lassen sollten. Als da wären:

1. Die *Altarunterführung der Stadtkirche,* 2. der »*Schnapphans*« an der Rathausuhr, 3. die *Drachenstatue* im Stadtmuseum – ein ehemaliger Studentenstreich, 4. der *Jenzig*, ein steiler Berg mit weißem Muschelkalkrücken, 5. die *Camsdorfer Brücke,* 6. der *Fuchsturm,* der Bergfried (Hauptturm) einer ehemaligen Burg und 7. das *Weigelsche Haus* mit Aufzug und Dachobservatorium aus dem 17. Jahrhundert (existiert heute leider nicht mehr).

Bevor uns allerdings die große Kulturkeule in Jena erwartet, fahren wir erst mal ins beschauliche Thale – ein Ort, der für mich so klingt, als sei er in puncto »Kulturelles Angebot« noch auf dem Teppich geblieben. Und so war es dann auch.

Der sogar überregional unbekannte sachsen-anhaltinische Gitarrenvirtuose Beat-Bernd wurde 2002 während eines Konzerts vom Elbhochwasser überrascht. Zum Glück trug er wie gewohnt seine Showbadehose.

Müde in Thale, Erfurt verschlafen …

Thale, eine verwunschene, kleine Stadt, in die man zum Beispiel über die Kaiserstadt Quedlinburg oder von Süden über die Lutherstadt Eisleben anreisen kann. Ja, auch Eisleben ist eine sogenannte Lutherstadt, ein Titel, den sich Wittenberg und Eisleben teilen müssen. Denn während Luther in Wittenberg gelebt und gearbeitet hat, ist Eisleben die Stadt, in der Luther geboren wurde und in der er starb. Da Wolfgang es nicht einsieht, zwei Lutherstädte zu besuchen, durchfahren wir Eisleben nur und treffen gegen Mittag in Thale im Harz ein.

Natürlich braucht Wolfgang nach der »wahnsinnig anstrengenden« Fahrt erst einmal ein ausgiebiges Nickerchen. Wenn man alle Nickerchen, die Wolfgang in seinem Leben gemacht hat, zusammenzählt und zu seinem ohnehin ausgiebigen Nachtschlaf addiert, dann hat der Wolfgang bis jetzt rein rechnerisch höchstens sieben Jahre auf diesem Planeten in wachem Zustand verbracht. Wie lang doch sieben Jahre sein können …

Solange der Wolfgang schläft, mache ich mich alleine auf den Weg, um das verträumte Thale kennenzulernen, und bummle erst mal gemütlich durchs Städtchen.

Wolfgang schreibt

Wir lassen »Scheißleben« – wie ich die Stadt im Spaß immer nenne (und Spaß muss sein, liebe Leser, des ist ja bekannt!) – links liegen und knattern direkt durch bis in den Harz.

Der Harz hat irgendeinen Superlativ: Ich glaube, es ist das kleinste deutsche Gebirge. Oder das langweiligste, ich weiß es nicht mehr. Beides wäre zumindest zutreffend.

Trotz meiner sportlichen Fahrweise erreichen wir Thale erst nach zweieinhalb Stunden (viele Trecker und Trabis). Nach einem kurzen Nickerchen bin ich sofort wieder topfit, doch Anneliese ist verschwunden. Ich gönne mir erst mal einen kleinen Imbiss aus dem Kofferraum. In der Thermobox unter der Pferdedecke befindet sich immer noch ein halber Leberkäs, der sich zu meinem großen Erstaunen nach wie vor in einem ausgezeichneten Zustand befindet. Leider bin ich auf diese Geheimverstecke angewiesen, weil Anneliese den krankhaften Wahn hat, ich würde zu viel und zu fettig essen. Vier Leberkässemmeln mit süßem Senf und acht eingelegte Gurken später ist mein Appetit fürs Erste gezügelt, und ich habe endlich mal die Zeit für ein Verdauungsschläfchen.

Erfurt verschlafen …

D ie Menschen hier im Harz sind einfach, aber herzlich. Als ich eine ältere Dame, die einen der zahlreichen Souvenirshops betreibt, nach dem Weg zur berühmten *Rosstrappe* frage, kommt es zu folgendem Gespräch:

Mit Souvenirshop-Verkäuferin in Thale:

Anneliese:	*Grüß Gott!*
Souvenirverkäuferin:	*Wir haben geschlossen.*
Anneliese:	*Ich wollte nur fragen, ob Sie den Weg zur Rosstrappe kennen?*
Souvenirverkäuferin:	*Gehen Sie – bevor es zu spät ist!*

Und damit verschwindet sie in ihrem Kiosk und zieht eine gelbe Gardine zu. Doch ich erfrage mir den Weg zur *Rosstrappe* auch ohne ihre Hilfe. Ich gehe zurück zum Auto und wecke Wolfgang. Aber bevor wir uns auf den Weg machen, besteht er auf einem seiner berühmten »kleinen Imbisse«, der in diesem Fall aus sechs Hühnerschenkeln, drei Ei-Brötchen und zwei Flaschen Weißbier besteht.

Rosstrappe –
403 m hoher Felsen im Harz bei Thale, erreichbar zu Fuß oder per Sessellift. Auf der *Rosstrappe* können Besucher im gleichnamigen Hotel einkehren. Von der Aussichtsterrasse des Hotels blickt man bis auf die Felsen des Hexentanzplatzes, auf die *Steinerne Kirche* oder den *Brocken*.
Seinen Namen verdankt der imposante Granitfelsen einer alten Legende: Ein gewaltiger Riese namens Bodo soll auf diesem Felsen zu Pferd der so schönen wie tugendhaften Königstochter Brunhilde nachgestellt haben. Diese floh, ebenfalls zu Pferd. Während sie mit ihrem edlen Ross den Sprung über das Tal schaffte, stürzte der unglücklich Verliebte in die Tiefe.
(Geschieht ihm recht, dem Ritter. Hätte er die Prinzessin mal in Ruhe gelassen!)

(Der Idiot hätte einfach den Sessellift nehmen sollen, so wie ich!)

Die Hufabdrücke im Granit auf beiden Seiten der Felsen gelten seitdem als Beweis für die Legende und gaben dem Felsen seinen Namen. Der Gebirgsfluss aber, in den Bodo stürzte, wurde nach ebenjenem Riesen »Bode« genannt.

Es ist unfassbar, welche Mengen Fleisch und Fett dieser Mann ununterbrochen in seinen Körper stopfen kann. Ein erneutes »Verdauungsnickerchen« verweigere ich ihm, und wir machen uns gemeinsam auf den Weg zur *Rosstrappe*.

Unsanft werde ich gegen Mittag von der Anneliese geweckt. Zum Glück hat auch sie inzwischen Hunger bekommen, und da dieses Harzer Kuhdorf noch verschnarchter ist als ein Friedhof in Sibirien und deswegen alle Restaurants geschlossen haben, greifen wir unseren (offiziellen) Reiseproviant an und nehmen gemeinsam eine kleine, leichte Mahlzeit zu uns. Anneliese hat etwas mageres Hühnerfleisch für mich gebraten, dazu gibt es ein halbes Ei.

Anstatt Thale nicht weiter zu belästigen, besteht Anneliese darauf, die angebliche Attraktion des Kaffs zu besuchen, die sogenannte *Rosstrappe*. Anneliese erzählt mir die Geschichte, woher das Ding den Namen hat, die ist aber derart langweilig, dass ich sie auf der Stelle wieder vergesse.

Als Wolfgang den steilen Weg entlang des Felsens sieht, besteht er darauf, den 2005 neu gebauten Sessellift zu nehmen. Bereits kurz darauf bereue ich es, nicht doch zu Fuß gegangen zu sein. Mit Wolfgangs Höhenangst haben wir ja schon an mehreren Stationen unserer Reise Bekanntschaft machen müssen. An der *Rosstrappe* entschließt er sich dazu, diese Angst zu ignorieren, weil ihm der steile Weg wohl als das größere Übel erscheint.

Allerdings weht während der Fahrt nach oben eine steife Brise, und unser Sessellift kommt entsprechend ins Schaukeln. Dann macht Wolfgang den Fehler und schaut nach unten! Die maßlose Völlerei im Auto tut ein Übriges, und so bekomme ich die Retourkutsche für mein Malheur auf der Ellen: Wolfgang entlässt ungefähr auf der Hälfte der Strecke mindestens fünf der Hühnerschenkel, die drei Ei-Brötchen und etwas, das wie ungekauter Leberkäs aussieht, wieder in die Freiheit. Sehr zum Unmut der unter uns wandernden Touristen. Den Abstieg bewältigen wir unter lautstarken Beschimpfungen in Rekordzeit und verlassen Thale wesentlich schneller, als wir gekommen sind ...

Geheimfunz

Die Walpurgishalle –
ein Kunsttempel im altgermanischen Stil mit Hexen, Irrlichtern und Mephisto. 1901 konzipiert von
Bernhard Sehring und dem Wagnerianer Hermann
Hendrich, der auch die Nibelungenhalle in Königswinter gestaltet hat.

*(Dummerweise versäumte man es,
ihm danach Berufsverbot zu erteilen!)*

Über dem dunklen Gebälk des Eingangs prangt
Gott Wotan, von zwei Raben flankiert. Innen ein
Opferstein mit eingemeißeltem Sonnenrad, dann
die eigentliche Halle mit Museum. Es riecht nach
Moder, passend dazu auch der Kopf des Ziegen-

bocks, der vorm Besucher baumelt. In einem zweiten Raum werden mit kleinen Figuren Hexenrituale
nachgestellt.

*(Wenn die Anneliese nicht größer gewesen
wäre – ich hätte sie von den Figuren nicht
unterscheiden können, hehehe.)*

Von Ideengeber und Maler Hendrich stammen auch
die fünf Großgemälde in der Halle. Auf ihnen sind
Szenen aus der Walpurgisnacht aus Goethes *Faust*
zu sehen: Irrlichtertanz, Mammonshöhle, Winds-
braut, Hexentanz und Gretchenerscheinung.

Wo?
Am Hexentanzplatz
06502 Thale

Wolfgang: Eine Hexe in der Walpurgishalle? Ah geh, nicht doch! Es ist bloß die Anneliese!

Wir fahren weiter Richtung Brocken, dem Berg, wo die hässlichen Hexen wohnen. Da treffen wir bestimmt Annelieses Mutter, he he! Doch kaum hab ich »Brocken« in unser nicht vorhandenes Navigationsgerät eingegeben (verrückter Witz vom Kecki, oder?), entdeckt Anneliese auch schon wieder etwas auf ihrer Liste, das wir natürlich »noch ganz kurz anschauen müssen« und das »fast auf dem Weg« liegt, schließlich sei das »der Sinn und Zweck unserer Reise«. Und außerdem hätte sie eh noch einen gut bei mir, weil ich sie in Thale so blamiert habe. Herrgott, es wird einem ja wohl mal schlecht werden dürfen. Aber meinetwegen … Wer schon in der Nibelungenhalle in Königswinter vor Freude in die Hände geklatscht hat, für den kommt kurz hinter Thale noch ein Nachschlag!

Liebe Leser, zwischen Thale und Erfurt wimmelt es nur so von Sehenswürdigkeiten.

Die einen sagen so, die anderen so, Anneliese!

Vielleicht liegt es daran, dass meine Vorfahren aus dieser Gegend kamen – der Osten unserer Republik hat auf mich eine fast magische Wirkung!

Wie: „Vorfahren aus dieser Gegend"? Wir sind seit über 30 Jahren ein Ehepaar und jetzt erfahre ich, dass ich mit einem Ossi verheiratet bin? Warum hast du mir das nie erzählt?

Ich hab dir das tausendmal erzählt. Du hast nur nie zugehört!

Kann sein. Trotzdem kein schönes Gefühl.

Auf dem Weg nach Erfurt muss man einfach kurz auf den Großen Auerberg fahren und sich den Harzer Eiffelturm anschauen. Und wenn man weiß, dass der Ehemann da eigentlich keine Lust drauf hat, macht's gleich doppelt Spaß!
Nach dem Zwischenstopp beim Josephskreuz bin ich persönlich jetzt doch recht erschöpft. Was vor allem am ständigen Gesabbel vom Wolfgang liegt, der nicht müde wird zu betonen, dass er sich »nach wie vor irgendwie beobachtet fühlt«.
Zur Erklärung für alle, die die abwegigen Hirnverrenkungen meines Mannes nicht nachvollziehen können: Wolfgang ist nicht nur homophob, sondern auch ostophob.

Er glaubt, dass viele Mitglieder der Staatssicherheit nach der Wende nicht enttarnt wurden und nach wie vor aktiv sind, um die Vision eines neuen ultra-kommunistischen Staates in den Grenzen der ehemaligen DDR zu verwirklichen. Und da diese ehemaligen Parteikader auch heute noch Verbindungen bis »nach ganz oben« hätten, wär auch der Soli eingeführt worden. Damit hätten s' die Mittel bekommen, die Ex-DDR so hübsch zu machen, dass möglichst viele west-deutsche Touristen kommen. Und wenn dann irgendwann ganz Ostdeutschland voll mit westdeutschen Touristen wär, würden die alten Stasi-Leute zuschlagen! O-Ton Wolfgang: »Die machen in zwei Sekunden die Grenzen dicht, rufen den neuen kommunistischen Staat aus – und wir sind mittendrin!«

Verdammt, Anneliese. Ich hab dir gesagt, du darfst das nicht verraten! Jetzt wissen die Stasi-Leute doch, dass wir ihren Plan kennen. Und damit bringst du uns in allerhöchste Gefahr!

Aber Wolfgang, wenn dieses Buch veröffentlicht wird, sind wir doch längst wieder daheim. Dann hast du deine Theorie schon dem Bundesnachrichtendienst mitgeteilt, der dann sofort eine Sondereinheit drauf ansetzt und dir das Bundesverdienstkreuz für deine Hilfe überreicht.

Ach ja, stimmt. Daran hab ich gar nicht gedacht.

Und weil ich mir dieses ebenso infantile wie paranoide Gefasel nicht weiter anhören möchte, leg ich jetzt einfach mal das Notizbuch beiseite und nehme mir das Recht eines jeden Beifahrers raus und schlafe eine Runde. So! Soll mein Mann doch mal sehen, wie er ohne meine Kartenlesekünste bis nach Erfurt findet.

So, ich sitz im Restaurant neben dem Josephskreuz und hab erneut das Gefühl, dass ich die ganze Zeit beobachtet werd. Ich habe da ja meine ganz eigene Theorie zu, Freunde, aber wenn ich die hier aufschreiben tät, würde ich uns alle in höchste Gefahr bringen! Aber ihr könnt's beruhigt sein: Ich wäre nicht euer verrückter Wolfgang, wenn ich nicht schon einen Plan hätte. Und so viel kann ich hier schon verraten: Bald wird wirklich ein für allemal Schluss sein mit dem Stasi-Terror!

Geheimfunz

Harzer Eiffelturm –
eigentlich Josephskreuz. Mit 38 m Höhe das größte eiserne Doppelkreuz der Welt.
Standort: Auf dem Großen Auerberg (580 m), einem erloschenen Vulkan – und da wiederum auf einem 11x11 m großen Fundament, um das eine 22x22 m große Halle gefügt ist. Im Inneren des Turms kann man über rund 200 Eisenstufen bis zu einer Aussichtsplattform in 35 m Höhe steigen. Dort finden bis zu 200 Personen Platz und können einen Panoramablick über die Harzlandschaft genießen.

(Oder ihr bleibt's unten im Restaurant neben dem Turm und genießt's einen Panoramablick ins Bierglas!)

Der Name des Kreuzes erinnert an Graf Joseph zu Stolberg, der den Turm 1896 errichten ließ. Allerdings hatte es dort wohl schon im 17. Jh. einen Aussichtsturm gegeben – wegen des phantastischen Rundblicks vom Großen Auerberg. Dieser hölzerne Turm wie auch ein späterer Bau nach

einem Entwurf des berühmten Berliner Architekten Karl Friedrich Schinkel wurden jedoch bei Stürmen zerstört.

(Ja, genau – derselbe Schinkel, der auch schon die Pläne von dem Leuchtturm auf Rügen gemacht hatte! Gut aufgepasst!)

Da das neue Kreuz Schinkels Doppelholzkreuz übertreffen sollte und der Eiffelturm auf der Weltausstellung in Paris gerade Maß aller Dinge war, sollte es nach diesem Vorbild gestaltet werden. Äußerlich dem alten Holzkreuz zwar nicht unähnlich, erwiesen sich hunderttausend Nieten und 128 Tonnen Eisen und Stahl denn auch als größter Tourismusmagnet, den die Region bislang gesehen hatte.
Nach einer Sperrung Ende der 80er Jahre wurde der Turm 1990 renoviert. Danach strahlte er wieder in seiner ursprünglichen Farbe »Meergrün« – ganz wie der Pariser Papa.

Wo?
Zwischen 06547 Stolberg/Harz und 06507 Güntersberge

Wintersportmode aus dem Harz konnte sich leider noch nicht bundesweit durchsetzen.

Als ich Anneliese von meiner Theorie erzähle, wirkt sie zunächst verstört, dann wird sie urplötzlich ganz müde – das war wohl zu viel für meine naive, kleine Anneliese. Also lasse ich sie auf dem Beifahrersitz schlafen, und Käpt'n Wolfgang steuert die MS Gute Laune alleine gen Westen, Richtung Heimat. Und wir können uns Erfurt sowie alle Museen, Kirchen und Kriegsfriedhöfe, die Anneliese zwischendurch noch auf der Liste hat, getrost schenken. Wenn's ihr mit dem Kecki reist, liebe Schlagerfreunde, gibt es nur die Höhepunkte und nicht das schnöde Beiwerk. Denn die wichtigste Regel im Showgeschäft lautet: Du sollst nicht langweilen! Leider eine These, die der Kollege Luther nirgends angenagelt hat.

> *Wolfgang, halt die Goschen, wenn Du keine Ahnung hast. Dem Luther ging's um die Reformation der Kirche. Des war a Visionär. Und 1517 da gab's noch gar kein Showgeschäft.*

> Aber 1517, da gab's schon ein Jahr lang das deutsche Reinheitsgebot. Der Typ, der des erfunden hat, des war a Visionär. Der hat sich damals schon gegen das Gepansche gewehrt.

> *Ich geb's auf…*

> Außerdem: wo Bier gebraut wird, da gibt's auch ein Showgeschäft! Der Luther war einfach ein Langweiler …

> *Wolfgang… Ich hab doch gesagt, ich geb auf …*

> So wird a Schuh draus, Anneliese.

Auf der A4, kurz hinter Erfurt, mache ich kurz Rast, um einen Kaffee mit Schuss zu trinken (gegen die Müdigkeit) und ein paar Knusperriegel zu essen (gegen die übersäuerte Muskulatur). Bevor ich weiterfahren kann, wacht die Anneliese wieder auf. Als sie mitbekommt, dass wir schon an Erfurt vorbei sind, fängt sie direkt an zu meckern. Naturgemäß glaubt sie mir nicht, dass ich in Erfurt versehentlich falsch abgebogen bin.

> *Natürlich nicht. Für wie doof hältst du mich?*

> Anneliese, darauf willst du keine ehrliche Antwort …

Gymnastikpause auf dem Weg ins Erzgebirge

Es hilft alles nichts, ich muss in den sauren Apfel beißen und für das »überfahrene« Erfurt Zugeständnisse machen. Allerdings hätte ich nicht gedacht, dass es mich gleich so hart treffen würde.

Anneliese schreibt

Zwergenaufstand vor Jena, weitergeklöppelt ins Erzgebirge

» V or Erfurt falsch abgebogen« – ha, als ob ich ihm so einen Schmarrn abkaufen würde! Dafür hat er natürlich eine Bestrafung verdient. Glücklicherweise waren wir nicht weit von Gräfenroda in Thüringen entfernt. Denn dort kommt etwas her, was viele Deutsche heiß und innig lieben, während der Wolfgang richtiggehend Angst davor hat. Haben Sie schon eine Ahnung, was es ist? Kleiner Tipp: Es ist klein, rundlich und hat eine rote Mütze auf dem Kopf?

Schon wieder die Claudia Roth? (Was ist denn bloß mit mir – der verrückte Wolfgang ist heut nicht zu bremsen, muhuhoahaha!)

Geheimfunz

Geburtsort der Gartenzwerge –
Gräfenroda in Thüringen. Sie leben in ganz Deutschland und sogar darüber hinaus, ihre Familie gilt als eine der weitestverzweigten der Welt: die Gartenzwerge. Woher aber stammt die berühmte Dynastie der Gartenzwerge ursprünglich? Aus Gräfenroda in Thüringen!
Seit vier Generationen kommen die Winzlinge aus einem Familienbetrieb, der sogar ein eigenes Gartenzwergmuseum betreibt. Gegründet wurde die Manufaktur 1874 von Philipp Griebel. Der war eigentlich gelernter »Thierkopfmodelleur«. Zur Biedermeierzeit waren realistisch modellierte Hirschköpfe an der Wand quasi der letzte Schrei der Inneneinrichtung. Philipp Griebel landete im eigenen Betrieb bei der Suche nach neuen Figuren schließlich beim Gartenzwerg.

(Der übrigens eine frappierende Ähnlichkeit mit Opa Funzfichler besitzt – wahrscheinlich mag die Anneliese die Dinger deswegen so gerne.)

Nach seinem Tod wurde die Firma als Familienunternehmen weitergeführt und vergrößert. 1972 fabrizierten bereits 23 Mitarbeiter Gartenzwerge, was zur Folge hatte, dass der Betrieb verstaatlicht wurde.
1990 wagte Reinhard Griebel einen Neuanfang und eröffnete 1994 zusätzlich das »Zwergenstübchen«. Darin können Besucher die kleinen, aber berühmtesten Söhne und Töchter der Stadt gewissermaßen aus der Wiege heraus kaufen. Seit 1997 betreibt die Familie außerdem noch ein »Museum über die Geschichte der Gartenzwerge«. Hier lässt sich die traditionsreiche Geschichte der Minis aus Gräfenroda von den Anfängen bis heute verfolgen.
Typische Zwerge aus Gräfenroda: »Balduin mit Laterne«, »Horst, Hände unterm Bart«, »Erich mit Besen« oder auch der sportlich-hippe »Biathlonzwerg«.

(Den Zwerg „Wolfgang, Hände in der Hose" gibt's dagegen auf der Couch bei Funzfichlers daheim. Leider.)

Wo?
Gartenzwergmanufaktur Griebel
Ohrdrufer Str. 1
99330 Gräfenroda

Wolfgang schreibt

Gartenzwerge. Grauenhaft. Ich verstehe nicht, wie man sich so was in den Garten stellen kann. In einen deutschen Garten gehört ein großer Schwenkgrill, eine Biergarnitur und ein Busch, hinter den man bzw. Mann ... – ihr wisst's schon. Aber wenn schon Gartenzwerge: Laut meinem alten Spezi Karl Moik gibt es mittlerweile auch eine stattliche Auswahl von erotischen Gartenzwergen – und zwar in allen nur denkbaren Darstellungen und Positionen! Schaut's doch mal unter:

www.~~gartenzwerg-kamasutra~~.com

Tut mir leid, liebe Kulturfreunde, aber das mussten wir zensieren, liebe Leser. Und dich, Wolfgang, möchte ich bitten, so einen Schweinkram in Zukunft für dich zu behalten.

Ja ja ja. Geh doch ins Kloster!

Nach einer Stunde ist der Spuk vorbei, und wir können weiterfahren! Immerhin hab ich's noch geschafft, einen von den Mützengnomen zu klauen und später aus dem Auto zu werfen – Volltreffer an eine Eiche! Herrlich! Und das kurz hinter der sächsischen Landesgrenze.

Tja, liebe Leser, eigentlich wollte mich die Anneliese nach den Gartenzwergen direkt durch ihre »Sieben Wunder von Jena« prügeln.

Der Sachse

ist ein Mensch mit viel Humor, der oft schwer zu verstehen ist – also, der Sachse, nicht der Humor. Ein typisch sächsischer Witz macht das Problem deutlich:

		(Übersetzung)
Sohn:	»Babba, hier schdehd ›ägyptisch‹. Was issn das?«	**Sohn:** »Papa, hier steht ›ägyptisch‹. *Was ist denn das?*«
Vater:	»Egibbdisch? Nu ganz efach, das isse Disch zum Gibben.«	**Vater:** »›Ägyptisch‹? Nun, ganz einfach, *das ist ein Tisch zum Kippen.*«

Aber anscheinend hat mir der zerschmetterte Gartenzwerg Glück gebracht. Denn mitten auf der A4 klingelt plötzlich Annelieses Handy – und unser Büro ist dran. Und zwar mit interessanten Nachrichten!

Mei, Maderl, egal, was ihr vorher für einen Mist verzapft habt. Den Adieu-Jena-Anruf vergess ich euch nie!

L iebe Leser, erinnern S' sich noch, dass ich schon vor ein paar Seiten die »Sieben Wunder von Jena« angekündigt habe? Aber jetzt hab ich schlechte Nachrichten für Sie: Die Sieben Wunder müssen S' sich leider in diesem Internet anschauen, oder Sie fahren mit ihrem eigenen *Opel* direkt selbst nach Jena (das lohnt sich auf jeden Fall). Der Wolfgang und ich waren gerade auf dem Weg nach Jena, als mich die Sigrid aus dem Büro ganz aufgeregt anrief: »Anneliese, die Inka Pallaske ist gerade dabei, für eure nächste *Fröhliche Weihnachten*-Show einen neuen Bericht über die Brömseklötens im Erzgebirge zu drehen. Wär das nicht interessant, da mal live dabei zu sein?!«

Mei, da hatte die Sigrid natürlich recht. Das war die Gelegenheit, der Inka Pallaske mal ein wenig auf die Finger zu schauen und den Brömseklötens über die Schulter – denn die stehen ja wie keine zweite Familie für gutes und hochwertiges Handwerk aus dem Erzgebirge, wo man in diesem Jahr, nebenbei bemerkt, »450 Jahre Klöppeln« feiert.

Aber ich darf keinen Schweinkram schreiben!

Wolfgang, „Klöppeln" ist eine Handarbeitstechnik! Klöppel sind spindelförmige, hölzerne „Spulen", an denen Garn aufgewickelt wird, um damit Spitzen zu fertigen.

Ach so. Laaangweilig!

Ja, liebe Leser, man mag es kaum glauben, aber das Erzgebirge ist die größte zusammenhängende Klöppelregion Deutschlands! Wenn wir etwas mehr Zeit gehabt hätten, wäre ich mit Wolfgang gerne auf einen gemütlichen Hutzenabend gegangen.

Hutzenabend? DAS ist jetzt aber Schweinkram, oder?

Tja, die Hutzenabend-Lieder entgehen Ihnen jetzt leider. Aber wenn S' kein Erzgebirgler sind, hätten S' wahrscheinlich eh kein Wort verstanden.

Also sei's drum. Auf zu den Brömseklötens! Und am besten mit einem wunderbaren Weihnachtslied auf den Lippen. Denn Weihnachten und das Erzgebirge und das Erzgebirge und die Brömseklötens – das ist für uns mittlerweile untrennbar miteinander verbunden, und zwar mit unseren wunderbar heimeligen TV-Shows *Fröhliche Weihnachten*, die der Sender SAT.1 nun schon seit Anfang der 70er Jahre alljährlich ausstrahlt.

Drei Erzgebirgler schieben ihr Auto zum Hutzenabend.

Hutzenabend –
fröhliches Brauchtum in der Erzgebirgsregion. Um Heizholz und Kerzenlicht zu sparen, setzten sich in vergangenen Zeiten Schnitzer und Klöpplerinnen gelegentlich in einem Raum zusammen. An so einem »Hutzenabend« wurde nicht nur geschnitzt und geklöppelt, sondern auch gesungen, getratscht und viel gelacht.
(Kenn ich. Bei uns in Bayern nennt man so was Saufen am Arbeitsplatz!)

Diese Tradition hat sich trotz des Einzugs von Öl- oder Gasheizungen nach der Wende erhalten. Gerade in der Vorweihnachtszeit laden etwa kulturelle Einrichtungen zu Hutzenabenden ein, an denen alte Lieder gesungen, alte Geschichten erzählt und erzgebirgische Spezialitäten gegessen werden.
(Wie? Essen die da ihre frisch geklöppelten Spitzen direkt wieder auf oder was? Hehe, kleiner Spaß!)

Unser Lied

Fröhliche-Weihnachten-Eröffnungslied

Es weihnachtet zur Weihnachtszeit
Ja klar, es ist ja Weihnachten
Adventszeit ist Familienzeit
Der Weihnachtsbaum steht schon bereit

Es weihnachtet zur Weihnachtszeit
Man merkt's daran, dass draußen schneit
Den Glühwein riecht man schon von weit
Die Gans, die macht die Beine breit

Es weihnachtet zur Weihnachtszeit
Wir feiern, bis das Christkind schreit
Wir wollen jetzt, dass alle Leut
Feiern mit uns Weihnachtszeit

Es weihnachtet zur Weihnachtszeit
Da gibt's nur Liebe und ka Streit
Verwandtschaft kommt von nah und weit
Und alle sind bald hackebreit.

(Text und Musik: J. Fantasy, W. & A. Funzfichler)

Mei, das war eine Freude, unsere Freundin, die Inka Pallaske wiederzusehen, die schon seit vielen Jahren für uns aus dem Erzgebirge berichtet. Die Inka, die hat ja früher schon fürs DDR-Fernsehen Reportagen aus dem Erzgebirge gemacht.

Übrigens die gleichen wie für uns ...

Liebe Leser, wir dachten ja, wir hätten im Laufe der vergangenen Jahre in unseren vielen hundert SAT.1-Shows schon sämtliche Brömseklötens kennengelernt. Aber Mutter Brömseklöten war anscheinend recht fruchtbar. Denn die Inka Pallaske, die hat tatsächlich einen Brömseklöten-Sprössling gefunden, den wir noch nicht kannten, und zwar den Jean-Marie Brömseklöten. Und der stellt nur mit seinen Händen etwas ganz Besonderes her, nämlich Hutständer aus Holz. Und während die Inka also den Jean-Marie vor laufender Kamera interviewt hat, saßen der Wolfgang und ich in der Ecke von der Werkstatt vom Jean-Marie und haben Mäuschen gespielt.

```
Fernsehinterview Inka Pallaske mit Jean-Marie
Brömseklöten in seiner Werkstatt
```

Inka und Jean-Marie stehen vor einer Werkbank, auf der verschiedene Exemplare seiner Hutständer stehen: große, kleine, dicke und dünne. Die Hutständer sind allesamt länglich und rund, in sich leicht gebogen und haben eine etwas dickere, abgerundete Spitze.

Inka:	Hallo, liebe Zuschauer. Ich bin heute zu Gast beim Jean-Marie Brömseklöten. Die Familie Brömseklöten stellt hier schon in der siebten Generation Hutständer aus Holz her. Glückauf, Jean-Marie!
Jean-Marie:	Glückauf!
Inka:	Grüß dich!
Jean-Marie:	Grüß dich!
Inka:	Glückauf!

Jean-Marie:	*Glückauf!*
Inka:	*Glückauf. Jean-Marie, du machst hier ja alles selber.*
	Wie lange brauchst du für so einen schönen Hutständer?
Jean-Marie:	*Kommt drauf an. Für'n ganz großen, dicken Hutständer brauch ich*
	fünf Tage, großer, dünner brauch ich vier Tage, mittlerer, dicker
	brauch ich drei Tage, kleiner, dicker brauch ich zwei Tage, kleine,
	dünne mach ich nicht, hat noch nie einer gekauft.
Inka:	*Das klingt aber nach 'ner Menge Arbeit.*
Jean-Marie:	*Ja, stimmt. Eigentlich gehört zu jedem Hutständer sogar noch eine*
	Halteplatte ... Aber meistens wird die Halteplatte von meiner
	Kundschaft nicht in Anspruch genommen.
Inka:	*Verstehe.*
Wolfgang **(flüstert):**	*Anneliese, ich kann mir nicht helfen, aber diese Hutständer sehen aus*
	wie riesige –
Anneliese:	*Pssssst!*
Inka:	*Was mich noch interessieren würde: deine Kundschaft.*
Jean-Marie:	*Kundschaft.*
Inka:	*Sind das alles Leute aus dem Erzgebirge?*
Jean-Marie:	*Das sind überwiegend Leute aus dem Erzgebirge. Wobei die*
	meisten meiner Kunden alleinstehende Frauen aus der näheren
	Umgebung sind.
Inka:	*Wie erklärst du dir das?*
Jean-Marie:	*Ich erklär mir das so, dass alleinstehende Frauen sich verstärkt*
	große, auffällige Hüte zulegen, um beim männlichen Geschlecht
	Aufmerksamkeit zu erregen. Eine Art Balzverhalten. Das würde auch
	die verstärkte Nachfrage nach den großen, dicken Hutständern
	erklären.
Inka:	*Ja, dann kann Weihnachten ja kommen.*
Jean-Marie:	*Joa. Gern.*
Inka:	*Liebe Zuschauer, wenn Sie Interesse an Hutständern aus dem*
	Erzgebirge von Jean-Marie Brömseklöten haben, dann können
	Sie die auf unserer Homepage bestellen unter:
	www.weihnachtenmitwolfgangundanneliese.tv/weihnachtsshow2012/
	reportagenmitinkapallaske/hutstaenderausdemerzgebirge/
	jeanmariebroemsekloeten/bestellen

Das Telefon klingelt.

Inka: *Oh, Jean-Marie, hier klingelt ein Telefon!*

Jean-Marie: *Ja, das passiert häufiger. Moment ... Ja, Brömseklöten? ... Das tut mir leid, das zu hören, junge Frau. Er hat es bestimmt nicht so gemeint ... Ja? Mhm, einen großen, dicken. Sehr gerne. Wiedersehen.*

Inka: *Und wieder einen verkauft, was? Na dann, Glückauf, Jean-Marie.*

Jean-Marie: *Glückauf.*

Das Telefon klingelt erneut.

Inka: *Mensch, jetzt klingelt's schon wieder! Hier is ja was los.*

Jean-Marie: *Sekunde ... ja, Brömseklöten? Herzliches Beileid, Frau Rokohl. Einen großen, dicken, sehr gerne.*

Inka: *Ja, liebe Zuschauer. Mit diesen ersten Eindrücken zurück ins Studio!*

Inka Pallaske im Gespräch mit Jean-Marie Brömseklöten.

Mei, Freunde, das war amal interessant bei dem Jean-Marie Brömseklöten. Und die Hutständer von dem, die waren so schön und so toll gearbeitet, dass sowohl die Inka Pallaske wie auch ich uns direkt auch einen großen, dicken mitgenommen haben.

Und das, obwohl weder die Inka noch die Anneliese einen Hut besitzen!

Den kann man ja später noch dazukaufen.

So, liebe Schlagerfreaks. Ab jetzt gibt's nur noch gute Nachrichten. Denn langsam, aber sicher steuern wir den *Rekord* nicht nur wieder Richtung Westen, sondern auch Richtung Süden. Und das bedeutet: Es geht nach Hause! Aber keine Angst, auf dem Weg dahin besuchen wir noch einige verrückte Orte. Wie zum Beispiel den hier:

Geheimfunz

Der Mittelpunkt der Erde –
liegt nicht irgendwo, sondern direkt unter dem Städtchen Pausa. Zumindest behaupten das die Bürger der Stadt. Und sie verweisen darauf, dass diese Behauptung schon vor Hunderten von Jahren aufgestellt wurde.

Im Keller des Rathauses befindet sich angeblich die Erdachse. Sie sieht relativ neu aus, was auch daran liegt, dass sie regelmäßig von Besuchern mit spezieller »Erdachsenschmiere« geschmiert wird. Sollten Besucher den Wunsch verspüren, selbst Hand anzulegen, müssen sie sich bloß mit der »Erdachsendeckelscharnierschmiernippelkommission

zu Pausa« oder der Stadtverwaltung in Verbindung setzen. Für eine Schmierung der Erdachse sind ca. 30 Minuten einzuplanen.

Vorsicht, Verwechslungsgefahr: Auch die Kräuterschnäpse, denen die Kommissionsmitglieder gerne zusprechen, werden »Schmiere« oder »Öl« genannt!

(Schlagerfreunde: Erdachsendeckelscharnierschmiernippelkommission — ich weiß, des klingt reichlich ossi-mäßig, aber der Kräuterschnaps ist 'ne Wucht. Also: Pause in Pausa!)

Wo?
Rathaus Pausa
Neumarkt 1
07952 Pausa

Es ist für alle Beteiligten das Beste, wir fahren nach Hause.

Anneliese schreibt

Auf der Felge in den Bayreuther Ring

Wenn eine Träne auf Reisen geht …

… ein bisserl so fühle ich mich gerade, liebe Leser. Die letzte Etappe, das letzte Ziel unserer großen Deutschlandfahrt steht nun an. Man könnte fast meinen, ich müsst ein lachendes und ein weinendes Auge haben, nach den turbulenten vergangenen Wochen. Wenn ich aber auf den Beifahrersitz neben mir gucke, wo der Wolfgang gerade schnarcht, wobei der Kopf ganz weit nach hinten über die Rückenlehne hängt, ihm der Mund aufsteht und ein Speichelfaden am Kinn runterläuft (zu viel Kräuterschnaps in Pausa) – bei dem Anblick muss ich wohl doch von zwei lachenden Augen sprechen.

Dennoch bin ich ein wenig traurig, dass unsere Reise und all die Abenteuer, die wir bestehen mussten, bald schon wieder vorbei sind. Aber sei's erst mal drum – noch steht uns ja eins bevor: die Wagner-Stadt Bayreuth!

Wir nähern uns der Heimat – da sind die Häuser einfach ansprechender.

Wolfgang schreibt

Liebe Ossis, nehmt mir's nicht übel, aber für einen waschechten Bayern wie mich ist es immer noch ein tolles Gefühl, die alte Staatsgrenze zu passieren und wieder den Boden des guten alten Freistaats unter den Reifen zu spüren. Aber bevor wir daheim in Sulzbach-Rosenberg von einer jubelnden Meute empfangen werden, besuchen wir noch rumsbums Bayreuth, die Wagner-Stadt.

Und wenn ihr jetzt glaubt, der Wolfgang wäre so schusselig zu glauben, der Wagner wäre der, von dem die berühmte Pizza ist, dann habt's ihr euch geschnitten. Denn mir ist sehr wohl bekannt, dass der Wagner in erster Linie ein Komponist war. Und zwar hat er unter anderem den elendigen »Ring der Nibelungen« vertont. Furchtbar! Kein Rhythmus, kein Refrain, wo man mal mitsingen kann, nix! Goldene Regel im Schlagergeschäft: Ein Song, von dem der DJ Ötzi noch keine Coverversion gemacht hat, ist auch nix wert.

Deswegen hat er auch nicht einen einzigen Song von deinem Soloalbum geremixt, gell?

Was soll jetzt des? Der Ötzi wollte natürlich, aber ich hab die Rechte nicht freigegeben!

Natürlich ... zwinker, zwinker!

Verdammt, hör endlich auf mit dem kreizdamischen „zwinker, zwinker"!

Anneliese schreibt

Mei, noch nicht mal für Bayreuth kann ich den Wolfgang begeistern: Richard Wagner, der Ring, die Bayreuther Festspiele – da geht doch eigentlich jedem guten Deutschen das Herz auf! Aber das kommt halt davon, wenn man sein Lebtag den Kopf nur mit Fußballsendungen und Weißbier vollstopft.

Die wunderschöne Stadt Bayreuth ist natürlich noch viel mehr als Wagner und der Ring. Was es dort noch alles zu sehen und zu erleben gibt, das … äh, weiß ich jetzt auch noch nicht so genau. Aber im Tourismusbüro von Bayreuth, da werden wir nicht nur ganz herzlich empfangen, da weiß man auch über alles Bescheid. So, die netten Damen vom Tourismusbüro haben uns mit allerlei Informationen gefüttert. Wussten Sie, dass Bayreuth nicht nur die größte Stadt Oberfrankens, sondern auch eine der wichtigsten Wirtschafts-, Kongress- und Universitätsstädte Bayerns ist? Wolfgang wusste es nicht. Und er wusste auch nicht, dass Bayreuth eine Stadt mit einer Vielzahl an Sehenswürdigkeiten und Museen ist.

Hatte es aber befürchtet …

Info

Die berühmt-berüchtigte Festspiel- und Universitätsstadt Bayreuth in Bayern

ist der Regierungssitz des Bezirks Oberfranken und hat über 72.000 Einwohner (Stand 2010).

Das *Festspielhaus* auf dem »Grünen Hügel« zählt zu den größten Opernbühnen der Welt und hat eine einzigartige Architektur und Akustik. Erbaut wurde es 1872 vom berühmten Komponisten Richard Wagner, der einen Ort erschaffen wollte, an dem er sich ohne Ablenkung den Darbietungen seiner Werke widmen konnte. Die ersten Festspiele fanden 1876 mit der erstmals vollständigen Aufführung des »Ring der Nibelungen« statt.

(Laaaaangweilig.)

Die unvergleichliche Akustik des Festspielhauses beruht auf dem komplett mit Holz verkleideten Innenraum, außerdem gibt es keine Zuschauerlogen und nur ungepolsterte Sitze. Somit wird nur wenig Schall geschluckt.

*(Ich muss mich korrigieren: Laaaaangweilig
UND ungemütlich!)*
(Ist jetzt mal langsam gut?)

Rankings: Beim großen Auskunft.de-Lebensqualitätsindex 2010, der von Gesundheit über Bildung bis Kultur reichte, erreichte Bayreuth Platz 4 von rund 400 Konkurrenten. Und bei einer Studie von der Initiative Neue Soziale Marktwirtschaft, der Zeitung »Wirtschaftswoche« und IW Consult in Köln

belegte Bayreuth bei den sich am dynamischsten entwickelnden Städten Platz 2 unter 100 kreisfreien Städten!

(Im Ranking von Wolfgangs Biergartenquotienten, der sich aus dem Verhältnis von Bierpreis, Bierqualität und Kellnerinnenoberweite errechnet, liegt Bayreuth allerdings lediglich auf Platz 371 von 842 bayrischen Biergärten.)

Anekdote: Der deutsche Musiker Joachim Witt nannte sein 1998 veröffentlichtes Album Bayreuth 1.
(Nach einem Geistesblitz folgte im Jahre 2000 das Album Bayreuth 2 und 2006 als Gipfel des Wort- und Mutterwitzes dann Bayreuth 3. Echt wahr!)

Allein das Markgräfliche Opernhaus, ja, Herrschaftszeiten, das ist wohl das schönste erhaltene Barocktheater Europas! Dann gibt's noch ganz reizende Schlösser, das »Haus Wahnfried« (das einstige Wohnhaus von Richard Wagner, in dem heute ein Museum beherbergt ist), die historische Parkanlage Eremitage mit ihren zauberhaften Grotten und Wasserspielen und natürlich die schon erwähnten Wagner-Festspiele, die in der ganzen Welt berühmt und quasi das Aushängeschild von Bayreuth sind. Wir haben also einiges zu erkunden. Denke ich zumindest. Doch dann kommt alles ganz anders – »dank« Wolfgang …

Ja, ja, ja … Musik- und Theaterfestivals, die Wohlfühl-Oase Lohengrin, eine Therme neben einem 18-Loch-Golfplatz, und als sei das nicht genug, ist Bayreuth auch noch das Tor zum Fichtelgebirge und zur Fränkischen Schweiz. Aber all das ist mir grad wurscht, liebe Schlagerfreunde, denn euer Wolfgang will einfach nur noch nach Hause. Von Bayreuth bis nach Sulzbach-Rosenberg sind es knapp siebzig Kilometer Fahrt, das heißt, mit einem normalen Auto kann man in einer Stunde dort sein, was für uns bedeutet: In knapp drei Stunden können wir mit einem kühlen Weißbier daheim am Schwenkgrill stehen. Also tue ich, was ein Mann in so einem Moment tun muss …

Es war der mit Abstand peinlichste Moment der ganzen Reise. Und ich brauche ja gerade Ihnen, liebe Leser, nicht lang zu erklären, dass es an peinlichen Momenten auf dieser Reise nun wirklich nicht gemangelt hat …

Gerade wollen wir uns auf den Weg in die Villa Wahnfried machen, da schmeißt sich mein Mann mit theatralischer Geste vor mir auf die Füße. Mitten auf dem Bayreuther Marktplatz! In Anwesenheit von Hunderten Touristen und Schaulustigen! Und er fleht mich laut schluchzend an, die Villa Wahnfried doch lieber von Nazis, Amerikanern und kleinen Japanern begaffen und beknipsen zu lassen und stattdessen sofort nach Hause zu fahren. Zum Schwenkgrill! Innerhalb von Sekunden hat sich um uns herum eine riesige Menschenmenge gebildet und es

Wolfgang will nur noch heim zu seinem Schwenkgrill ...

gab kaum einen, der diese groteske Szene nicht mit seinem Handy gefilmt oder fotografiert hat. Ich wollte nur, dass Wolfgang aufhört, deswegen hab ich ihn am Kragen gepackt und gesagt: »Wolfgang, wir fahren heim! Aber nur, wenn du sofort mit dieser Schmierenkomödie aufhörst, du Sackseppl!«

M it einer Hand hat mich die Anneliese am Kragen hochgezogen, um mir zu sagen, dass sie ebenfalls nach Hause möchte. Was für ein Teufelsweib! Und tatsächlich: Keine 60 Sekunden später saßen wir im guten alten *Rekord* und steuerten unsere geliebte Heimat an: Sulzbach-Rosenberg!

Sigrid, Stefania — ruft bitte mal den Jürgen Fantasy an! Der soll mal diesen mit allen Wassern gewaschenen Anwalt kontaktieren, der uns damals schon auf unserer Sching-Schang-Schlager-Tour aus dem Knast in Phnom Penh geboxt hat, als Kurt Felix und Paola mir heimlich das Kokain in die Trompete gesteckt haben, um es außer Landes zu schmuggeln. Der Typ soll jedem den Stuhl unterm Arsch wegklagen, der es wagt, ein Foto vom Marktplatz in Bayreuth ins Internet zu stellen!

Genau. Und falls doch jemand was veröffentlicht, dann soll er denen ruhig wieder seine humorlosen Freunde aus Tirana nach Hause schicken …

Ja, liebe Leser, das war's auch schon!

~~Das war~~ Unser schönes Deutschland

mit der Anneliese ...

Und dem verrückten Wolfgang. Heeey!

Ja, Freunde, die Fahrt von Bayreuth über Auerbach nach
Sulzbach-Rosenberg hat dann doch etwas länger gedauert ...
Es gab da noch eine winzige Unstimmigkeit im Motorraum, die behoben
werden musste. Aber das kleine Missgeschick verbuchen wir nach so
einer Reise doch auf der Haben-Seite, gell, Anneliese?

Ja, ich weiß auch warum, Wolfgang! Weil der Gelbe Engel in diesem Fall
sogar ein Blonder Engel war.

Empfang durch den Wolfgang & Anneliese-
Nachwuchs-Fanclub in Sulzbach-Rosenberg

Hehehe, jetzt wo du's sagst:
Richtig, da war doch was! In der Tat wurde der Rekord keine neun Kilometer vor Sulzbach von einer äußerst angenehm anzuschauenden jungen Dame repariert, liebe Schlagerfreunde. Ihr könnt's euch vorstellen, wie ever verrückter Wolfgang geguckt hat, als dieses langbeinige Geschoss in seinem hautengen knallgelben Overall die Haare nach hinten geworfen hat und sich dann breitbeinig über die Motorhaube gebeugt hat, wobei ihr —

Wolfgang! Ich finde, langsam solltest du verstanden haben, dass das hier nicht der geeignete Ort für deine peinlichen Altherrenphantasien ist.

Wieso? Ich hab doch lediglich ge ... —

Wolferl, es reicht! Klappe!

Ein Wort noch?

Nur eins!

Ende.

Epilog

Vier lange Wochen, liebe Leser,

waren wir jetzt unterwegs, um unsere Heimat zu bereisen und Land und Menschen besser kennenzulernen. Und das ist uns auch gelungen. Wir wissen jetzt, wo wir auf jeden Fall noch mal hinfahren und wo wir in Zukunft einen großen Bogen drum machen werden (nicht bös sein, Bielefeld!).

Und wir waren überrascht, wie herzlich wir (fast) überall aufgenommen wurden. Denn eins muss man doch mal sagen: Menschen, die selbst den Wolfgang noch höflich und zuvorkommend behandeln, nachdem sie ihn haben essen sehen (und das haben die meisten), die müssen schon besonders warmherzig und geduldig sein.

Ich habe viel gelernt auf dieser Reise: Dass man immer mit wachen Augen unterwegs sein muss. Dass man den regionalen Sitten und Gebräuchen mit Demut begegnen sollte. Dass man immer genug eingetuppertes Schweinefleisch für die Zwischenmahlzeiten seines Ehemanns dabeihaben sollte – oder alternativ keinen Ehemann. Dass man sich selbst ein Limit für unsere wunderschönen Spielbanken setzen muss. Und vor allem: Dass unser Land mehr zu bieten hat, als man sich vorstellt.

Der alte Aristoteles hatte recht: »Das Ganze ist mehr als die Summe seiner Teile«, hat er mal gesagt. Und das trifft auch auf unsere Heimat zu (auf Wolfgang übrigens nicht). Denn Deutschland ist mehr als seine 16 Bundesländer und die Menschen, die darin wohnen. Deutschland, das ist auch ein besonderes Lebensgefühl und eine ganz spezielle Lebensart: eben das »typisch Deutsche«, das auch im Ausland weltweit ... na ja, zumindest bekannt ist.

Wir hoffen, Sie hatten Spaß auf dieser ebenso turbulenten wie schönen Reise durch unsere Heimat. Für mich jedenfalls steht jetzt schon fest: Deutschland steht auch in den nächstes Jahren wieder ganz oben auf der Reiseliste. Und vielleicht ergibt sich ja sogar die Gelegenheit, ohne den Wolfgang zu reisen – das wäre sowohl für mich gut als auch für *Unser schönes Deutschland*. Drücken Sie mir die Daumen!

Ihre Anneliese!

Liebe Schlagerfreunde,

ich sag's, wie es ist: Ich bin froh, wieder daheim zu sein. Klar, so ein Riesling geht ganz gut rein, ein Kölsch kann man mal trinken und zwei, drei Flaschen Federweißer ergänzen hervorragend den Flammkuchen mit Speck. Auch so ein schöner heißer Grog ist 'ne gute Sache, wenn man nach einer stürmischen Nacht an der Küste zurück ins Hotel getorkelt kommt. Genauso wie die deftigen Kräuterliköre aus dem Erzgebirge, die einen Hutzenabend erst richtig gesellig werden lassen. Aber – ein Weißbier bleibt nun mal ein Weißbier, und unsere urigen Schnitzelstub'n daheim in der Oberpfalz, die gibt's halt nirgendwo sonst.

Deutschland ist – größtenteils – ein schönes Land (nix für ungut, Bielefeld!), das kann man ohne Übertreibungen so sagen. Klar, der Westen

Endlich daheim!

mit seiner ganzen Industrie ist nicht jedermanns Sache, genau wie der flache Norden und/oder der Osten, in dem natürlich noch viel kaputt ist. Der eine kann mit der aufdringlichen Heiterkeit der Rheinländer nichts anfangen, den anderen stört dagegen die Einsilbigkeit der Küstenbewohner, während manche wiederum ein Problem mit der Schnodderschnauze der Brandenburger und Berliner oder der Spießigkeit der Schwaben haben, die sich überall einwanzen.

Dennoch: Wenn die nächste WM kommt, stülpen wir uns alle die gleichen drei Farben über den Außenspiegel und singen alle die Hymne: »Ihr könnt nach Hause gehen, ihr könnt nach Hause gehen, ihr könnt, ihr könnt, ihr könnt nach Hause gehen!«
Und genau das macht uns alle zu Deutschen, die nicht umsonst überall auf der Welt unglaublich beliebt sind (die paar Länder, gegen die wir Krieg geführt haben, mal ausgenommen).

Diese Reise hat mir die Augen geöffnet, und ich kann euch, liebe Schlagerfreunde, zwei Erkenntnisse anvertrauen. Erstens: Deutschland ist schöner als ich dachte – aber nächstes Jahr geht's trotzdem erst mal wieder auf die Finca vom Jürgen Fantasy nach Malle.
Und zweitens: Ohne Ehemann ist eine Frau auf so einer Reise komplett aufgeschmissen. Aber eigentlich wusste ich das natürlich schon vorher. Jedenfalls, ich hoffe, ihr hattet's unterwegs Spaß mit dem Funzfichler-Express. Wenn nicht – behaltet's für euch! Hehehe, Spaß muss sein!

Prost!

Euer Wolfgang

Danke, danke, danke

Wir möchten uns bei den Menschen bedanken, ohne die wir diese wundervolle Reise niemals unternommen hätten:

Danke an unser Sekretariat, die beiden Mädels, die dem Wolfgang seit Jahren hinter und unter dem Schreibtisch die Stange halten und für Anneliese unter falschem Namen die Termine bei Dr. Yallayalla in Bad Oeynhausen reservieren. Sigrid Hansen und Stefania Miserini, was würden wir bloß ohne euch machen?!

Hm, vielleicht keine blöden Diskussionen über Gehaltserhöhungen oder Weihnachtsgeld mehr führen? Kleiner Wink mit dem Zaunpfahl!

Danke an Jürgen Fantasy für sein konsequentes Agieren in der rechtlichen Grauzone!

Danke an Vetter Werner Keck (klar: auch ein Kecki) für den regen Austausch von Lieblingsschimpfwörtern.

Danke an unsere Quotenfriesin Nina Birnbach für das Ausräumen von plattdeutschen Sprachhindernissen.

Danke an Prof. Dominik Kuhn aus Reutlingen, der extra für uns eine Stunde lang »dieses Internet« verlassen hat – und das mitten in der Kehrwoche!

Danke auch an die Mädels, die uns noch besser aussehen lassen, als der liebe Gott gewollt hat: Lisa Meier, Dunja Pflugfelder und Ilka Stoye.

Ein Hoch auf unsere Männer fürs Grobe: den Jan Beek und den Philipp Rempesz.

Und noch einen funzfichlerischen Riesendank an unsere Überstundler aus Leidenschaft: Andreas Berl, Steffen Wolff, Volker Jarck und Indra Heinz.

Einen Kniefall vor unseren Grafikgöttern in der bayrischen Heimat: dem Cloos Dirk, der Naumann Dorothee und der Milli Sandra.

Und einen besonderen Dank an unseren Mann an der Laterna magica, den Breuer Boris: Du hast des Wunder vollbracht und selbst den Wolfgang gut ausschauen lassen!

Bei der Anneliese hat's leider nicht geklappt – auch dieses Photoschopp hat seine Grenzen.

Danke an unser Reiseteam Melli Grün und Susanne Ulhaas – keiner unterschreibt auf unseren Autogrammkarten so echt wie ihr – schön, dass ihr uns diese Schufterei abnehmt!

Besonders aber danken wir natürlich all den wundervollen Menschen, die wir getroffen haben – am Wegesrand, in Autobahnraststätten oder muffeligen Pensionen am Ende der Welt. Ihr habt eure Lieder mit uns geteilt, eure Rezepte und im Einzelfall auch eure Betten. Ohne euch gäb's dieses Buch nicht!

Als Letztes bedanken wir uns bei unserem lieben Freund Jimmy Whales, ohne den dieses Buch nicht möglich gewesen wäre. Jimmy, 5 Euro Spende sind unterwegs (natürlich nur, wenn man sie von der Steuer absetzen kann).

Und ein dreifaches Hipp Hipp Hurra natürlich auf all unsere Fans!

Danke!

Wolfgang & Anneliese

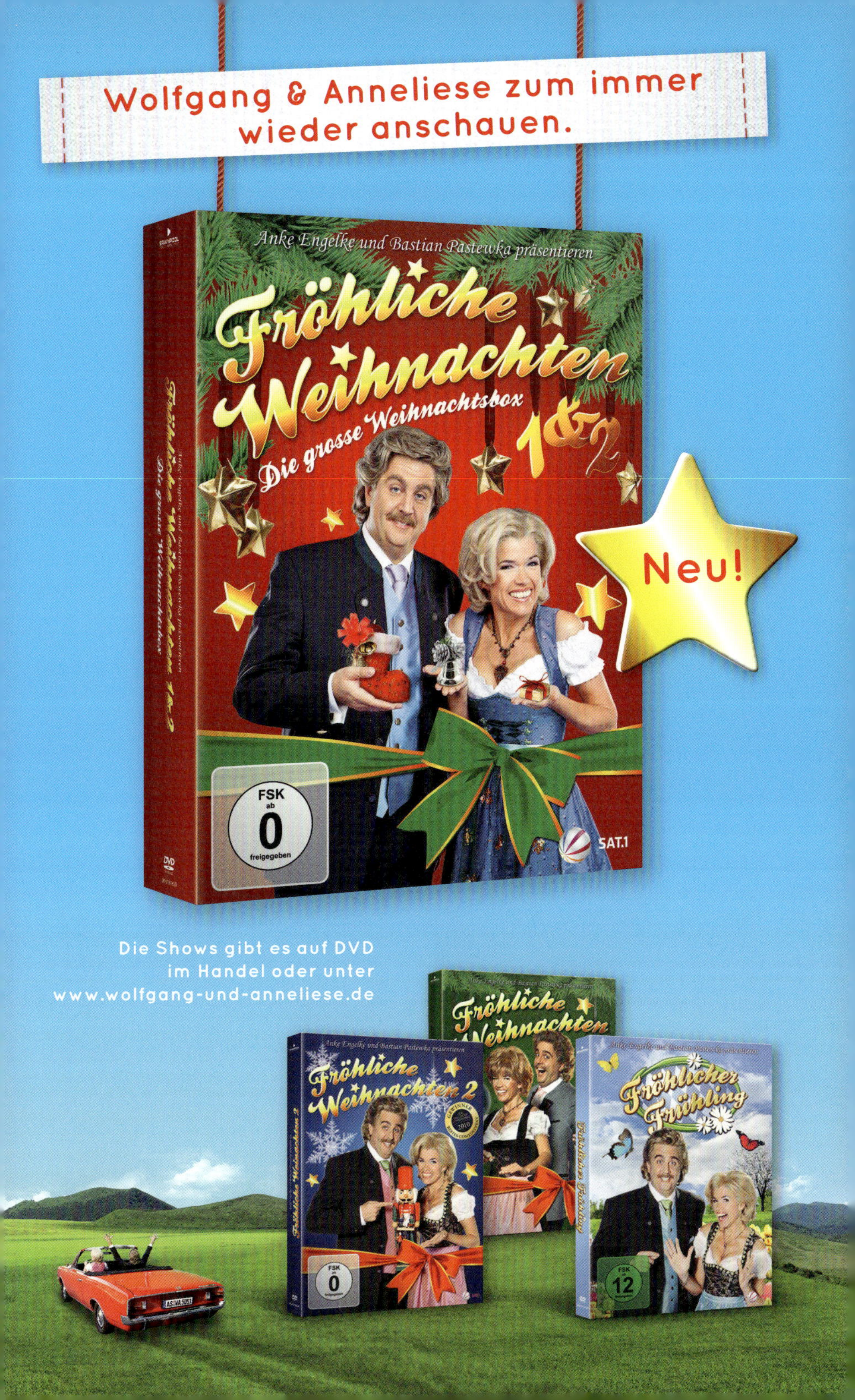
Wolfgang & Anneliese zum immer wieder anschauen.
Anke Engelke und Bastian Pastewka präsentieren
Fröhliche Weihnachten
Die grosse Weihnachtsbox
1&2
Neu!
FSK ab 0 freigegeben
SAT.1
Die Shows gibt es auf DVD im Handel oder unter www.wolfgang-und-anneliese.de
Fröhliche Weihnachten 2
Fröhliche Weihnachten
Fröhlicher Frühling

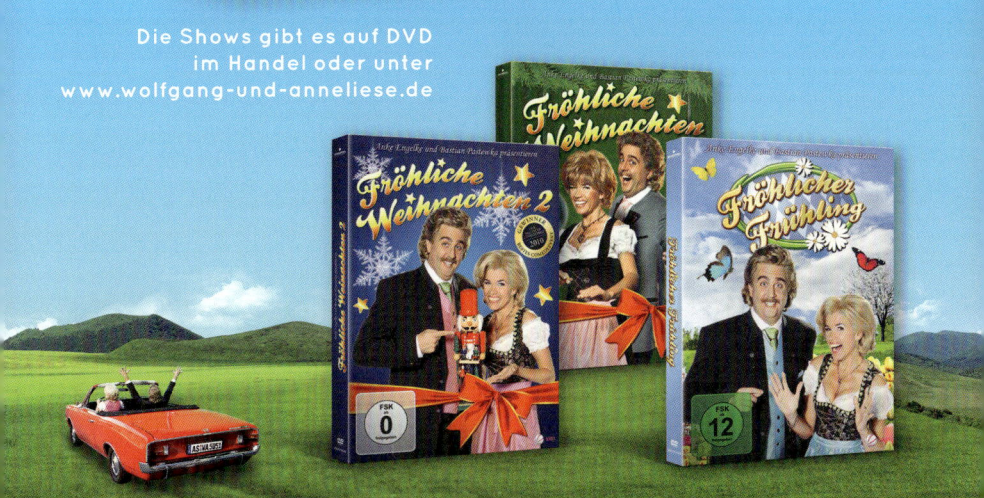

www.fischerverlage.de
www.wolfgang-und-anneliese.de